Una carta para Raquel

Una carta para Raquel

ELEAZAR BARAJAS

Número de Control de la Biblioteca del Congreso de EE. UU.:   2015917594
ISBN: Tapa Blanda   978-1-5065-0664-7
                   Libro Electrónico   978-1-5065-0665-4

Información de la imprenta disponible en la última página.

Fecha de revisión: 11/11/2015

Para realizar pedidos de este libro, contacte con:
Palibrio
1663 Liberty Drive, Suite 200
Bloomington, IN 47403
Gratis desde EE. UU. al 877.407.5847
Gratis desde México al 01.800.288.2243
Gratis desde España al 900.866.949
Desde otro país al +1.812.671.9757
Fax: 01.812.355.1576
ventas@palibrio.com
705550

Índice

Capítulo Uno

Introducción

"El temor del Señor es el principio del conocimiento;
Los necios desprecian la sabiduría y la disciplina"
Proverbios 1:7, NVI

En la ciudad de Copenhague, la capital de Dinamarca, nació el 5 de mayo de 1813 uno de los grandes filósofos de aquella época; *Søren Kierkegaard*, o como dice Mariano Fazio: "Uno de los filósofos de toda la historia de la filosofía sobre el que se han hecho interpretaciones de lo más diversas y contrapuestas es *Søren Kierkegaard*".[1] Así que su apodo o designación de Padre del Existencialismo Moderno, como se le conoce en filosofía, es muy adecuado para este dinamarquez de nombre: Søren Kierkegaard; un personaje que ha dejado un legado en lo que se conoce como el Realismo Ontológico. Ciertamente para algunos, Kierkegaard fue un personaje con una mentalidad

---

[1] Mariano Fazio. *Søren Kierkegaard*. (La Habra, California. Philosophica: Encyclopedia filosófica on line. Consultado el 7 de abril de 2014), 1. http://www.philosophica.info/voces/kierkegaard/Kierkegaard.html

contradictoria, sus discursos sobre la Metafísica muestran esta realidad.

Aun con aparente mentalidad contradictoria, para mí, Søren Kierkegaard, fue: ¡un gran filósofo cristiano! Sin embargo, en esta *Carta a Raquel*, no es mi propósito hablar de filosofía o teología – aunque las voy a usar un poco -, sino de otro asunto que me obligó en cierta manera a escribir estas páginas y aun con mi flojera para escribir – porque me da flojera escribir-, hice un rápido bosquejo en el cumpleaños setenta y cuatro de mi suegra y, sobreponiéndome un poco a mi flojera y negligencia, comencé a escribir esta *Carta*; la hice porque no me quedó otra opción para decirle a mi suegra lo agradecido que estoy por su tenaz ejemplo de madre, suegra, abuela, bisabuela y mujer en sí. Mientras tus ojos van siguiendo las palabras de esta "*Carta*" creo que entenderás mejor lo que expreso con estas pocas palabras.

Si cito a *Søren Kierkegaard* para iniciar este escrito es porque desde que tomé la clase de filosofía en el invierno de 1981 con el Doctor Pat Carter en el Seminario *Teológico Bautista Mexicano* en Naucalpan, México, me llamó el afán de *Søren Kierkegaard* por las letras y la escritura de las mismas. Ya como estudiante se había dedicado a escribir y durante el resto de sus días ese fue uno de sus grandes trabajos – o tal vez uno de los momentos alegres -. Sus primeras obras fueron escritas durante los años de 1841 al 1846, durante sus días como estudiante universitario escribió algunos artículos sobre política, y otros temas pero, al parecer, escribió de una manera irónica sobre el filósofo Sócrates; tal vez su tesis universitaria presentada en 1841, que posiblemente es el mismo escrito que publicó en 1843 con el título: *O lo uno o lo otro*, sea lo irónico que él notó en Sócrates.

Se dice que: "La mayoría de sus obras de este período fueron de naturaleza filosófica y se escribieron bajo seudónimos y de modo indirecto, representando varios puntos de vista y modos de vida".[2] Aunque ciertamente también existen escritos que fueron firmados con su nombre. Y esto, por un lado me emociona y por el otro lado me avergüenza, pues, además de todos los escritos de filosofía, teología y varias cartas personales - ¡Sí que le gustaba escribir! ¡Y sin computadora!-, que *Søren Kierkegaard* escribió, se encuentran otra serie de escritos conocidos como: *Los Diarios*.

> Aun hoy día, con toda la tecnología y la posible muerte del libro impreso, unas palabras que se puedan leer en cualquier formato motivarán, alentarán, despecionaran, aburrirán, harán enojar o serán ignoradas, pero, aun sí, las letras y las palabras siguen con nosotros.

En ellos, *Kierkegaard*, al parecer escribió un promedio "de 7000 páginas que describían sucesos claves, meditaciones, pensamientos sobre su trabajo y observaciones de cada día".[3] Es, pues, en *Los Diarios* en lo que podemos conocer más acerca de la vida y pensamiento de este gran filósofo.

¡**Ay**!, tengo que expresarme con esta interjección después de hacer este comentario sobre este filosofo existencialista: *Søren Kierkegaard*, porque yo soy uno más – en oposición a *Kierkegaard* - de las personas que no nos gusta tomar una hoja de papel, un lapicero y un poco de

---

2   *Søren Kierkegaard*. Internet. (La Habra, California. Wikipedia, la Enciclopedia libre. Consultado el 7 de abril de 2014), 2. http://es.wikipedia.org/wiki/S%C3%B8ren_Kierkegaard

3   Søren Kierkegaard. Internet. (La Habra, California. Wikipedia, la Enciclopedia libre. Consultado el 7 de abril de 2014), 4. http://es.wikipedia.org/wiki/S%C3%B8ren_Kierkegaard

tiempo para escribir una carta, en ocasiones ni siquiera una nota. Ya sea ésta a un familiar, amigo o alguna Institución. En este aspecto, toda mi familia lo sabe muy bien, pues ni siquiera en sus cumpleaños o Navidad les escribo una tarjeta de felicitaciones. En nuestro tiempo con la tecnología del teléfono celular y la computadora, algunos de nosotros nos escudamos para no escribir cartas, pero tampoco, en ocasiones, escribimos aunque sea una nota de agradecimiento o felicitaciones.

Pero en esta ocasión, motivado por las razones que en las siguientes páginas expreso, me tomé mi tiempo, tomé también un lapicero y una hoja de papel que por allí en algún lugar de la *Iglesia del Nazareno* en la ciudad de Ensenada, Baja California Norte, México, me la encontré. Y sobre ella comencé a escribir un bosquejo que vino, con las horas, días, meses y años siguientes a ser lo que he llamado: *Una Carta para Raquel*. Esto es precisamente lo que he escrito en éstas páginas; una carta en la que expreso mi sentir, mi deseo y el poco conocimiento que tengo de mi suegra; la señora *Raquel Perdomo García*, (Hoy, *Raquel García Campillo*).

El poco conocimiento que tengo de ella es por la convivencia y el trato amable, cariñoso, compasivo, misericordioso y bondadoso que he recibido de quien es la madre de mi esposa; una mujer sin igual que, en esta carta, no encontré las palabras adecuadas para describirla y, por eso, de una manera algo tonta, torpe y tosca, simplemente, en varias ocasiones escribo el nombre: *Raquel*.

> A diferencia de Søren Kierkegaard, Raquel García Campillo no es nada popular, pero sí llena de grandes virtudes.

Esa convivencia y trato a los que hago referencia han sido tan vastos que, como digo al principio de la conclusión de este escrito: No lo quiero hacer. Es decir, no quería terminar de escribir esta *Carta*- ¡qué ironía, ¿no?! El apóstol Pablo no era flojo para escribir, por eso se dice que: "A Pablo le resultaba difícil ponerle punto final a su *Carta a los Romanos*. Ya había mandado saludos",[4] que se supone, en el estilo literario de ese tiempo, era lo final de las cartas, pero Pablo, siguió escribiendo un poco más en su *Carta a los Romanos*. En mi caso, primero tenía flojera para escribir y después no quería dejar de escribir-. Y no quería terminar porque aún, esa convivencia y trato de mi suegra hacia mí no terminaba de explicarlas ni mucho menos de hacer entender con estas pocas páginas de este escrito esas cualidades y virtudes que de alguna manera descubrí en la persona de mi suegra: *la señora Raquel*.

Este relato es, entonces, *Una Carta* para mi suegra en la cual cuento algunas experiencias. Esta *"Carta"* nació el día del cumpleaños de mi suegra: el día 22 de noviembre de 2002, en una forma muy bosquejada; es decir, como que quería y al mismo tiempo me negaba a escurrir lo que sentía y quería decir. Pero al fin llegó la hora de sentarme a escribir esta *Carta a Raquel*. En ella cuento algo sobre la convivencia y la participación de la *Familia Perdomo García* y agregados, es decir, de aquellos que nos juntamos en dicha celebración y de los que no pudieron asistir por sus respetables ocupaciones. Hago en esta *Carta a Raquel*, también, otra vez, de una manera muy torpe, tosca y sin mucha sabiduría, una similitud de algunas de las mujeres bíblicas con la persona y actividades de mi suegra.

---

4   William Barclay. *Comentario al Nuevo Testamento: Romanos: Volumen 8.* (Terrassa (Barcelona), España. Editorial CLIE. 1995), 256.

En una manera más exacta, ésta *Carta* tiene como base de nacimiento una expresión que salió de los labios de mi suegra aquella noche en que se paró frente a nosotros en el altar de la *Iglesia del Nazareno* para dar gracias a Dios por los años que le había concedido vivir. Fue una expresión que impactó mis

> **Los años vividos y las canas hablan más claramente que las palabras.**

dormidas pero al mismo tiempo interrogativas y cansadas mente y conciencia que esa noche del 24 de noviembre de 2002, comenzaron a inquietarme.

Claro que no es la única expresión que ha salido de la boca de mi suegra y que de alguna manera positiva o negativa me han impactado y me han hecho razonar o actuar de otra manera a la que estaba acostumbrado, es decir, algunos de sus comentarios cambiaron mi manera de pensar y vivir y, en otras ocasiones, simplemente no le hice caso. Seguramente que en varias ocasiones mi suegra pensó que mis oídos estaban tapados o que la ignoraba por completo, pero ese no había sido ni sigue siendo el caso; ¡siempre "paré mi oído" a lo que decía! ¡Y aun lo hago! Cuando mi suegra abre su boca, ya sea para pronunciar palabras correctas o incorrectas (claro, desde mi perspectiva), las escuchaba y en varias ocasiones las ponía en práctica, tal y como en estos días, que aún lo sigo haciendo. Es decir que aquellas palabras que considero positivas las llevo a la práctica, las otras, por lo general, siempre encuentro un basurero cerca en donde depositarlas.

> **Poco a poco la vida nos enseña que gastar energías en palabras y acciones incorrectas, es una tontería.**

En esta *Carta* solamente he escrito algunas de esas palabras que salieron de la boca de mi suegra o acciones que ha llevado a cabo durante sus más de ochenta años de vida y, por supuesto que le agregaré algunos comentarios que surgieron después de ese 24 de noviembre del 2002. Todo lo que he escrito en estas páginas y aun las fotografías que he usado, lo he hecho con mucho respeto y permiso de los protagonistas de esta *Carta*.

He escrito, pues, algunas de las expresiones que les hice caso, me refiero a las palabras y acciones correctas, pues las otras. . . bueno. . . no quise ni aun quiero sacarlas de la basura y agrandar esta *Carta* con ellas: a fin de cuentas, no vienen al caso tales palabras y acciones en donde hay suficientes virtudes para reflexionar sobre ellas.

Así que, al leer este escrito, no te olvides que es una *Carta* para mi suegra pero que, espero que mientras pasas tus ojos por las páginas de estos pensamientos y deseos personales puestos en este pequeño libro, tu mente, tu corazón, tus emociones y todo tu ser sean motivados, elevados y activados hacia una acción positiva, porque, a fin de cuentas, también con aquellas cosas gratas y no gratas, con las experiencias positivas o negativas y con escritos no gratos y agradables, aunque uno no lo quiera o lo piense, cambia su *Modus Vivendus*.

Eleazar Barajas.
La Habrá, California.

Capítulo Dos

Sí Solamente

"No olvides mis enseñanzas, [hija mía]; guarda
en tu memoria mis mandamientos,
Y tendrás una vida larga y llena de felicidad.
No abandones nunca el amor y la verdad;
llévalos contigo como un collar.
Grábatelos en la mente, y tendrás el aprecio
de Dios y de los hombres"
Proverbios 3:1-4, (VP).

¡Hola mi estimada cumpleañera!

Qué gran bendición llegar a tu edad! Sé que ya
te cuesta trabajo cargar con todos esos años vividos y
sobrevividos, pero a mi parecer es una gran bendición
el que puedas llegar con vida y con relativa salud al Siglo
XXI y poder disfrutar de él estos primeros quince años. Y
es por esta y otras cosas y razones que aquí, en esta *Carta*,
te comento mi gratitud; mi deseo, mi sentir, y algunas
recomendaciones y recordatorios en cuanto a la fiesta que
celebramos en tu *Cumpleaños Número Setenta y Cuatro*. A
propósito, ¡cuándo será la otra fiesta de tu cumpleaños!

Soy algo interesante ¡no! Oh, como me dice mi esposa: "¡Chistosito, he! Te gustan las fiestas pero no las organizas".

En fin, Raquel, aunque no te he hecho ninguna fiesta en tus cumpleaños – y creo que nunca lo haré, suena cruel pero es la realidad, aunque ojalá cambiara -, ahora, que ya has cumplido tus *Ochenta y Seis Años*, ¡wau!, ¡ya han pasado doce años desde "La Fiesta"! No cabe la menor duda de que el tiempo pasa demasiado acelerado por nuestras vidas. Bueno, sin volver al pasado para lamentarse, ahora, pues, además de un fuerte abrazo, te mando, por medio de esta *Carta* una felicitación muy especial, aunque ya han pasado los días y semanas, los meses y los años desde que fue tu *Cumpleaños Número Setenta y Cuatro*, sin embargo, en este año *Ochenta y Seis* de tu vida, te deseo muchas felicidades por todos esos años vividos y por aquellos otros que seguirás cumpliendo. Y lo hago recordándote algunas cosas de tu vida y en especial aquel *Cumpleaños* en el que nos gozamos por un buen rato, con tu grata compañía y con varios de tu larga generación, de la cual, también te recordaré en las siguientes páginas de esta *Carta*.

¡*Setenta y Cuatro Años*! ¡Ufff, Raquel, eran muchos años! Pero, ¡que bendición! Ahora bien, la mayor bendición es que lograste llegar hasta un día como fue el 24 de noviembre de 2002. ¡Y lo pasaste! Llegó el 24 de noviembre de 2003, ¡y lo pasaste! Y también llegó el 24 de noviembre de 2014, y… ¡Lo

> 𝕷𝖔𝖘 𝖆𝖓̃𝖔𝖘 𝖛𝖎𝖇𝖎𝖉𝖔𝖘 𝖞 𝖑𝖆𝖘 𝖈𝖆𝖓𝖆𝖘 𝖍𝖆𝖇𝖑𝖆𝖓 𝖒𝖆́𝖘 𝖈𝖑𝖆𝖗𝖆𝖒𝖊𝖓𝖙𝖊 𝖖𝖚𝖊 𝖑𝖆𝖘 𝖕𝖆𝖑𝖆𝖇𝖗𝖆𝖘.

pasaste! ¡Wau!, esa característica se llama fuerza de voluntad para vivir. Es así que hoy puedes decir acertadamente: "¡Hasta aquí (me) ayudó el Señor"![5] ¡NO!, no lo hagas, ¡no

---

5   I Samuel 7:12. Biblia con la Nueva Versión Internacional. (Miami, Florida. Sociedad Bíblica Internacional. 1999), 264.

Raquel!, "No te lamentes por envejecer, es un privilegio negado a muchos".[6]

¡Claro que sí, cumpleañera! Le agradezco mucho a Dios por darte un "*montón*" de años; porque ya son muchos. También le agradezco a Dios porque al celebrar tu *Cumpleaños Número Setenta y Cuatro* (hace doce años), me ayudó a salir de la rutina; es decir, del trabajo de la iglesia que, por cierto, hasta esa fecha, no había tenido vacaciones. Tu fiesta de cumpleaños también me sacó de la rutina de dormir, de la computadora, de la enseñanza en el Seminario y de los libros que tenía que leer para cumplir con las tareas y para continuar mi educación. ¡Ya necesito otra fiesta! Probablemente te la organice; recuerda es solamente un "probablemente". Ya veremos más adelante.

Pero también, tu Fiesta, me ayudó para recapacitar en lo precioso que es la vida, especialmente cuando esa vida es protegida, guiada y sostenida por el Todopoderoso Dios y Señor del universo. El proverbista dijo con justa razón: "El temor del Señor es fuente de vida,...El corazón tranquilo da vida al corazón,..."[7] Lo que noto en el pensamiento del proverbista es que la vida es preciosa, especialmente si se vive bajo la sombra del *Adonay* Omnipotente (*Señor Todopoderoso*), pues allí uno encuentra la protección de todos los dardos lanzados por el enemigo, como también la paz, la comunión, el verdadero gozo y la esperanza de algo mucho mejor de que hoy disfrutamos y vivimos.

---

[6] Palabras recibidas en mi correo electrónico. (La Habra, California. Renuevo de Plenitud. Consultado en febrero del 2014),1. https:// snt147.mail.live.com/default.aspx?id=64855#tid=cmvTMt7f7J4xG UewAjfeM5jA2&fid=flinbox

[7] Proverbios 14:27,30. Biblia con la Nueva Versión Internacional. (Miami, Florida. Sociedad Bíblica Internacional. 1999), 616.

Entonces, pues, Raquel, además de un fuerte abrazo, el cual ya te lo di allí en la ciudad de Ensenada, Baja California, México hace doce años, con mucho gusto te volvería dar otros más fuertes otra vez, pero con mayor delicadeza, sin molestar tu cuerpo con la fuerza excesiva con la que en ocasiones abrazo a mi esposa. ¡Claro que sí! Te daré otros pequeños apretoncitos; con mucho cariño lo haré. Lo haré si tengo la oportunidad de visitarte antes o después de que llegue a tus manos esta *Carta*, además de esos abrazos, te daré algunas sinceras palabras de felicitación por tu larga vida – ya las estoy preparando-. ¡Claro que lo haré!

Pero por lo pronto, continuo con mi rutina de los libros, de las notas, de las clases, de la enseñanza, y de la computadora, pero ahora lo hago para tratar de contestarme algunas interrogantes nacidas en el *Culto de Acción de Gracias* con motivo de tu larga vida o quizás, porque esta es una forma en la cual mis frustraciones, deseos, pensamientos y recuerdos salen de mi persona y al dejarlos en

> **El Calendario en nuestra niñez y juventud es muy largo; en nuestros años postreros es muy corto, y en ocasiones muy pesado.**

la pantalla del monitor y más tarde en una o varias hojas de papel, me dejan libre de mi carga. En esta ocasión, me acerqué a la computadora para contestar aquellas preguntas que escribí aquella noche del 24 de noviembre de 2002.

Es decir, aquellas preguntas como la que "nació" inmediatamente después de que leí el *Programa del Culto* de tu cumpleaños: ¿Por qué no apareció mi nombre en un evento tan importante para mí? – me pregunté, un poco desconcertado, pero recapacité casi de inmediato y me dije para mi consuelo:

- Eleazar, ¿y quién te crees tú? ¡Dale gracias a Dios que te han invitado a la fiesta del cumpleaños de tu suegra! ¡Esto ya es más que suficiente!
- Además, piensa en esto: ¿qué hiciste tú para este evento?
- Nada.
- ¡Nada!
- Exactamente. Tú no hiciste nada para este evento, así que, observa, y dale las gracias a Dios que te invitaron.
- ¿Recuerdas las palabras de tu cuñada Raquel?
- ¡Sí! ¡Claro que sí las recuerdo!: una y otra vez me ha dicho: *"calle boca"*.
- Entonces, ¿qué es lo que debes hacer?
  Bueno, cerrar la boca y disfrutar del Culto de Cumpleaños.
- Además, ¿recuerdas lo que dice tu esposa?
- Sí, mi esposa me dice que callado me veo mejor.

Tomé un momento de silencio y meditación mientras estaba allí sentado casi a la mitad del Santuario de aquella hermosa Iglesia y, entonces, con la boca bien cerrada y los ojos y oídos muy atentos al evento, me concentré en tu fiesta. ¿Y sabes qué, Raquel? ¡La disfruté! ¡Sí que la disfruté!

> **En todos tiempos existen buenas maneras de despojarse de las frustraciones, deseos, pensamientos y recuerdos sin que se recurra a las malas acciones. Escribiendo es una de ellas. El papel no se queja de lo que en él se escriba.**

¿Quieres saber otra cosa? Aquella noche de tu cumpleaños estaba preparado para decirte algo que yo consideré valía la pena decírtelo. Había tomado suficiente tiempo para buscar las palabras adecuadas para ese día o esa noche; preparé el material, lo escribí como cuatro veces haciendo las correcciones y, al fin, el escrito, que yo consideraba era una joya literaria – pues era lo que yo había escrito –, lo puse con mucho cuidado en mi maleta.

Aquella tarde en la casa de tu hija Rosalinda en Ensenada, cuando estábamos preparándonos para salir hacia la iglesia para continuar con tu Fiesta de Cumpleaños, por cierto, muy emocionado, saqué ese escrito que había guardado con mucho cuidado en mi portafolio de color café, lo puse en la bolsa de mi saco no en la Biblia como acostumbro hacerlo, pues no llevaría la Biblia a la iglesia sabiendo que era una fiesta y no un *Culto de Adoración*. Muy contento, pues, junto con el resto de la familia, nos encaminamos hacia la iglesia. El viaje hasta el templo en donde se celebraría tu fiesta se me hizo más largo que en otras ocasiones. En fin, sentado en una de las bancas de la iglesia, y un poco cansado del trajín del día, mi alma estaba contenta; estaba agradecida con Dios por los años de vida que te concedía.

Pero,… ¡Mi nombre no estaba en el Programa!

Entonces, pues, como mi nombre no estaba en el *Programa de tu Cumpleaños* y por esa misma razón, como allí no tuve la bendición de pararme al frente de ti y de todos los que te rodeaban para abrir mi boca, leer lo que había escrito y decirte lo agradecido que estoy contigo y con Dios por tu vida, tu apoyo y la gran ayuda que me has brindado con mis hijos y mis estudios, de cualquier manera, aunque en aquella noche no estaba mi nombre en *El Programa*, aquí está lo que tenía preparado para ti en aquel tiempo de celebración. Y qué bueno que lo hago por medio de esta *Carta*, pues al fin de cuentas, eran palabras para ti y no para la audiencia que te acompañaba ese día. Aquí tienes lo que quise decirte aquella noche:

A mí Estimada Suegra

Suegra, por más de treinta años he tenido la bendición de conocerte (recuerda, esto lo escribí en el 2012), y en todo este tiempo siempre te he hablado de *Usted*, hoy que tengo esta preciosa oportunidad de hablar, con el mismo

> **Los que saben; saben cómo hacerlo. Los otros solamente saben ver lo que otros hacen.**

respeto de siempre quiero hablarte de *Tú*, y lo hago para decirte lo siguiente:

Raquel, tú lo sabes bien, pero hoy quiero recordarte que Dios "nos ha sido refugio – en tu generación y la mía -. Antes que naciesen los montes y se formasen la tierra y el mundo, desde el siglo y hasta el siglo", Él era Dios, sigue siendo y por siempre lo será. ¡Es nuestro Dios!

Por eso, Raquel, está consciente que: "El que habita al abrigo del Altísimo morará bajo la sombra del Omnipotente". Y en éstos días – en especial hoy día, 24 de noviembre de 2002-, tú y yo, podemos decir confiadamente: "Diré yo al Señor y Dios: Esperanza mía y Castillo mío; mi Dios en quien confiaré".

¿Te das cuenta? ¡Él te ha cubierto durante todos estos setenta y cuatro años de maldades que otros han deseado para ti!- ¡te ha protegido!-, y lo seguirá haciendo en los días venideros, te seguirá cubriendo con "sus alas y bajo de ellas seguirás segura" (Salmo 91:4). ¿Por qué lo hace y hará? Porque Dios es fiel, y ¡su fidelidad te seguirá protegiendo como un escudo que protege al guerrero! (Salmo 90:1-2).

Al pasar el tiempo, Raquel, me he hecho
ésta muy antigua pregunta del proverbista
Agur, y ahora, volviendo la vista a tu vida; a tus
experiencias, creo tener una respuesta palpable en
tu vida. Agur, se preguntaba:
"Mujer virtuosa, ¿quién la hallará? Y hoy día
puedo decir: ¡Aquí está! Sí, ¡Aquí está en la
persona de una mujer de nombre *Raquel García
Campillo*!

> Uno de los nombres
> del Dios de la
> Biblia en hebreo es:
> Yahweh-Rohi (El
> Señor es mi Pastor).
> Salmo 23:1
> Es el pastor amante
> que alimenta, cuida y
> protege a sus amados.

¿Por qué en ti, Raquel?
Porque tú estima
sobrepasa largamente a las
de las piedras preciosas.
-Y es que, tú, Raquel,
buscaste lana y lino, y con
voluntad trabajaste con tus
manos.
-Eras y sigues siendo,
como un mercader que
trae su pan de lejos, para
compartirlo con los tuyos.
-Abriste tu boca con sabiduría y la ley de
clemencia estaba - y sigue estando - en tu lengua
-. Aun ahora, cuando estás cumpliendo tus *Setenta
y Cuatro Años* de vida, Raquel, ¡sí!, aun ahora
consideras los caminos de tu casa y no comes el
pan de ocio".
Proverbios 31:10-30 (paráfrasis mía).

Con este sentir, pues, Raquel, en aquella noche 24 de
noviembre de 2002, esperaba darte parte del fruto de tus
manos; esperaba agradecerte todos tus favores, desvelos y
trabajos con estas sencillas palabras, porque tú,...

Raquel, Madre, Suegra, Abuela y Bisabuela,
¡Tú eres bienaventurada!
¡Sí! ¡Tú eres bienaventurada!
Salmos 90:13; 92:1-6;
Proverbios 31:10; 13-15; 26-31.

¿Te gustaron mis palabras? ¡Di que sí, por favor! No soy muy bueno para dar felicitaciones y agradecimientos ni alientos; mis pensamientos se traban con las palabras; en ocasiones no salen de mi boca ni uno de lo otro: ¡Se traban! Y cuando logran salir, sale quien sabe que, ni yo me entiendo; no entiendo lo que digo aunque trato de quedar bien. Pero hoy, solamente por hoy, di, por favor, que sí coordinaron mis pensamientos con mis palabras. ¿Verdad que sí? ¡Gracias por entenderme, aunque no sé exactamente que dije! Pero, tú me conoces y sabes lo torpe que soy con mis palabras,

¡Ah!, pero una cosa sí sé, lo que acabas de leer fueron las palabras que tenía para ti aquella noche del 24 de noviembre en el *Culto de tu Cumpleaños* y, te repito, como no tuve la oportunidad de decírtelas en esa hermosa noche de fiesta, pues, hoy, te las escribí en esta *Carta.* Espero que medites en ellas.

> **¡Ah, la vida dichosa y feliz!**
> **Clase de vida**
> **que solamente en**
> **Jesucristo se logra.**

Ahora que ya tuve el valor de tratarte de *"TÚ"*, ¡wau, cuánto tiempo tardé para sacar esta expresión, ¿verdad?! ¡Pero ya salió! ¡Ya me liberé! Y como ya salió, entonces, mi estimada Raquel, dejo en el olvido las otras interrogantes y en su lugar le doy un poco de vida al bosquejo que estuve haciendo mientras escuchaba tu testimonio y la predicación que dio el pastor de la *Iglesia del Nazareno,* por cierto, muy buena predicación, aunque no fue de un miembro de la familia de sangre o política, pero sí de Dios y eso cuenta mucho.

Sin embargo – y perdóname por lo que digo-, creo que si los miembros de la *Familia Perdomo García* y agregados hubiesen dirigido el *Programa,* tocado la música de los himnos y coros que cantamos, y si la predicación hubiese sido expuesta por uno de los miembros de tu genealogía o de los agregados, el servicio tal vez – y sólo digo: *"un tal vez"*-, hubiese sido menos sombrío de lo que me pareció.

¡Era una fiesta de cumpleaños!
¡Era la fiesta de tus Setenta y Cuatro Años de Vida!

Era, pues, ¡un tiempo para reír! ¡Era un tiempo para gozarse! ¿Para llorar? ¡Claro que sí, pues también de alegría se llora! Además, era un tiempo de muchas más fotografías y de darte más que un abrazo. Era un tiempo en que los gritos de los bisnietos, nietos, sobrinos, primos, concuños, cuñados, hermanos, padres, abuelos, bisabuelos, amigos y amigas y también los otros invitados; es decir, ¡era tiempo de que todo mundo se dejasen escuchar!... Raquel, *¡Era tu Cumpleaños Número Setenta y Cuatro!* Y, ¡qué mejor lugar para hacer todo ello que en la Casa de Dios! Allí donde la presencia del Soberano *Adonay Shalom* (*el Señor de paz*) es más palpable.

Cada día que pasa es una bendición; ¡ya no se digan los años! Por algo el salmista dijo: "Enséñanos a contar nuestros días para que traigamos al corazón sabiduría"
Salmo 90:12.

1.- Allí en donde tu bisnieto Timothy con su música al piano, se inspiró y nos deslumbró con su talento musical.

2- Allí en donde tu hija Silvia y tu hermana Licha con sus cantos especiales, adoraron al Dios que te había concedido los Setenta y Cuatro Años de Vida y que al mismo tiempo te felicitaban con sus hermosas melodías.

3.- Y allí en donde tu nieta Miriam Hernández con su hermoso poema titulado: *Mi Vida Contigo Abuelita* resonó su fuerte voz y su alma mezclada con un fuerte sentimiento amoroso, te decía: "*¡Te amo Abuelita!*".

Mi percepción desde la banca en que me encontraba sentado fue que tanto Timothy, como tu hermana Elisa (*Licha*), Silvia y Mirian, mostraron el gran amor que tú les habías inspirado en esos Setenta y Cuatro Años de Vida que el Omnipotente te había permitido vivir.

¡Sí, allí era el mejor lugar para expresar todos nuestros sentimientos familiares! ¿No lo crees así, Raquel? Insisto, Raquel, *¡eran Setenta y Cuatro Años de tu Vida!* No está fácil llegar a esa edad y una vez que se llega, además de comenzar a contar los días; dándole gracias a Dios por cada día de vida, es un gran motivo para alegrarse. ¿No lo crees así?

Es muy cierto que también el salmista dice que una vez que se llega a la edad en la que ahora ya estás; ¡a los ochenta y seis años!, en esa edad ya cuesta trabajo cada día; los músculos, la mente, la vista y.... todo el cuerpo y aun, en ocasiones, también las partes espirituales, ya han perdido su fuerza y lucidez en la mayoría de los seres humanos: ya son "molestia y trabajo"- dice el salmista (Salmo 90:10, RV). Así que, aquel día 24 de noviembre de 2002, había que celebrar porque Dios aun te concedía la vida y las fuerzas hasta para pararte al frente de nosotros y pronunciar aquellas palabras de recordatorio y de agradecimiento; palabras que salieron de lo más profundo de tu ser; un ser agradecido con Dios por ayudarte hasta ese día y darte la oportunidad de seguir viviendo.

Sofía y Rosalinda: dos de las cinco hijas de Raquel, en la ciudad de Ensenada, Baja California, México.

Y sin embargo, Raquel, ¿lo notaste? Sé que lo notaste. La mayoría de nosotros nos quedamos con la boca cerrada ante tal evento; más cerrada que en un velorio norteamericano - porque un velorio oaxaqueño, es decir, entre los zapotecas, es toda una noche de fiesta, y entre los chinanteco del mismo estado oaxaqueño, se canta toda la noche, mientras que en el americano es un servició muy fúnebre de tan sólo una hora o menos en el que se entonan uno o dos cantos, se pronuncian unas palabras por los dolientes o familiares y se termina con una corta meditación de la palabra de Dios -. ¿Y qué pasó en la noche de tu cumpleaños? A mi gusto, fue, una quietud y hasta cierto punto una timidez entre la audiencia.

Es decir que, en el Culto de Acción de Gracias por tu Cumpleaños, era tal la quietud y la timidez que llegó no sé de donde, pero que nos afectó a todos a tal grado que aún algunos ni siquiera queríamos acercarnos para que nos tomaran las fotografías para lo que sería el Álbum del recuerdo. Por cierto,

> La vida es tan corta; pasan tan rápidos los días, que hay que darle gracias a Dios por cada hora que vivimos.

los años han pasado y nunca lo he visto. ¿Habrá tal Álbum de Recuerdo?

Bueno, sigamos, ¿qué pasó con ese fervor de la familia? ¿Qué pasó con esa espontaneidad de los hijos, nietos y bisnietos? ¿Qué pasó con esas carreras de los nietos, primos e invitados? Aun hoy día me asombra la quietud de esa noche de celebración. Y, tú lo sabes, me asombra porque dentro de la familia no hay tal cosa de quietud, especialmente si se juntan tus hijas Silvia, Sofía, Rosalinda y Raquel, y si a este cuarteto de hermosas damas le agregamos a tu hijo Alfredo y a tus nietas Miriam Gordillo y Elizabeth Barajas, ¡wau!... ¡Qué bullicio! ¡Son voces, pláticas y risas que se propagan en el ambiente rompiendo todo silencio! ¡Ah! ¡Cómo extrañé ese "angelical bullicio" en ese día 24 de noviembre del año 2002!

Pues, bien, sea lo que haya sido, el asunto es que, - creo yo – fue tu nieta Miriam Gordillo la que más nos inspiró en esa memorable noche, cuando dijo:

Mi Vida Contigo Abuelita

Mi vida contigo Abuelita es peculiar.
No tuve la oportunidad de vivir contigo, pero
Guardo la llave de tu corazón.

No tuve la oportunidad de que me llevarás a la
escuela, pero tus oraciones fueron los escalones
de mis triunfos.

No tuve la oportunidad de que me leyeras un
cuento para dormir, pero en tus momentos a solas
con Dios me hacías convivir.

No tuve la oportunidad de que me hicieras galletas y jugáramos al te, pero que banquetes de ricos me dabas al visitarte cada vez.

No tuve la oportunidad de caminar contigo a solas en el parque, pero que bendición es seguir tu ejemplo en los problemas que la vida me embarque.

No tengo recuerdos de regalos lujosos, pero que mejor regalo que el amor de tus ojos.

Mi vida contigo abuelita es peculiar, me has llenado de bendiciones, amor y honestidad.

Tu ejemplo es tan sólo una gran lección, de esfuerzos, de trabajo y dedicación.

Ahora celebro contigo tu día, dándole gracias a Dios por tu vida, pidiéndole que te guarde, que te ayude y te bendiga, ahora, por siempre,...

Y por toda la vida.

Con amor de Miriam.

¡Wauuu! ¡Qué palabras! ¡Qué pensamientos! ¡Qué tremendos sentimientos de tu nieta! ¿Verdad que son hermosas sus palabras? Yo pensé que lo que yo había escrito para ti eran hermosas palabras pero… al escuchar los versos que Miriam compuso para ti, abrí mi boca de asombro y me dije para mí mismo una vez más:

> La alegría que nace de un corazón gozoso, no tiene límites.

- Te dije, Eleazar, hay gente que sabe hacer mejor las cosas.
- Así que, sigue callado.
- Recuerda: "*Calle boca*".

Y aún, eso versos sonaron más hermosos cuando de los labios de Miriam salieron. Vi cómo te conmoviste mientras escuchabas estas palabras que salieron directamente del corazón de tu nieta. Fueron palabras y pensamientos que expresaron, delante de todos nosotros, el amor y respeto que siente por su abuelita. De mi parte, y con el permiso tuyo, Raquel, quiero decirle a Miriam lo siguiente:

> *Sobrina, que Dios te siga bendiciendo y enriqueciendo con ese amor que sientes para tu abuelita y sé que también lo tienes para cada uno de los que formamos la familia de Raquel García.*

Vuelvo con el mismo "sonsonete",[8] esto es precisamente lo que cada uno de los que tenemos el privilegio de pertenecer a tu genealogía deberíamos de haber expresado en esa memorable noche en que nos encontrábamos allí reunidos; allí en ese hermoso *Templo del Nazareno* en Ensenada, Baja California, México. ¡Pero mi nombre no estaba en el Programa! Y aun así, aunque he insistido en hacerle caso a mi esposa en el sentido de que callado me veo mejor, de cualquier manera, todavía creo que, ¡si solamente cada uno de nosotros hubiese expresado nuestros pensamientos y sentimientos hacia ti!, creo que, el servicio – sin lugar a dudas –, se hubiera convertido en algo más alegre. Tal vez en lo que era:

¡Una Fiesta de Cumpleaños!

¡Qué hermoso servicio hubiese sido! ¿Verdad? ¡Mucho más de lo que fue!, porque sí fue hermoso, no estoy insinuando que no lo fue, ¿Oh sí? Admiro y respeto el gran trabajo de cada uno de los que hicieron posible la fiesta de tu

---

[8] **Sonsonete.** Término que uso para decir que voy a repetir lo que ya he dicho más de una vez.

cumpleaños y, los admiro más, porque tú ya sabes que en estos eventos, ¡hasta una nota de felicitaciones se me olvida mandar! Así que, organizar una fiesta de cumpleaños, eso, ¡eso no está en mi cabeza! Y sí acaso llegara en alguna ocasión esa remota idea a mi mente, ¿cómo lo haría? ¿Cómo te organizaría una Fiesta de Cumpleaños? Creo que lo mejor que podría hacer es decirles a tus hijas que la organizaran y que yo las apoyaría. Y por eso es que admiro mucho más a cada uno y una de los que organizaron tu *Fiesta de Cumpleaños*.

De cualquier manera... Raquel, aquella noche del 24 de noviembre de 2002 disfrutamos de la bendición que Dios te había concedido al cumplir... ¡ese *montónnn* de añoooos! Personalmente la disfruté aunque... ¡mi nombre no estuvo en el Programa! Te recuerdas cuando Holanda le ganó a México en el *Mundial de Brasil* en el verano pasado (2014),

> **Un sabio del Antiguo Testamento dijo que "todo tiene su tiempo", y el mío, aún no ha llegado.**
> Ecclesiastes 3.1

le ganó por un penalti que no existió y que desde esa fecha se ha dicho a nivel mundial: *"¡No fue penal!"*, pues bien, de la misma manera, aunque han pasado doce años desde tu *Cumpleaños Setenta y Cuatro*, aún sigo insistiendo que mi nombre no estuvo en el *Programa del Culto* de tu cumpleaños.

En fin, allí, pues, en ese Lugar Sagrado; en la *Iglesia del Nazareno* recalcamos, afirmamos y escuchamos de una manera indirecta que, Dios te había concedido la gran bendición de ser...

Madre de más de una Generación

El ser madre de una generación como la tuya, es una bendición que algunas mujeres desean con gritos de angustia; algunas de ellas anhelan ser madres aunque sea de un solo hijo o hija; y existen otras que quisieran ser una madre fructífera, una madre como tú. ¿Sabías que la Biblia hace mención de algunas mujeres que anhelaban la bendición de ser madres? De Algunas de ellas te comentaré en las siguientes páginas de esta *Carta*.

Mientras tanto, me alegro mucho de que tú, Raquel, seas poseedora de tal bendición, pese a tus palabras de esa noche del 24 de noviembre del 2002, cuando, parada frente a nosotros, dijiste: "*Tal vez he cometido errores*". Allí comenzó mi inquietante y torpe mente teológica a pensar si realmente cometemos errores o pecados o ambos, y si ambos, entonces, ¿cuál es la diferencia que existe entre ambas acciones o decisiones o prácticas? Y de inmediato, comencé a hacer un bosquejo de lo que estaba escuchando. Al día siguiente, por la mañana, en la casa de tu hija Rosalinda le di un poco más de forma. Los meses y años pasaron. Ahora que nos acercamos al final del año 2015, el resultado de aquel bosquejo es precisamente el contenido de esta *Carta* con estos cortos capítulos que se describen en las siguientes páginas.

¡Ah, y recuerda! Esta es solamente una *Carta* que nació en aquel día en que recordábamos el don de la vida que Dios, en su inmensa gracia divina, te había concedido en esa memorable fecha del 24 de noviembre del año 2002. Un recordatorio de que el Dios en el cual has confiado en estos *Ochenta y Cuatro Años de Vida,* años de sube y bajas espirituales, morales, económicas y emocionales, ¡no te ha abandonado! Y por ello, mi estimada cumpleañera, hay que darle infinitas gracias al Dios Todopoderoso.

> Cuando de festejar a un anciano se trata; no importan tanto los elementos, los lugares, la gente, el tiempo y los programas, sino el reconocimiento, la gratitud y la alegría de los años vividos.

¡Amén!

Capítulo Tres

¡Y me lo contaron!

"La angustia abate el corazón del hombre,
pero una palabra amable lo alegra.
El justo es guía de su prójimo. Pero el camino
del malvado lleva a la perdición".
Proverbios 12:25-26, NVI.

Qué palabras del sabio Salomón! Raquel, ¿te fijaste bien en lo que dice? Estas cortas palabras son dignas de meditarse, aunque sea de una manera muy somera. Por eso, si no notaste bien lo que dice el proverbista, te digo lo que yo entiendo de este sabio: dice que *"la angustia abate el corazón del hombre"*. La Versión Reina Valera 1960, dice: "*La congoja en el corazón*". ¿La qué? ¡*"La congoja"*! ¡Ah, la congoja! ¿Y qué es esto? La congoja es ese estado emocional, uno de los que causan la incomodidad psicológica y espiritual en el ser humano. ¡Qué terrible es vivir acongojado! ¿Y esto que significa? En pocas palabras, te digo que significa mucho dolor emocional. Es aquel dolor que te aprieta el pecho; que estremece el estómago y que confunde los pensamientos.

Es decir, la congoja es todo aquello que es sufrimiento y dolor tanto físico como emocional; todo aquello que son preocupaciones intensas "provocados por un peligro o amenaza"; todo aquello que produzca angustia y ansia, ¡todo esto es una fuerte emoción que afecta todo el ser humano!, o como dice Salomón, "*La angustia abate el corazón del hombre*" ¡Esa es la congoja! Algo emocional que puede incluso provocar sordera espiritual. Te lo explico de esta manera: Cuando llegó el tiempo de sacar al pueblo de Israel del territorio y dominio egipcio, Dios llamó a Moisés y lo comisionó para tal empresa. Ayudado con la influencia que tenía entre los israelitas su hermano Aarón, ambos se presentaron ante el pueblo con la siguiente noticia de parte de Dios, quien le dijo a Moisés:

> "He oído además el gemir de los israelitas, a quienes los egipcios los han esclavizado, y he recordado mi pacto. Así que ve y diles a los israelitas: 'Yo soy el Señor, y voy a quitarles de encima la opresión de los egipcios. Voy a liberarlos de la esclavitud, voy a liberarlos con gran despliegue de poder y de grandes actos de justicia. Haré de ustedes mi pueblo; y yo seré su Dios. Así sabrán que yo soy el Señor su Dios, que los libró de la opresión de los egipcios y los llevaré a la tierra que bajo juramento prometí darles a Abraham, Isaac y Jacob. Yo el Señor les daré a ustedes posesión de ella'.
>
> Moisés les dio a conocer esto a los israelitas, *pero por su desánimo y las penurias de la esclavitud* ellos no le hicieron caso". (*Las itálicas es mío*).
>
> Éxodo 6:6-9, NVI.

La Versión Reina y Valera del año 1960, traduce las
últimas palabras de este texto de la siguiente manera: "...*pero*
ellos no escuchaban a Moisés a causa

Solamente el que experimenta la angustia sabe lo terrible que ella es.

de la congoja de espíritu, y de la
dura servidumbre". (Éxodo 6:9b).
¡La congoja o desánimo
emocional es terrible! Es tan
opresora que llega aun hasta
provocar sordera espiritual. Los buenos mensajes vienen, las
ayudas vienen al encuentro del acongojado o acongojada,
pero si se está en ese estado emocional y psicológico, será un
milagro el que reciba tal ayuda.

Jesucristo es especialista en este asunto. Gracias a Dios
que en el peregrinar de tu familia, hubo un "justo" que les
sirvió de guía; los tomó como sus prójimos y no solamente
les brindó hospedaje, sino que, por primera vez los guio al
conocimiento de la verdad que hay en Jesucristo; les ayudó
un poco con la congoja que ya se había presentado en tu
familia. Aunque, al parecer, también apareció por allí, en tu
peregrinar el camino del malvado que los llevó, nuevamente
a la perdición, los llevó a seguir como esclavos bajo la
servidumbre del Príncipe de este mundo. ¡Gracias a Dios!,
no fue por mucho tiempo.

¿Qué cómo sé lo que te estoy mencionando en esta
Carta? Bueno, Raquel, ¡hay pajaritos en las ramas! Ellos o
ellas, son muy serviciales. El escritor sagrado dijo que: "... las
aves el cielo pueden correr la voz. Tienen alas y pueden
divulgarlo".[9] ¿Y sabes qué? ¡Esos pajaritos me han contado
otras cosas que yo no sabía! Te diré algunas de ellas, pero
antes, quiero decirte que, en la historia judía existió una

---

[9]   Santa Biblia: Nueva Versión Internacional. Eclesiastés 10:20. (Miami,
      Florida. Editorial Vida. 1999), 643.

señorita que pasó por gran angustia y fuerte congoja. Por lo que sé, tú también pasaste por este malestar emocional; la angustia, hasta la fecha, cuando he platicado contigo, la secuela de ella aun brota desde una raíz de amargura; de dolor, de impotencia y de frustración. Pero, Raquel, piensa en lo que le pasó a esta joven judía de nombre *Ana Frank*.

Ana, nació en Alemania en 1929 de familia judía. A la edad de trece años recibió como regalo un diario. "En junio de 1942 escribió por primera vez en él: '*Kitty* [nombre que usaba para referirse a su diario], espero poder confiarte todo, como nunca he podido hacerlo con nadie, y espero que seas un gran apoyo y consuelo para mí'."[10]

> **La experiencia de otros es una gran lección de vida.**

Allí tuvo Ana una manera de escapar; de desahogarse de la angustia que en su adolescencia le causaban el terror y la angustia que en su mundo le causaban la incursión de los nazis a su ciudad y que, le habían obligado, junto con su familia a esconderse durante dos años. La terrible amenaza de la guerra estaba causando pánico entre los holandeses. Así que, cuando los rumores de la guerra llegaron a Holanda, en donde *Ana Frank* y su familia vivían, sin pérdida de tiempo buscaron un lugar en donde esconderse. Sus vidas estaban en peligro por el simple hecho de pertenecer a la raza judía. La guerra llegó y las tropas alemanas conquistaron Holanda: Entonces: "Ana escribió: '*Los tiempos buenos volaron rápidamente*'."[11] Junto con la conquista de Holanda, a Ana,

[10]   *Puedes Cambiar el mundo: Cien historias de personas que cambiaron el mundo*. Trad. Virginia López Grand jean. (Buenos Aíres, Argentina. Editorial Peniel. 2004), 74.

[11]   *Puedes Cambiar el mundo: Cien historias de personas que cambiaron el mundo*. Trad. Virginia López Grand jean. (Buenos Aíres, Argentina.

¡la angustia le llegó hasta lo más profundo de su corazón!
Durante aquellos dos años, mientras Ana y su familia estaban
ocultos, miles de judíos fueron apresados y llevados a los
campos de concentración en Alemania. Mientras tanto, Ana
continúo escribiendo sobre el terror político que sentía
tanto ella como su familia. Su temor y su angustia llegaron
al clímax cuando el 4 de agosto de 1944 los miembros de
la familia Frank fueron descubiertos en su apartamento
secreto por la policía nazi y fueron llevados a la sede de
la Gestapo. Juzgados por el hecho de ser judíos, un mes
después de haber sido descubiertos, Ana y su familia, junto
con otros mil judíos de Ámsterdam, fueron enviados, sin
ninguna misericordia pero si con malos tratos al campo de
concentración de Auschwitz, en Alemania.[12] Allí murió *Ana
Frank*.

¿Sufrió angustia? ¡Demasiada! Su alma agobiada por la
angustia y los terrores de la guerra, no pudo más y dejó el
todavía muy joven cuerpo de Ana, pero lo dejó con una
gran historia. Su *Diario* es un documento literario con una
fuerte energía positiva que esta hoy día "ha ayudado a
millones de personas a sentir cuán preciosa es la vida
humana, con todas sus posibilidades y promesas de bienestar
en un mundo caótico y leyes sin sentido".[13] La valentía de
Ana, en medio de su congoja, de escribir o vaciarse en el
papel le ha llevado a ser una de las mujeres que es
considerada una de aquellas "voces" del terrible holocausto
nazi. Y, todavía algo más; una lección más de aquella joven

Editorial Peniel. 2004), 74.
[12] *Puedes Cambiar el mundo: Cien historias de personas que cambiaron el
mundo*. Trad. Virginia López Grand jean. (Buenos Aíres, Argentina.
Editorial Peniel. 2004), 74-75
[13] *Puedes Cambiar el mundo: Cien historias de personas que cambiaron el
mundo*. Trad. Virginia López Grand jean. (Buenos Aíres, Argentina.
Editorial Peniel. 2004), 75.

judía que ha quedado plasmada en los libros y en la vida de la justicia social, es que Ana fue una mujer que fue – y que aún sigue siendo – considerada como defensora de la "justicia racial" en el siglo pasado.

Raquel, sé que no eres una Ana Frank, porque nadie puede tomar el lugar de otra persona, pero creo que si hubieses escrito las alegrías y penurias; las angustias o congojas por las que has pasado, ¡tú también serías una de las "voces" femeninas que han luchado por salir del atolladero!, pues tú también pasaste tiempos difíciles; fueron meses y años de congojas como aquellos que viviste en la ciudad de Río Blanco, Veracruz; las vivencias que te acongojaron en la ciudad de Tehuacán, Puebla; y los temores que te persiguieron hasta la ciudad de México y también en la ciudad de Puebla.

Isaac García Torres

Gracias a Dios que, en medio de tus luchas, tus oraciones de clamor y en ocasiones de gratitud elevadas al Señor Jesucristo dentro de aquellas circunstancias, cobraste fuerzas en el *El Eloyón* (Heb. *El Dios Altísimo*), es decir, en el Dios en el que podemos depositar toda nuestra confianza. Y, fue precisamente *El Eloyón* el que siempre te acompañó y con esa valentía en Dios sacaste adelante a tus hijos e hijas. Toda esa aventura es una carta abierta. ¡Una carta que está siendo leída! Y como tus hijos estaban leyendo tu carta, su lectura les motivó en lo más profundo de su ser y,...

¡Por eso celebraron tu cumpleaños!

Elisa, Raquel y Eva.
Las hermanas García Campillo

Yo me uní a ellos en aquella Fiesta de Cumpleaños. En especial, tienes como testigos de la lectura de tu carta biográfica a tu hija Sofía quien fue, juntamente con tu hijo Alfredo, los principales testigos de aquellos días, aquellas semanas, de aquellos meses y años en los cuales sobrevivías con ciertos temores, angustias y otros malestares tanto físicos como psicológicos en la actual ciudad de Río Blanco, Veracruz y en aquellas otras ciudades que ya he mencionado. Para tus hijas Sara, Rosalinda y Raquel, juntamente con tu hijo Miguel, como decimos vulgarmente, "todavía no les caía el veinte". Es decir, no se daban cuenta a ciencia cierta de la realidad social y económica por la que tu familia pasaba. Seguramente que no te has dado cuenta, pero con tus muchos años de edad has dejado una gran historia; una que, similar a la de Ana Frank, sin duda, ayudará a otras mujeres que han pasado o están pasando por circunstancias similares a las que tú pasaste.

Pues bien, como tú ya sabes, siempre hay uno o dos pajaritos que le cuentan a uno las cosas que quiere saber o no saber; en ocasiones son buenas noticias aunque sabemos que también existen las negativas y aquellas que llamamos chismes. Lo que escuché en estos últimos años, espero que no sean ni malas noticias ni chismes. Y es que, ¿sabes qué?, por allí me contaron que tú naciste en Monterrey, Nuevo León, México, del vientre de tu madre; *Doña Sara Campillo* y bajo la vigilancia de tu padre; el señor *Isaac García Torres*, un 24 de noviembre del año 1928, y al parecer, en ese tiempo, no fue muy grata tu venida a este mundo. Primero, el machismo mexicano que se apoderaba de tu papá se hizo presente; así que el señor *Isaac García*, quería un varoncito. Así que tú venida a este mundo decepcionó a tu padre.

Segundo, con ese desprecio paternal, los días, meses y años pasaron. Contabas con apenas cinco años de edad cuando el *Ciclón Tropical* del 7 de Julio del año 1933 te sorprendió. Y sí que fue una gran sorpresa no solamente para ti y para todos los habitantes de tu estado sino también para los habitantes

> Toda acción negativa, de palabra o de hecho, produce desconsuelo y frustración.

de los estados de Tamaulipas, Veracruz y Tabasco, en donde, de acuerdo a tus palabras, fue un tiempo difícil tanto para ustedes como para las familias vecinas. Varias personas y un gran número de casas destruidas fue el resultado de la furia de la naturaleza. A causa del ciclón, tú y tu familia fueron evacuados y llevados en tren hasta la ciudad de México.

De allí, viajaste con tus padres hasta lo que hoy es la ciudad de Río Blanco, Veracruz, lugar en donde vivían tus abuelos: *Ventura García* y *Martha Torres*. Tus padres habían vivido y trabajado en las maquiladoras de Río Blanco y Ciudad Mendoza, Veracruz antes de que salieran hacia

Monterrey. En Río Blanco viviste hasta el año 1940, porque en ese año, tus padres te llevaron a vivir a Tehuacán, Puebla. Es decir que, tu familia siguió lo que varias personas mexicanas hacían, entre ellas, mi madre; la señora *Guadalupe Hernández Pardo*, viajando de lugar en lugar en busca de una vida mejor.

Durante la estancia en Tehuacán, tu mamá, sin ser una comerciante ni tener el carisma para los negocios puso, en compañía de tu papá, una tienda de abarrotes. Fue un negocio que tu mamá atendía diariamente mientras que tu papá trabajaba en la carpintería. En poco tiempo, la tienda quebró a causa de que tu mamá no sabía las medidas y pesos de la báscula y siempre dio de más o en algunas ocasiones hasta regaló la mercancía. En poco tiempo ambos se dieron cuenta que ese no era el camino a seguir; que no eran comerciantes y, se dieron cuenta porque la tienda quebró.

Así que cuando tú tenías once años de edad, tus padres se movieron nuevamente a la ciudad de México y allí estudiaste el quinto grado. La vida en la ciudad de México no fue nada grata para ti y en especial para tu mamá, pues, tu papá, quien trabajaba en una compañía de aceites, conoció a una mujer con la que empezó a salir; se emborrachaba con ella y cuando llegaba a tu casa todavía bajo los efectos del licor, golpeaba a tu mamá. Y esto, a pesar de que en ese tiempo asistían a una Iglesia Bautista – ¡Tu angustia comenzaba a manifestarse!-.

¡Interesante! Asistían a una Iglesia Bautista, pero ustedes vivían en las instalaciones de una *Iglesia de la Ciencia Cristiana*, que, por cierto, tu mamá hacía el aseo de esa iglesia. Tu hermana Eva era la ayudante de la biblioteca. Allí, pues, les dieron casa; eran

> La avaricia y la codicia, son enfermedades que matan el alma lentamente tal y como la diabetes que mata, poco a poco, las células humanas.

dos cuartos y un baño y no pagaban renta. En ese lugar que se supone era un lugar santo y en donde debería de reinar la felicidad, tú, no conocías esa hermosa virtud: ¡La felicidad y la paz eran algo extraño en tu hogar!

Allí, en ese perturbado hogar seguiste conociendo lo opuesto a la felicidad y la paz; la amargura, el silencio, el dolor, el temor y la impotencia.

Con el tiempo, dejaron la Iglesia Bautista y se hicieron miembros de la *Iglesia de la Ciencia Cristiana,* siempre con la esperanza de ver un cambio en tus padres, algo que no fue posible, al parecer, tu papá, cada vez era más cruel y más dedicado a la bebida. Los miembros de la iglesia les daban regalos y con ellos por el momento se olvidaban de la mala situación. En un día de Navidad, a ti, Raquel, te dieron una bicicleta y aprendiste a manejarla. Nunca tuve la oportunidad de verte montada en una de ellas. Ya me imagino con que nervios la manejarías; creo que todo mundo tendría que hacerse a un lado para no chocar contra ellos. ¿Oh, acaso me equivoco?

Volviendo al caso del ejemplo de tu padre, conozco a algunos hombres que siguen el mismo patrón de comportamiento que tenía tu papá. ¡Ah!, ¿por qué algunos padres somos tan tontos y cometemos tan garrafales actos? Cuando murió mi padre, al regresar del cementerio de Lombardía Michoacán, México, dos jóvenes, casi de mi edad que habían estado en el velorio y que también nos habían acompañado al cementerio para dejar el cuerpo inerte de mi padre, se me acercaron y me preguntaron:

¿Y ahora cómo le vamos a hacer?
¿Hacer qué? – fue mi respuesta.
¿Cómo le vamos a hacer con lo que dejó nuestro padre?

¡Nuestro qué! – respondí admirado.

¡Nuestro padre! Alejandro Barajas fue también nuestro padre – me dijeron.

Me quedé por un momento pensando y para no alargar la plática y en una posible discusión, le dije a mi hermano Israel: "Carnal, ellos también son hijos de nuestro padre y quieren saber cómo le vamos a hacer con lo que dejó como herencia".

Padres, ¿qué clase de herencia recibirán nuestros hijos? Hay cadenas que se tienen que romper, y otras que se tienen que fortalecer.

Mi hermano Israel me mostró unos recibos, así que les dije a los jóvenes. Miren, aquí hay unas deudas que debemos pagar: La caja en la que lo sepultamos no está pagada, el lugar del cementerio en donde lo acabamos de sepultar aún se debe, el transporte en la carrosa funeraria no se ha pagado.

Y, en lo que se refiere a la casa, aquí también está el recibo de la luz y los otros recibos de los gastos de los alimentos que hemos consumido en estos dos días de velorio. Luego de mostrarles los recibos, le pregunté:

–¿Qué es lo que ustedes quieren pagar? Se miraron uno al otro y en segundos me dijeron.

–Nosotros no hablamos de eso. Nosotros hablamos de la herencia que nuestro padre dejó.

–¡Esta es la herencia que nos dejó! – les dije.

–¿Y qué de la casa? – me replicaron.

–¿Cuál casa?

–¿Cómo que cuál? ¡Esta casa!

-¡Ah, esta casa! Al parecer ellos no sabían que
la casa que se encontraba en el mismo terreno, en
la parte Este de la propiedad, también era de mi
padre.

- Bueno, fue mi respuesta: Esta casa es de
su viuda. Nosotros, mi hermano Israel y yo, no
tenemos nada que ver con eso.

Y, amigos, creo
que ustedes tienen
menos posibilidades
de adquirir la casa,
pues a ustedes
Esperanza (ese
era el nombre de
la viuda), no los
conoce. Así que
si quieren parte
de la herencia
comencemos por
pagar lo que se
debe.

> "Un hogar sin cabeza
> es una invitación al
> caos. Es causa de
> desorden y desastre
> peor aún que el que se
> produce cuando una
> nación se halla sin
> gobernante o un ejército
> sin comandante".
>
> **Guillermo Hendriksen**

-Me maldijeron y, enojados y decepcionados
se retiraron.

¿Qué había hecho mi padre? No lo sé. Pero si
aparecieron dos hijos suyos en su velorio, ¡algo no correcto
hizo! ¡Ah, nuestros padres! Raquel, en el caso de tu papá,
quien por cierto, continuaba lo que vulgarmente se conoce
como *"mujeriego"*, por lo que veo, no era muy diferente
moralmente a la conducta que posiblemente tenía mi padre.
Digo *"posiblemente"*, porque durante el tiempo que yo conocí
a mi padre fue un hombre correcto; su ética fue, para mí,
intachable. Posiblemente su conducta se debía a que cuando
se casó con mi madrasta; la señora *Esperanza Cortés*, entregó
su vida a Jesucristo; se hizo miembro de una iglesia Cristiana

y, creo que ese paso lo convirtió en un hombre diferente, si es que no lo era antes. Por lo que entiendo, tu padre pasó por el mismo proceso; cuando se convirtió a Jesucristo su vida dio un giro de 180 grados; llegó a ser una persona diferente. Tan diferente que llegó a ser el Presbítero "Don Isaac García".

Pues, bien, según me cuentan mis íntimos amigos "los pajaritos", que en aquellos días de incertidumbre y de temores, ¡tu angustia también aumentó!, pues tanto tú como tus hermanas, eran testigo de la conducta no grata de tu padre. Los temores y los problemas aumentaron a tal grado que, tu papá perdió el trabajo y tuvieron que salir de esa zona para irse a vivir a *Santa María La Rivera* en el estado de México.

Rosalinda Perdomo y su Abuelita Consuelo en la ciudad de Río Blanco Veracruz, México.

Ahora bien, como los abusos de maltratos físicos, emocionales y psicológicos, continuaron en tu hogar allí en *Santa María la Rivera*, entonces tuvieron que volver nuevamente a la ciudad de Río Blanco, Veracruz para, que, en cierta manera, refugiarse en la casa de tus abuelos.

Con el tiempo, tú, Raquel, te casaste con *Dámaso Perdomo Díaz* el día 17 de agosto de 1949 en esa misma ciudad de Río Blanco. Por ese mismo tiempo, también tu hermana Elisa se enamoró de *Don Eladio Mercado* con quien se casó. Luego, tu hermana Eva, quien se había ido a estudiar al *Instituto Bíblico de Rio Grande,* Texas, USA, después de graduarse regresó a Orizaba, Veracruz. Trabajó como misionera con la *Iglesia Presbiteriana* en esa lluviosa pero bella ciudad veracruzana. Allí se enamoró de un joven llamado *Moisés Fragoso* con quien se casó.

Así que, tú familia, comenzó a ensancharse. La vida de la familia García con sus nuevos y elegantes apellidos: *Perdomo, Mercado y Fragoso,* se hizo presente en la zona de Orizaba en donde vivió tu hermana Eva con su esposo Moisés. Pero también lo fue en sus alrededores; es decir que desde Río Blanco en la parte norte, en donde tú viviste, hasta Fortín de las Flores en el sur de la ciudad de Orizaba, en donde vivió tu hermana Elisa con su nuevo apellido: *Mercado,* tu familia se había extendido. Por fin, tu familia estaba echando raíces profundas entre los veracruzanos. Aunque, de acuerdo a tus propios comentarios, la vida en Río Blanco, no era un lugar muy agradable para ti; la vida y trato que se te daba no era muy cómoda.

Además, tus ideales no eran para "estacionarte" de por vida en aquel pequeño lugar (hoy ciudad de Río Blanco, Veracruz), tú visión era mucho más allá; era la de ver a tus hijos e hijas viviendo en otras circunstancias por la cuales estaban pasando. Esa visión o pasión te "apresuraba" – no encuentro otra palabra – mientras veías a tus hijos e hijas crecer en un ambiente nada sano. Allí mismo, tu congoja aun siguió aumentándose, pues tu mamá murió en la ciudad vecina de Río Blanco; en la ciudad de Orizaba.

Luego, tu papá, en poco tiempo después de la muerte de tu mamá, se casó con *Crispina Juan*. La nueva compañera de tu Papá, *Crispina*, es una mujer que nació en el Colorado, Veracruz, México, ella fue su fiel compañera hasta la muerte de tu papá el 31 de octubre del 2001, dándole dos hijos: Jonathan García Juan y Martha García Juan.

> **El cedro mientras va creciendo profundiza sus raíces en la tierra, pero su "visión" son las altura; y por eso se fortalece y hace frente con valor heroico a las circunstancias.**

¡Ah!, Raquel, no sé si lo que te voy a decir aumente tu congoja o te cause alegría - ¡espero que alegría!-, pero, por si acaso no lo sabías, ¡fue también allí en Orizaba, Veracruz, en la casa de tu hermana Eva que vi por primera vez a tu hija Sara! Seguramente que te acordarás que por ese tiempo, yo estudiaba en el *Seminario Bíblico de Puebla*. Aquel día del verano de 1969 que conocí a tu hija Sara, estaba en una gira con el *Cuarteto Los Sembradores* - aunque no lo creas, ¡yo cantaba en un cuarteto!; ¡Y cantaba bien! Claro, no era un *Luis Miguel* ni un *Jorge Negrete*, pero me aplaudían después de cantar. No sé si lo hacían para pedirme que siguiera cantando o para que se cerrara el telón, pero a fin de cuentas me aplaudían -. Aquel día veraniego, en la ciudad de Orizaba, Veracruz, tu yerno Enrique Hernández, que también era miembro del *Cuarteto los Sembradores*, y yo, estuvimos visitando a algunos conocidos de él, una persona que Enrique conocía muy bien era a tu hermana Eva, así que fuimos a su casa y, fue en esa visita que vi por primera vez a tu hija Sara.

¿Coincidencia o predestinación? ¡Pues quien sabe! Lo que sí sé es que en ese mismo día en que conocí a tu hija Sara, por la noche, cantamos, creo yo, alegremente en la *Iglesia Presbiteriana "La Santísima Trinidad"* en la ciudad de

Orizaba y allí, ¡nuevamente vi a tu hija Sara! Y de allí... ¡la sigo viendo hasta la fecha! Tristemente, hoy durante estos días de julio del 2015, la estoy viendo todavía muy hermosa como cuando la vi por primera vez en la casa de tu hermana Eva, pero ahora, tendida en su cama muriendo de cáncer. No sé cuánto tiempo más Dios me permita estar a su lado en este mundo, pero, en medio de mis

> **El apóstol Pablo, dijo: "Pues Dios no nos ha dado un espíritu de timidez, sino de poder, de amor y de dominio propio".**
> 2 Timoteo 1:7, (NVI).

lágrimas, estoy muy agradecido con Dios por estos cuarenta y uno años que me ha alegrado al lado de mi amada esposa.

¿Sabes, Raquel? Otro "pajarito" me contó que inmediatamente después de haberte casado con mi suegro Dámaso, se fueron a vivir a la casa de tu suegra; Doña Consuelo Díaz – hogar en el que esperabas "consuelo", ¿Verdad? Oh, ¿Me equivoco? Allí, pues, por un buen tiempo estuvieron viviendo bajo su amparo en la actual ciudad de Río Blanco, Veracruz, mientras que tu esposo trabajaba en la fábrica textil en la misma ciudad. Casi todos los hombres de Río Blanco trabajaban en las maquiladoras.

Un buen día decidieron emigrar hacia la ciudad de Puebla, Puebla. No lo pensaron mucho, pues de un día para otro, toda la Familia Perdomo; es decir, toda tu familia, se movieron a la ciudad de Puebla para vivir allí. ¡Y sorpresa! ¡Allí volví a ver a tu hija Sara! Por las circunstancias que solamente Dios sabe, tu hija Sara comenzó a trabajar en la casa de uno de mis profesores del *Seminario Bíblico de Puebla* donde yo estudiaba. ¿Y sabes qué? ¡Allí me empecé a enamorar de ella!

Matrimonio de Raquel García Campillo y Dámaso Perdomo Díaz.
Río Blanco, Veracruz. Julio de 1949.

Recuerdo que todas las tardes tenía una buena excusa para ir a consultar a mi profesor Peasly en su casa. ¡Ah!, fue también en ese hermoso tiempo que comencé a conocerte. ¡Y sí que era un tiempo hermoso! ¡Sí, era un agradable tiempo para mí! Dios me había concedido la bendición de estarme

> Cuando existe una verdadera convicción del perdón de pecados por Jesucristo;
> El primer deseo es servirle inmediatamente.

preparando para el Ministerio del Reino de Cristo Jesús. Después de haber estado en una vida de completa perdición y de que Dios me hubiese protegido por lo menos en dos ocasiones de morir como un perro en la calle en aquellos años de 1968 al 1970 cuando era miembro de una pandilla en la ciudad de Morelia, Michoacán.

Ahora, en el Seminario, era una persona diferente; con nuevos ideales y con una visión muy clara: Servir a Jesucristo.

Bueno, mi respetable cumpleañera ahora tengo que descansar un poco, así que, después de recordarte en parte tú larga trayectoria:

¡Ochenta y seis años, y más los que faltan!

Y todos estos años en este mundo en el cual Dios te ha permitido vivir y ser fructífera, porque lo eres. De eso no tengo la menor duda, por eso, esa será mi próxima plática contigo, la cual he titulado: *"Madre de Generaciones"*. Después de esta muy resumida historia de tu vida, termino esta charla diciéndote tres cosas:

Primero:

Tus temores y congojas que te han acompañado desde tus años de niña, y luego a través de tus años de señorita, esposa, madre, suegra, abuela y hasta bisabuela,….

¡No te han doblegado!

Y quise ponerlo en este tipo de letras porque me alegra el saber que persistes en avanzar hacia lo positivo, prueba de ello es que hablas, aunque con un poco de temor y vergüenza, de aquello que te está molestando dentro de tu personalidad. ¿Sabías que al hablar de esos temores y vergüenzas das un paso hacia la confianza personal?

La conferencista Pam Farrel nació en una granja de ovejas en un pueblo de Idaho, Estados Unidos; un pueblo de menos de cien personas. Después de casarse, el matrimonio aceptó el llamado de Jesucristo para servirle en su Reino y se inscribieron como estudiantes

> La angustia es
> criminal;
> Pero no invencible.

en un Seminario situado en la ciudad de Los Angeles, California, para prepararse para tal misión.

Las instalaciones del Seminario estaban en el centro de los Ángeles. Además de que estaban recién casados, irse a vivir al corazón de Los Ángeles y estar estudiando, para una campesina eso sería terrible. A causa de sus temores, Pam, aun antes de viajar a los Ángeles para internarse en el Seminario, lloró cada noche pensando en lo terrible que sería vivir entre tanta gente, edificios y automóviles. Durante sus primeros días como seminarista continúo llorando; continúo con sus temores.

Pues bien, la recién casada y futura conferencista, en aquellos días de angustia, se dio cuenta que el estrés, a causa del temor, que le estaba presionando no la dejaría vivir. Se dio cuenta que no podría caminar en las calles y mercados ni asistir a las clases con los ojos llorosos, o como ella dice: "hinchados de tanto llorar". Se dio cuenta que su sentimiento de temor que la acompañaba a todos lados debería de dejarlo; tenía que cambiar de actitud. Tenía que ser positiva para que los planes que Dios tenía para ella y su esposo Bill, el temor no impidiera sus realizaciones. Pam se propuso vivir una vida en la que nunca existiera el remordimiento de que "*si solo hubiera*" o "*me hubiera gustado*". No, Pam, se propuso ser una de las mujeres que debería de agarrar el premio y disfrutarlo mientras caminaba alegremente por las vías de la vida. Sin embargo, por aquellos días de seminarista, los temores la "paralizaban e inmovilizaban".[14]

Decidida a logar una nueva actitud, Pam buscó ayuda e investigó el cómo atreverse a ser atrevida y valiente. En su búsqueda, Pam se dio cuenta de que ella no era la única insegura, en su investigación encontró que todas las mujeres y aun los hombres; es decir, la humanidad en general desea fuertemente sentirse segura; hay una deseo de sentirse así misma segura. Pam comenta que el doctor James Dobson, el fundador de *Focus on the Family* (Enfoque a la Familia) y *Family Talk* (Conversaciones acerca de la familia), en una de su conferencias, preocupado por la baja estima que algunas mujeres manifiestan, dijo que: "Si pudiera escribir una receta para la mujer en la actualidad, proveería para cada una de ellas una dosis saludable de autoestima y de valor personal... No tengo duda alguna de que esta es la necesidad más grande".[15]La investigación de Pam muestra que lo que afecta grandemente a las mujeres de este tiempo es la falta de confianza en sí misma. Los estudios que se ha realizado en la Universidad de Yale, han mostrado que la confianza que las mujeres tienen de sí mismas es tan frágil que un mal día puede afectarlas. En ese día, puede que una o más mueres se sientan menos inteligentes, algunas se sentirán menos capaces y otras más avergonzadas y hasta enfermas.

El temor, la angustia y el estrés, Raquel, son tres fuertes enemigos de nuestra personalidad; ¡la destrozan! De por sí,

---

14   Pam Farrel. *¡Atrévete, sé valiente! Haz tuya la aventura de Dios para tu vida*. (El Paso, Texas. Editorial Mundo Hispano. 2012), 21.
15   Pam Farrel. *¡Atrévete, sé valiente!*, 22-23.

nuestra personalidad ya está deteriorada; deformada y luego cuando estas tres enfermedades o trastornos psicológicos, espirituales y emocionales se apoderan de nuestra personalidad, ¡la derriten! En Génesis 1:27, la Escritura nos dice que: "… Dios creo al ser humano a su imagen; lo creo a imagen de Dios…" (NVI). Y como él es nuestro creador, entonces, él sabe cómo sanar nuestras enfermedades y ayudarnos con nuestros dolores y temores. ¡Él es experto en este campo!

> "El que es sabio atesora el conocimiento, pero la boca del necio es un peligro inminente".
> Proverbios 10:14, (NVI)

Luego, el relato que la Biblia presenta en los primeros dos capítulos del libro de Génesis, nos asegura que tanto el hombre como la mujer fueron creados perfectos. Pero desde Génesis 3:6-24, leemos que la personalidad del ser humano fue deformada; ¡fue deteriorada! Y en esas condiciones, sin defensa alguna, el temor, la angustia y el estrés se apoderan de nuestro ser. Y es aquí en donde debemos hacer un esfuerzo para cambiar esta situación; es decir, cambiar de actitud. Este cambio debe ser hacia Dios; debe ser un cambio de creerle y aceptar la Voluntad y el Poder del Señor Jesucristo. Es terrible darse cuenta que existe un común denominador entre las mujeres; no es solamente de las mujeres contemporáneas ni citadinas o educadas, Pam Farrel dice que este es un mal de toda clase de mujer. Ese mal es el temor. ¿De qué clase de temor habla Farrel?, habla del:

> Para Dios las murallas no son imposibilidades, más bien son posibilidades de ayudar a las personas a fortalecer la fe en él.

"★Temor al fracaso.
★El temor al éxito.

*El temor a lo que otros piensan.

*El temor de sentirnos inadecuados para una tarea determinada.

*El temor a la crítica.

*El temor de no ser suficiente inteligente, lo suficiente delgada, lo suficiente joven, lo bastante madura".[16]

Raquel, ¿te das cuenta? Para Pam Farrel, todas las actividades de las mujeres giran o se basan en este terrible mal: ¡El temor! Y, para ella, por lo tanto – y lo es con justa razón-, ninguna mujer puede disfrutar de la aventura de la vida a causa de los temores.

Si esto te ayuda, Raquel, medita en ello. Pan Farrel y tú, mi estimada cumpleañera, no son las únicas personas con temores; ¡piénsalo! En la *Consejería Pastoral* me he encontrado con varias mujeres y hombres que, aunque no dudan del amor y el poder de Dios, aun así, son personas que sus temores las paralizan a tal grado que no pueden dan un paso más en la meta que se han propuesto.

Por ejemplo, una hermana en Cristo un día se me acercó y me dijo: *"Pastor, necesito su ayuda"*. Era una mujer abusada psicológicamente (en ocasiones también de golpes) por su esposo. La trataba de prostituta, aunque no lo era. La trataba de ignorante aunque tampoco lo es, y también la golpeaba físicamente y no le permitía dar opiniones ni viajar más allá de su trabajo. La hermana, cada quince días recibía su cheque de su trabajo limpiando una casa pero, su marido se lo quitaba para sus propios gastos, los cuales eran ir al cine, sin la esposa, ir a las reuniones de la iglesia, sin la esposa, invitar a los amigos a comer y a viajar a las Vegas o a otros lugares

---

[16]   Pan Farrel. *¡Atrévete, sé valiente!*, 23-24.

recreativos, sin la esposa. Dos días anteriores a la fecha en que estaba platicando conmigo su esposo la había golpeado; a ella y a su hijo menor. Después de que me dijo tal cosa, le pregunté si había llamado a la policía. Su respuesta fue que no. ¿Por qué? – le pregunté. Tengo miedo de que me deporten, pues mis documentos de Migración hasta la fecha están en proceso. Le explique los beneficios que hay en el estado de California para las personas que son maltratadas física y psicológicamente pero, me dijo que mejor esperaría a ver si su esposo cambiaba de actitud. Han pasado casi once años y aún no lo ha denunciado; el temor a ser deportada la tiene como esclava de su esposo.

El temor, el temor y... ¡el temor! ¡Una fuerte barrera! Pero, ¿sabes qué, Raquel? Aunque es una barrera que parece indestructible como lo era el muro de Berlín, o llamado también *"El Muro de la Vergüenza"*. Un muro que dividió a la Alemania de la Segunda Guerra Mundial en Alemania del Este y Alemania del Oeste.

> **La Fortaleza que hay en el amor de Dios es capaz de protegernos de toda adversidad dañina a nuestra personalidad.**

La Alemania Este quedó bajo el dominio soviético, Las autoridades soviéticas anunciaron que levantaron el muro para evitar la invasión fascista que supuestamente conspiraban para evitar que se hiciera un estado socialista en la Alemania del Este; era, supuestamente, un deseo del pueblo vivir en un estado socialista y por ello se construyó el muro. La verdad es otra, por eso se llamaba *El Muro de la Vergüenza*.

En la práctica, el muro sirvió para impedir la emigración masiva que marcó a Alemania del Este y al bloque comunista durante el período posterior a la Segunda Guerra Mundial. El muro se extendía a lo largo de 45 kilómetros que dividían la ciudad de Berlín en dos y 115 kilómetros que separaban al enclave Berlín Oeste de la ciudad de Berlín, capital de la RDA. Es decir, constituía la frontera estatal de la RDA con Berlín Oeste. Fue uno de los símbolos más conocidos de la Guerra Fría y de la separación de Alemania.[17] Desde el 13 de agosto de 1961 hasta el 9 de noviembre de 1989, cuando fue derribado, el Muro de Berlín, ayudó fuertemente a que la gente de Alemania del Este viviera en constante temor. Por aproximadamente veintiocho años, la gente de Alemania del Este vivió en temor; el terror infundido por el comunismo los mantuvo en las prisiones emocionales, psicológicas y espirituales; ambas terribles, hasta que alguien, apoyado por una comunidad con valores diferentes a los que presentaba el comunismo, tuvo el valor de derribar el muro. Siguiendo su ejemplo, la comunidad libre se unió en la empresa de echar por tierra el abominable muro, y así, el muro fue derribado y la gente fue libre.

Raquel, *el muro emocional*; ese que nos conmueve las entrañas cuando se desea hacer algo y paraliza, y el otro muro; *el psicológico*; ese que causa temor por lo que se nos ha enseñado o provocado por otros medios, como el lavado de cerebro, como también *el muro del temor espiritual*; ese temor que es causado por la influencia de espíritus demoniacos, seres que

No es el gran conocimiento de las cosas ni la sabiduría para hacerlas lo que asegura una bendita esperanza; Es la fe en Jesucristo el motor que nos lleva lentamente o a gran velocidad a la seguridad de una vida mejor.

[17] Wikipedia: La Enciclopedia Libre. *Artículo: El Muro de Berlín*. (La Habra, California. Internet. Consultado el 17 de septiembre de 2014), 1. http://upload.wikimedia.org/wikipedia/commons/5/5d/Berlinermauer.jpg

nos atan y atemorizan para no creerle a Dios y su oferta de
la libertad que hay en la propuesta de la salvación en Cristo
Jesús, ambos, pueden ser derribados con el amor de Dios y
en el amor de Dios. El apóstol Juan, el hombre que vivió
los terrores de las grandes persecuciones imperiales, de
los llamados dioses romanos; es decir, los cesares, nos da el
siguiente consejo:

> "Dios es amor. El que permanece en amor,
> permanece en Dios, y Dios en él.... En el amor
> no hay temor, sino que el amor perfecto echa
> fuera el temor. El que teme espera el castigo, así
> que no ha sido perfeccionado en el amor".
>
> I Juan 4:16-18, (NVI).

Raquel, tú sabes de este amor divino y también humano;
tú lo has experimentado. No hay ninguna razón para que
sigas viviendo en temor, cualquiera que este sea: ¡Se libre!
¡Ama a Dios y empápate del amor de Dios! El temor y
los temores se alejarán de tu persona; se alejarán de tu ser
cuando esté empapado del amor de Dios. Recuerda que el
amor Dios es el que "nos ha dado vida eterna, y esa vida
está en su Hijo. El que tiene al Hijo, tiene la vida; el que no
tiene al Hijo de Dios, no tiene la vida"[18] Tú, Raquel, tienes
al Hijo de Dios en tu vida, todo lo que tienes que hacer
es empaparte del amor de Jesucristo y, tus temores,... ¡serán
cosa del pasado!

En el *Cantar de los Cantares de Salomón* se relata que
los hermanos de la *sulamita*, la novia de Salomón, estaban
preocupados por la estatura de su hermana; estaban
preocupados porque sus pechos eran pequeños y se
preguntaban qué harían con su hermana. Dan algunas

---

[18]   Santa Biblia: Nueva Versión Internacional: *I Juan 5:11-12*, 1168.

sugerencias de lo que podrían hacerle a su hermanita para que luciera hermosa y atractiva, pero sus sugerencias van acompañadas de la clausura gramatical *"si"*, como diciendo, nuestra hermanita no tiene remedio; ¡nunca será una bella y atractiva mujer! En nuestros días la mandarían con algún doctor estético para que le pusiera implantes y que le cambiara el color de sus piel, pues la sulamita era de tez morena.

Lo que seguimos notando en este relato es que la sulamita no fue una mujer que se dejó amedrentar por el que dirán ni por su físico, reconociendo su validez como mujer, dijo: "Una muralla soy yo, y mis pechos, sus dos torres. Por eso, a los ojos de mi amado soy como quien ha hallado la paz".[19] Y así, ella, juntamente con Pam Farrel, caminan erguidas por los diferentes senderos de la vida importándoles una sola cosa: lo que son a los ojos de su amado salvador Jesucristo.

Raquel, mi estimada cumpleañera, ¡no te quedes atrás! ¡Únete a ellas! Y encuentra la tan deseada paz.

Segundo:

Como te dije antes, tú no eres una Ana Frank, ni has dejado un Diario escrito en papel, aunque sí has escrito y sigues escribiendo un gran *libro* en tu misma persona: la computadora que estás usando para dicha escritura son todas tus experiencias, palabras y consejos. Es un tipo de escritura que has dejado en tus más de ochenta años de vida; es un legado que puede ayudar a otras mujeres que están o han pasado por las adversidades que tú pasaste pero que, hasta hoy, ¡has salido avante! Es decir, tus temores no han tenido ni

---

[19] Santa Biblia: Nueva Versión Internacional. *Cantares 8:6-10*, 650.

aun tienen el poder para vencer el gran amor de Dios que te ha estado apoyando. Entonces, pues, con esa experiencia de todos estos años, Raquel, cuando el temor venga para apoderarse de tu persona, inmediatamente recuérdale que tú eres una hija de Dios y que él te ama mucho y por lo tanto te protegerá de su ataque.

No te ha sido fácil. La vida no siempre es fácil. ¿Pero, sabes qué, Raquel? Con la fe en Dios, ¡hay esperanza! ¡Hay de aquellos a los que Dios los ha dotado de inmensa sabiduría y al final de sus días no tiene la bendita esperanza que Dios da a los que le buscan, le creen y esperan en él! Tú, mí estimada suegra, a diferencia, por ejemplo, del astrofísico *Carl Sagan*, quien llegó a la fama mundial por su participación la serie televisiva *Comos*. La televisión difundió su imagen a nivel mundial.

> La vida sin Jesucristo se sobrevive en este caos mundial; En cambio la vida con Cristo se disfruta a pesar del caos.

No fue tanto la presentación de su imagen en la televisión, pues la verdad es que fue gran científico; uno de los que recibieron la medalla *Logro Científico Excepcional*, de la NASA, y también ganador en los premios *Pulliser y Emmy*.[20] Tú, pues, a diferencia de *Carl Sagan*, ni siquiera una carta escrita por tu mano existe - ¿Oh, sí? Yo no sé de ninguna -, no estudiaste el colegió ni la universidad, pero, tu creencia

> Lazo de tres cordeles es la esperanza; para los que esperan en Dios,

20 Jorge Alcalde. *Carl Sagan: testamento de un sabio* (México. Muy Interesante. La Revista Mensual para saber más de todo. Televisa Publishing Internacional. Año XXXI. Septiembre de 2014. No. 09), 71.

y seguridad en Dios nunca las has abandonado; ellas te han acompañado en tu larga vida y, cuando llegue ese día final de tu estancia en esta tierra, tienes un lugar seguro y muy confortante: tu esperanza en Dios es la fuerza que garantiza un final glorioso.

Bueno, ¿y cuál es la diferencia de la que te hablo? ¿Cuál es la diferencia entre tú y *Carl Sagan*? ¡La esperanza! ¡La bendita esperanza que hay en Cristo Jesús y sus logros salvíficos! ¡Esta es la gran diferencia! El periodista Jorge Alcalde, dice que *Sagan* después de haber sido operado de un trasplante de médula con el fin de sanarse de una terrible enfermedad que le azotaba. Su hermana Carie fue la persona que le donó la médula.

Y después, *Sagan*, dijo que todavía se le hacía un nudo en la garganta cuando recordaba el ofrecimiento de su hermana Carie; ella, cuando se enteró de la enfermedad de su hermano, se ofreció para salvarle la vida; le dijo que tomara de ella lo que necesitara; un pulmón, un riñón... lo que', lo que necesitara. La enfermedad que Sagan había tenido había sido controlada pero, tiempo después regresó, y Sagan volvió al hospital una vez más. Pasó muchas horas en su retiro en Nueva York, Trabajó por ratos en compañía de su familia. Durante aquellos días, Sagan tuvo la oportunidad de meditar y de aprender; aprender sobre su propia lucha contra lo inminente, la muerte. Tuvo tiempo para meditar sobre la belleza de la vida; sobre los valores familiares y de aquellos que verdaderamente son amigos. Pero también tuvo tiempo para meditar sobre lo que es el valor del amor y su magnífico poder para cambiar la actitud del ser humano. Escritor prolífero. En sus relatos literarios, en especial en sus últimos días de vida, Sagan hizo mención de aquellas meditaciones y de lo que había aprendido. Una de sus expresiones y deseos expresados en sus últimos días, fue: "Quiero hacerme muy viejo junto a mi esposa Annie. Quiero ver a mis hijos crecer, y participar en su desarrollo intelectual y personal. Quiero conocer a mis futuros nietos".[21]

También hizo mención de sus deseos de ser testigo de los resultados de los problemas científicos de su tiempo, como las investigaciones y exploraciones del universo; quería saber sobre los mundos del Sistema Solar y tenía inquietud sobre la vida extraterrestre. La sociología política fue otro campo en la que quiso conocer la respuesta de los mayores dilemas de la historia del ser humano. Anheló llegar a conocer y prevenir sobre los peligros y las promesas de la tecnología. Se interesó en la política de la emancipación de la mujer, el crecimiento político, económico y tecnológico de China, y entre otras cosas más que Sagan deseo ver y experimentar fueron los viajes interestatales.[22]

> El apóstol Pablo, dijo: "Así que nos regocijamos en la esperanza de alcanzar la gloria de Dios... Y esta esperanza no nos defrauda, porque Dios ha derramado su amor en nuestro corazón por el Espíritu Santo que nos ha dado".
> Romanos 5:2b, 5 (NVI).

¡Hermosos deseos y pensamientos mezclados en una esperanza muy terrenal! Todos esos deseos y quereres se opacaban en un ser humano que sólo le quedaba lamentarse de no poder realizar tales deseos; de alguien que solamente pensaba en su pronta partida de este mundo a un lugar en donde – de acuerdo al sentir de *Sagan* -, no había nada bueno. "Me gustaría creer que, cuando muera, volveré a

21 Jorge Alcalde. Carl Sagan: *testamento de un sabio* (México. Muy Interesante. La Revista Mensual para saber más de todo. Televisa Publishing Internacional. Año XXXI. Septiembre de 2014. No. 09), 71.
22 Jorge Alcalde. *Carl Sagan: El testamento de un sabio*, 73.

vivir – decía *Karl Sagan* –. Que alguna parte pensante, alguna forma de memoria o de sentimiento, permanecería en mí. Pero con la misma intensidad que lo deseo, sé que no hay nada que sugiera que es algo más que una vana esperanza'."[23]

¿Una qué, dijo Karl Sagan? ¡*"Una vana esperanza"*! Ese no es tu caso. Tú, Raquel, de alguna manera mostrabas con tus palabras y acciones una VERDADERA Esperanza. Y con esa hermosa virtud, la vida se te hacía más cómoda y realista. A diferencia de *Carl Sagan* y de *Oliver Heaviside*, del cual te comento más adelante, tu esperanza era una fuerte herramienta emocional, psicológica y por supuesto bíblica y teológica, que te ha ayudado hasta el día de hoy a vivir la vida de una manera diferente y agradable.

La Revista Popular titulada: *"Muy Interesante"*, en su Sección de: *"Galería de Excéntricos"*, hace mención de *Oliver Heaviside*, el hombre que vivió en los años 1850 y 1925; "Ingeniero, matemático y físico autodidacta, inventor de técnicas para la resolución de ecuaciones diferenciales"[24], el hombre que "tuvo grandes aportaciones que cambiaron la historia de la ingeniería eléctrica y las matemáticas".[25]

> **Esperar en Dios es ver espiritualmente una mejor vida más allá de la terrenal.**

¡Wau! ¡Todo un genio de su época! Pero al mismo tiempo, un hombre que no tenía una esperanza que le hiciera disfrutar de todos sus conocimientos y de la hermosa vida que en Cristo

[23] Jorge Alcalde. *Carl Sagan: El testamento de un sabio*, 73.
[24] Francisco Villaseñor: Director Editorial. Revista: Muy Interesante: *Galería de Excéntricos: Oliver Heaviside*. (México, DF. Editorial Televisa. Año XXXI. No.12. 2014), 8. Muyinteresante.com.mx
[25] Francisco Villaseñor: Director Editorial. Revista: Muy Interesante: *Galería de Excéntricos: Oliver Heaviside*, 8

Jesús es un *Modus Vivendus* saludable, agradable, satisfactoria aunque no perfecta por el momento – cuando lleguemos al *Más Allá,* entonces, si será una vida perfecta, por lo pronto, es una vida que da satisfacción y una gloriosa esperanza –. Lo deslumbrante de *Oliver Heaviside* en sus descubrimientos y conocimientos contrastan con su manera de vivir. Era un hombre con "una autoestima tan baja que firmaba sus cartas y documentos con la palabra WORM (gusano, en inglés)"[26]. La mayor parte de su vida la vivió en la casa de sus padres. Trabajó en un cuarto oscuro que lo mantenía caliente con lámparas; rara vez salía de ese cuarto. Cuando decidió dejar la casa de sus padres se fue a vivir a una cabaña en donde no tenía muebles. "Su aspecto desaseado y conducta errática lo hicieron bastante impopular en el pueblo donde vivía, incluso los niños solían hostigarlo arrojándole piedras cuando lo veían por la calle"[27]. A leguas se notaba que Oliver Heaviside ¡Era un hombre sin esperanza!

Raquel, por favor, nota la diferencia cuando se vive, como dijo el salmista: "El que habita al abrigo del Altísimo se acoge a la sombra del Todopoderoso",... Y allí, bajo esa protección, el Señor le dice:

"El me invocará, y yo le responderé; estaré con él en momentos de angustia; lo libraré y lo llenaré de honores.
Lo colmaré de muchos años de vida y le haré gozar de mi salvación". (Salmo 89:1, 15-16, NVI).

Raquel, ¿recuerdas que en la Biblia existe la historia de un hombre que tuvo muy buenas razones para perder la

[26] Francisco Villaseñor: Director Editorial. Revista: Muy Interesante: *Galería de Excéntricos: Oliver Heaviside,*8
[27] Francisco Villaseñor: Director Editorial. Revista: Muy Interesante: *Galería de Excéntricos: Oliver Heaviside,*8

esperanza en Dios y en un glorioso futuro? En este hombre bíblico podemos notar la diferencia que existe cuando se tiene a Dios en mente y corazón. Cuando Dios es real en la vida interna del ser humano, ¡existe una esperanza en el Todopoderoso! En cambio en las vidas de *Carl Sagan* y de *Oliver Heaviside* notamos que no hay una esperanza que ayude y motive a un disfrutar de la vida en medio aún de las pésimas condiciones por las que en ocasiones pasamos. Job, ese hombre bíblico, en un solo día los pastores de sus ganados fueron asesinados y sus ovejas, cabras, vacas, asna y camellos fueron robados. ¡Se quedó en la ruina total! Y todavía más, ¡sus hijos murieron a causa de una tempestad o tal vez un huracán o un tornado! Después de todo ese desastre de muerte, robo, de ultrajes y de azotes naturales, La Biblia dice:

> "Entonces Job se levantó, y lleno de dolor se rasgó la ropa, se rapó la cabeza y se inclinó en actitud de adoración.
> Entonces, dijo:
> –Desnudo vine a este mundo, y desnudo saldré de él. El Señor me lo dio todo, y el Señor me lo quitó; ¡Bendito sea el nombre del Señor! Así, pues, a pesar de todo, Job no pecó ni dijo nada malo contra Dios".
> Job 1:20-22, (NVI).

¿Y sabes qué, Raquel?, el dolor de Job aún no había terminado, tú lo sabes, recuerda que más adelante, este hombre de Dios también perdió su salud; el enemigo de Dios y el acusador de los seres humanos, Satanás, "envió sobre Job una terrible enfermedad de la piel que lo cubrió de pies a cabeza"

> **Una boca y un corazón empapados de la esperanza divina jamás maldecirán al individuo, ni guardarán rencor;**
> **Su deseo y palabras serán para bendecir.**

(Job 2:7-8). Tan terrible fue su enfermedad que aún su misma esposa le preguntó: ¿"Todavía te empeñas en seguir siendo bueno?" Y entonces le hizo la siguiente sugerencia: "¡Maldice a Dios y muérete!" (Job 2:9, RV). ¡Qué manera de consolar a su cónyuge! Bueno, si es que su intención era consolarlo. En todo caso y a pesar de, la fe y la esperanza en Dios no disminuyó en la persona de Job.

¿Qué hizo Job? Con valentía y fuerza sacada de un cuerpo que cada día se estaba desbaratando; de un cuerpo en donde sus células cutáneas se estaban muriendo a cada hora que pasaba, dejando tremendos dolores y comezón en todo su cuerpo y, seguramente también una horrible peste (Job 13:28), a pesar de esas terribles circunstancias, Job, enriqueció su fe en Dios; había en su interior una esperanza en su Dios que nadie podía calcular ni entender (Job 13:13-18; 14:14-15).

La convicción de Job es una esperanza que nos muestra esa profunda fe en Dios a tal grado que después de haberle dado la respuesta a su esposa; y hacerle notar que Dios sigue siendo Soberano, con las siguientes palabras: "Como suele hablar cualquiera de las mujeres fatuas, has hablado. ¿Qué? ¿Recibiremos de Dios el bien, y el mal no lo recibiremos?" A este pensamiento, la Biblia agrega el siguiente comentario: "En todo esto no pecó Job con sus labios" (Job 2:10). ¡Esto es el producto de una fe en Dios! Nadie es maldecido con la boca y corazón que tiene una esperanza en Dios, sino más bien, en esa boca y corazón hay una bendición, aun para el que muestra odio y desprecio hacia nuestras personas. Después de que Job corrige teológicamente a su esposa, también le responde a su "amigo" Zophar, quien lo acusa de haber pecado y que está recibiendo su castigo por ser pecador. Job, le dice: ¿"Hay alguien que todavía no sepa que

Dios lo hizo todo con su mano? En su mano está la vida de todo ser viviente" (Job 12:9-10).

¿Lo notaste? Raquel, ¿te diste cuenta?, ¡esta es una esperanza gloriosa! Es una seguridad de un futuro cierto, seguro y bueno. Es una esperanza que no avergonzó a Job; porque el amor de Dios se había derramado sobre su corazón por medio del Espíritu Santo que se le había dado (Romanos 5:5). Los días pasaron y la esperanza de Job en Dios, en lugar de menguar, ¡se acrecentó! Y aumentó a tal grado que su respuesta a la acusación de su otro "amigo", Bildad, que, al igual que su otro amigo, también lo acusaba de pecador, a él, a Bildad, Job, le dijo:

> **El oro se pule y resplandece por medio del fuego; La esperanza se afirma en la adversidad.**

"Yo sé que mi defensor vive, y que al final triunfará sobre la muerte.
Y cuando mi piel haya sido destruida, todavía veré a Dios con mis propios ojos.
Yo mismo espero verlo, espero ser yo quien lo vea, y no otro.
¡Este anhelo me consume las entrañas!
Job" 19:25-27, (NVI).

¡Wau! ¡Qué tremenda esperanza! Sé que la tuya no es tan espectacular como la de Job, pero Raquel, me consta que de escalón en escalón has llegado hasta donde hoy puedes decir – en caso de que no lo hayas dicho; te lo pongo en tus labios -,…

**"Hasta este momento, Dios me ha ayudado"
(I Samuel 7:12).**

La poca fe que tú crees tener en Dios, aunque yo sé que no es poca pues, llegar hasta el grado familiar en el que tú has llegado, eso, Raquel, no es poca fe, como tampoco es poca la esperanza que tienes en Dios. Tanto la fe como la esperanza son las que, a lo largo de tus más de ochenta años, te han motivado a ser la mujer que hoy eres, salvo tus temores.

Y, tercero: En Dios hay esperanza.

¡Y vuelvo con la esperanza en Dios! Y lo hago porque sé y estoy convencido que es la UNICA espera terrenal de supremo valor. Dios ha creado la iglesia para ayudar con los problemas de toda clase y de toda persona: la Iglesia del Señor Jesucristo es una Comunidad Terapéutica, pues él, como Creador de los seres humanos, sabe cómo estamos formados y por lo tanto, sabe cómo tratar nuestras enfermedades y toda clase de problemas morales, económicos, emocionales y psicológicos.

El pastor de *Gateway Community Church* y presidente de Emerging Leadership Initiative, John Burke, en su libro titulado: *"NO se admiten personas perfectas"*, cuenta la historia de *Lindi*. Cuando apenas estaba cumpliendo un año desde que el pastor John había comenzado la fundación de su iglesia: *Gateway Community Church*, entró a su oficina y en su computadora encontró un mensaje en el que *Lindi* le decía que había a asistido por algún tiempo a su iglesia; es decir a Gateway con el propósito de encontrar lo que Dios quería para su vida y al mismo tiempo, encontrar y reforzar su esperanza.

> **La persona dentro de la Comunidad Eclesiástica, además de tener sanidad espiritual, descubre el propósito de su vida.**

Ella había escuchado que Dios estaba en Gateway, pero ella aún no había tenido ese sentir ni tampoco se había reducido su dolor emocional. El trabajo de *Lindi* era de trabajadora social en un centro para enfermos mentales. Su trabajo entonces consistía en consolar a los que estaban sufriendo, pero se preguntaba en donde ella podría encontrar ayuda cuando se encontraba en la misma situación que sus pacientes. Hasta esa fecha, la iglesia no le había ayudado; no era para ella una Comunidad Terapéutica, y sin embargo, *Lindi* tenía esperanza. En su mensaje al Pastor John, también le confesó su deseo de suicidarse con estas palabras: "Quisiera poderte decir lo aterrador que es escribirte. El miedo de darme a conocer me obsesiona. Durante los últimos meses, he estado pensando en mi muerte y cómo acelerarla. Estoy capacitada para reconocer las señales que anticipan el riesgo de suicidio, y me estoy acercando a eso".[28]

Ya te imaginarás la sorpresa que se llevó el pastor John cuando leyó este mensaje. ¡Quedó atónico! Sabiendo que *Lindi* estaba en una encrucijada; entre la vida y la muerte, John oró a Dios por sabiduría para poder ayudarla. *Lindi* se había casado cinco años antes de mandar este correo pero su esposo le fue infiel. Lo perdonó y ocho meses después de haberlo perdonado volvió a serle infiel; al fin se divorciaron.

El correo de *Lindi* continúo en el que decía que ella estaba capacitada para reconocer las señales de abuso en sus pacientes pero no podía ver tal abuso en su persona. Estaba decepcionada por las cosas que dijo e hizo su esposo; eran cosas que no podía alejar de su mente. Comentaba que si la

---

[28]   John Burke. *NO se admiten personas perfectas: Creando una cultura en la IGLESIA que acepta a las personas "Tal como son"*. (Miami, Florida. Editorial Vida. 2005), 315.

única persona que le había afirmado que la amaba la había traicionado de una forma tan terrible, ¿cómo sería posible pensar que alguien más la aceptara y se preocupara por ella? Con ese dolor emocional, *Lindí* le había pedido el divorcio un mes antes de haber mandado el mensaje electrónico al Pastor John, pero en esos días se sentía con una gran culpa; se preguntaba: "¿Qué es lo que Dios realmente piensa del

> **Una serie de problemas, tales como el desamor, problemas familiares y económicos; son la causa de que jóvenes entre 12 y 24 años de edad lleguen al suicidio.**

divorcio? Jamás me sentí tan sola. Ya basta. Ya lamenté enviarle este mensaje, pero lo voy a hacer…

Lindi".[29]

La poca esperanza que se nota en *Lindi* fue avivada por medio de los consejos bíblicos y pastorales de John Burke. Semanas después de aquel mensaje que *Lindi* le había enviado al Pastor John, ella le confesó al pastor que la había ayudado a ver a un Dios que ella jamás había visto. "Un Dios que se compadece en vez de condenar. Hoy compré una Biblia que puedo entender y, finalmente, oré a tu Dios y él pasó a ser mi Dios".[30]

¡Sí, Raquel! No importa el problema o las circunstancias en las que uno esté, para Dios todo es posible; en él la poca, mediana o mucha esperanza en un futuro glorioso se aviva porque, ¡en Dios hay esperanza! Una esperanza que está basada en la gracia y la misericordia de Dios, pues: "La gracia es Dios dándonos lo que no merecemos, la misericordia es Dios no dándonos lo que sí

29 John Burke. *NO se admiten personas perfectas: Creando una cultura en la IGLESIA que acepta a las personas "Tal como son"*, 316.
30 John Burke. *NO se admiten personas perfectas: Creando una cultura en la IGLESIA que acepta a las personas "Tal como son"*, 320.

merecemos (castigo eterno)".[31] Vuelvo a recordarte la versión del apóstol Pablo en cuanto a la esperanza. Él dijo:

"En consecuencia, ya que hemos sido justificados mediante la fe, tenemos paz con Dios por medio de nuestro Señor Jesucristo. También por medio de él, y mediante la fe, tenemos acceso a esta gracia en la cual nos mantenemos firmes. Así que nos regocijamos en la esperanza de alcanzar la gloria de Dios.

Y no sólo esto, sino también en nuestros sufrimientos, porque sabemos que el sufrimiento produce perseverancia; la perseverancia, entereza de carácter; la entereza de carácter, esperanza. Y esta esperanza no nos defrauda, porque Dios ha derramado su amor en nuestro corazón por el Espíritu Santo que nos ha dado".

Romanos 5:1-5, NVI.

¿Lo notaste? Pablo dice que en Cristo Jesús tenemos paz con Dios, y que es esa paz la que también, en un proceso espiritual, la que nos produce una esperanza gloriosa. Es una esperanza que el apóstol Pablo asegura que: "Si Dios es por nosotros, ¿quién contra nosotros?" Si Dios está a mi lado no importa que o quien esté contra mí. Si Cristo es por mí, entonces puedo descansar en su paz.

> La paz de Dios no es algo pasivo ni motivo para alejarse – aunque existe razón lógica humana para hacerlo –, sino un accionar en el mundo sin el temor que este causa.

---

31   Pan Farrel. *¡Atrévete, sé valiente! Haz tuya la aventura de Dios para tu vida.* Trd. Norma Armengol. (El Paso, Texas. Editorial Mudo Hispano. 2013), 92

Jason Fren, el misionero que ya conocemos y seguiremos conociendo, en su *Rompiendo las barreras: Venciendo la adversidad y alcanzando tu máximo potencial*, dijo que: "La paz de Dios es la fuerza estabilizadora más poderosa del planeta…. Establecer la paz de Dios calma las aguas de nuestros recursos emocionales y nos permite llenar nuestros depósitos a su máxima capacidad".[32] ¿A su "máxima qué? ¡Capacidad! Entonces, Raquel, cuando llegamos a este punto espiritual es cuando logramos tener "alegría, energía, la fuerza y la motivación suficientes para poner en acción lo que sabemos que es bueno y sabio".[33]

Conclusión.

¡Ah, la esperanza en Dios! ¡Cuánto la necesita este mundo! Veo algunos seres humanos desesperados, otros preocupados y varios de ellos renegando de Dios y de la situación en la que viven y otros más, ya han dejado este mundo por medio del suicidio. Por lo general estoy caminado entre dos y tres millas cada tercer día, en mi caminata me encuentro con el tipo de personas que he mencionado. Después de unos minutos de plática, casi todos rechazan el mensaje de Dios; ¡no quieren nada con Dios! Sus rostros me dicen que su esperanza en un mundo mejor; en un ambiente mucho mejor del que ahora están viviendo está por los suelos, pero aun sí, rechazan al que les puede dar una

> Aunque ningún ser humano es merecedor de estar con Dios; misericordiosamente, Dios invita a todos a vivir con él en su Morada Celestial.

---

[32] Jason Fren. *Rompiendo las barreras: Venciendo la adversidad y alcanzando tu máximo potencial.* (Colombia. Editorial Peniel. 2006), 189.

[33] Jason Fren. *Rompiendo las barreras: Venciendo la adversidad y alcanzando tu máximo potencial.* (Colombia. Editorial Peniel. 2006), 189.

buena razón para vivir tranquilamente el *Aquí* y el *Ahora* y en el *Más Allá*.

¡El mundo necesita la paz de Dios! ¡Los seres humanos piden a gritos una buena esperanza! ¡Una razón para vivir! Una buena razón que este mundo no la puede dar; este mundo con sus acciones y controlado por las fuerzas malignas ha "matado" la fe, la poca fe que algunos tienen. En una ocasión Jesucristo les contó a sus discípulos una parábola: les contó acerca de una mujer viuda que le pedía justicia al juez de su pueblo. El juez, por su parte, era injusto; no tenía consideración de nadie ni tenía temor de Dios. Bueno, es muy difícil tener consideración de alguien si no se tiene temor de un ser soberano. La viuda continuo pidiéndole justicia, diciéndole: "Hágame usted justicia contra mi adversario". Como era un juez sin consideración por las necesidades de las personas: "Durante algún tiempo él se negó, pero por fin concluyó: 'Aunque no temo a Dios ni tengo consideración de nadie, como esta viuda no deja de molestarme, voy a tener que hacerle justicia,…'" (Lucas 18:1-5, NVI). Inmediatamente, Jesús, le dijo a sus discípulos: "Tengan en cuenta lo que dijo el juez injusto. ¿Acaso Dios no hará justicia a sus escogidos, que claman a él día y noche? ¿Se tardará mucho en respónderles? Les digo que sí les hará justicia, y sin demora. No obstante, cuando el Hijo del hombre venga, ¿encontrará fe en la tierra?" (Lucas 18:6-8, NVI).

Aunque este mundo ha "matado" la poca fe que algunos tenemos, aun así, puedo asegurar que la última pregunta del Señor Jesús, tiene su respuesta positiva; ¿Por qué positiva? Porque estoy convencido que cuando Jesucristo vuelva por Segunda vez a esta tierra, ¡sí encontrará fe! ¿En quién? ¡En ti, Raquel! Si Jesucristo regresa a esta tierra antes de que tú y yo partamos hacia el *Más Allá* para estar morando eternamente con nuestro Salvador Jesucristo, si él regresa antes, aunque sea poca fe, ¡pero la encontrará! ¡Tú la tienes!

La mía tampoco es grande, pero estoy seguro que también en mi encontrará fe. Y esto a pesar de que el mundo en el que vivimos se ha dejado controlar por las fuerzas malignas y las artimañas de Satanás, nuestra fe ha permanecido fiel a Dios.

El salmista David, contemplando a la humanidad atrapada en los placeres que el mundo ofrece; sin fe y sin ninguna esperanza de una vida mejor. Gente que se encuentra cegada de su entendimiento llegando a una corrupción y depravación que, a su juicio, creen que están bien, pero el salmista vio el otro lado de la moneda y por eso dijo:

> ¡Ni pensar que Dios cometa injusticias! ¡El Todopoderoso no pervierte el derecho!
>
> Job 34:12, (NVI).

"Desde el cielo Dios contempla a los mortales, para ver si hay alguien que sea sensato y busque a Dios. Pero todos se han descarriado, a una se han corrompido. No hay nadie que haga lo bueno: ¡No hay uno solo!" (Salmo 53:2-3, NVI).

Basta con ver las noticias televisivas o leer el periódico matutino para preguntarle al salmista: ¿Cómo sabías tú que en pleno siglo XXI, con toda la tecnología que tenemos, los seres humanos fuéramos insensatos y corruptos? Definitivamente, es muy difícil vivir siendo fieles en un mundo sin fe. Solamente la gracia y el poder de Dios, con nuestra poca fe en él, nos ha mantenido a ti y a mí, más o menos libres de las garras de este mundo. Mi oración es que cada uno de los que en esta *Carta* te menciono; ¡Tu gran Familia!, que todos ellos, ¡también tengan fe en Dios! – Aunque sea poca -, ¡pero que le crean a Dios! Raquel, ¡Ojalá que todos tenga fe en Dios!

Definitivamente, ¡necesitamos la fe en Dios! Pues, la intranquilidad, los temores, la ansiedad, el estrés, la falta de esperanza y ese sentimiento de culpabilidad como el que tú mostraste aquella noche de tu cumpleaños al decir que posiblemente habías cometido errores, humanamente, todos estos aspectos o elementos o actitudes o carismas, lo que sean y como tú los quieras llamar, son como el terrible virus del Ébola. En estos días: "La enfermedad por el virus del Ébola, indica la OMS [Organización Mundial de la Salud], tiene una tasa de letalidad de 90%. No hay tratamiento específico ni vacuna para enfrentarla".[34]

> En el camino que hemos recorrido tropiezos y éxitos son pequeñeces; comparadas con lo que hay en nuestro interior y lo que no espera en futuro cercano".

¡Ah, pero, mira la diferencia! ¡La gran diferencia! Raquel, tú y yo tenemos una gran bendición. Mientras que humanamente no hay solución para la intranquilidad, los temores, la ansiedad, el estrés y la falta de esperanza, tú, Raquel, tienes la solución: ¡La paz de Dios y la fe en lo imposible de creer y aceptar por medio de Jesucristo! ¡Esa es la "vacuna" que da la sanidad espiritual!

Pues, bien, Raquel, como dijera uno de tus locutores favoritos en la Televisión Mexicana: Don Raúl Velasco: "*Aún hay más*". ¡Y claro que hay más! ¡Mucho más! ¡Son más de ochenta años! Sin embargo, no es mi propósito escribirte una enciclopedia sino solamente una *Carta*. Una *Carta* que te recuerde tu cumpleaños *Setenta y Cuatro* para que vuelvas a ver, sentir, soñar y gozarte – si es que puedes hacer todo esto –, mientras estás leyendo esta *Carta*.

---

[34] Martha Elena Díaz Llanos. Directora General de la *Revista Muy Interesante*. *Artículo: Ficha Técnica*. (México. Televisa Publishing Internacional. Septiembre de 2014. No. 09), 108

En vista, pues, de que este escrito es solamente una *Carta*, Raquel, después de haberte dicho estas tres cosas, ahora quiero decirte cuatro más. ¿Cuatro más? ¡Sí! Otras cuatro. ¿Pues no es ésta la conclusión? Sí, si lo es, pero es la concusión de este tema, recuerda: *"Aun hay Más"*. Así que, son cuatro cosas u observaciones que he notado en todos estos cuarenta y seis años que te conozco (desde 1969 hasta el 2015), y que de una manera muy resumida te las cuento en la continuación de esta *Carta*. Así que, continúa leyendo estas ideas que las he puesto en papel para que puedas leerlas y al hacerlo, Raquel, reafirmes tu esperanza en Aquel que te ha dado la vida hasta este día, porque a fin de cuentas, Raquel:

¡Sólo en Dios hay esperanza!

Y en él se fortalece la fe.

Jonathan García Juan

Eva García de Fragozo

Raquel García de Perdomo

Elisa García de Mercado

Martha García Juan

Isaac García Torres

Aniversario 90 de "Don Isaac"
Orizaba, Ver, junio de 1994

Capítulo Cuatro

Madre De Generaciones

"Luego Dios el Señor dijo: 'No es bueno que el hombre esté solo. Voy a hacerle una ayuda adecuada.' Entonces Dios el Señor formó de la tierra toda ave del cielo y todo animal del campo, y se los llevó al hombre para ver qué nombre les pondría. El hombre les puso nombre a todos los seres vivos, y con ese nombre se les conoce. Así el hombre fue poniéndoles nombre a todos los animales domésticos, a las aves del cielo y a todos los animales del campo. Sin embargo no se encontró entre ellos la ayuda adecuada para el hombre. Entonces Dios el Señor hizo que el hombre cayera en un sueño profundo y, mientras éste dormía, le sacó una costilla y le cerró la herida. De la costilla que le había quitado al hombre, Dios el Señor hizo una mujer y se la presentó al hombre, el cual exclamó: 'Esta sí es hueso de mis huesos y carne de mi carne. Se llamará "mujer" porque del varón fue sacada'."

Génesis 2:18-23, NVI

● **Qué** raro, pero al mismo tiempo maravilloso y tremendo matrimonio que Dios realizó allí en el Huerto del Edén! Ese sí que fue un matrimonio único. No sé cuánto tiempo Adán y Eva vivieron en el Edén y fuera de él, ni cuántos hijos tuvieron dentro y fuera del paraíso, la Biblia menciona por nombre a tres nacidos fuera del paraíso: Caín, Abel y Set, después de estos tres, Adán vivió novecientos treinta años y, con Eva o con otra mujer, pues ya no se menciona a Eva, pero sí el relato bíblico dice que Adán engendró "hijos e hijas (Génesis 4:1-2, 25; 5:4-5). Como te dije, no sé cuántos hijos engendraron Adán y Eva, pero lo que sí sé, es que la Biblia dice que Eva llegó a ser la *Madre de Generaciones*; generaciones que no han parado. Eva, pues le dio sentido a su nombre, pues el significado de Eva es; "*Vida*".[35]

Otra cosa que también sé es que mientras Adán y Eva estuvieron dentro del paraíso, fue un matrimonio ejemplar. ¡Qué maravilloso matrimonio! Sí, maravilloso; digno de ser imitado hasta que, sucedió el garrafal diálogo entre Satanás y Eva que causó el primer problema en la vida matrimonial de toda la historia de la vida humana.

𝕃𝕒 existencia del pecado es un hecho innegable. Nadie puede examinar su propia naturaleza, ni observar la conducta de sus semejantes, sin verse llevado por la fuerza a la convicción de que exista la presencia del pecado.

¿Cómo es que sucedió tal entrevista entre Eva y Satanás? El tiempo transcurrió allí en el Huerto del Edén y un día, Satanás llegó por allí. Llegó al hogar de Adán y Eva, y con palabras sutiles engañó a la compañera de Adán. Ella tomó,

[35] S. Leticia Calcada. *Eva. Diccionario Bíblico Ilustrado: Holman.* (Nashville, Tennessee. Impreso en China. A&W Publishing Electronic Services Inc. 2001), 589.

comió y compartió con su compañero el fruto prohibido (Génesis 2:16-17). A propósito, Raquel, ¿Sabías que Satanás todavía usa las mismas palabra sutiles para meterse en la vida matrimonial? Acuérdate de tu dicho:

"Más sabe el diablo por viejo que por diablo".

¿Fue la intención de Eva el pecar? No, ¡claro que no!, al comer del fruto del árbol prohibido, en ninguna manera Eva tenía la intención de pecar contra Dios. Pero aun así la Biblia no la justifica diciendo que Eva cometió un error; la Biblia afirma que ella cometió pecado. ¿Por qué no la justifica? "Porque Adán fue formado primero, después Eva. Y Adán no fue engañado, sino que la mujer, siendo engañada, incurrió en transgresión" (I Timoteo 2:13-14).[36] Esta es la versión y la respuesta de la Biblia. Raquel, ¿sabías que el término *"transgredir"*, significa "violar o quebrantar una regla o norma"?[37] Por si acaso no lo sabías, te comento que uno de los sinónimos de la palabra *"transgresión"* es pecado, porque acertadamente la Biblia ve el pecado desde varias perspectivas. De acuerdo a la Biblia, pecado, en el el Antiguo Testamento es la transgresión de la ley. Lo interesante y al mismo tiempo terrible en alguna manera, en la Biblia no encontramos ninguna definición formal de pecado. Entonces, ¿cómo la Biblia describe el pecado? "Lo describe como una actitud de rebelión contra Dios. La rebelión fue la raíz del problema de Adán y Eva (Génesis. 3) y también lo es la situación crítica y rebelde hacía el Creador de

---

[36]   Charles Hogde. *Teología Sistemática I. Capítulo VIII: El Pecado.* (Terrassa (Barcelona), España. Editorial CLIE. 1991), 511.
[37]   Eladio Pascual Foronda, Dirección General. *Transgredir. Vox: Diccionario de la lengua española.* (New York, Chicago, San Francisco y otras ciudades. Editorial Mc Graw Hill. 2008),619.

la humanidad desde entonces".[38] Todavía creemos que podemos ser dioses. Nos vemos impotentes para algunas cosas; finitos en el conocimiento de las ciencias; incapaces de comprender la Metálica y los aspectos paranormales y diabólicos, aun así, como seres humanos insistimos en ser dioses, tratamos vanamente de dirigirnos a nosotros mismos con lo que pensamos es lo correcto en lugar de permitir ser guiados por Aquel que es Omnisciente y Omnipotente, es decir, ser guiados por el Espíritu Santo de Aquel que nos conoce en todos los sentidos y sabe que es lo mejor para nosotros.

Eva sabía que tenía que obedecer a Dios. Entonces, pues, ¿Por qué quebrantó la norma de Dios? Te dije anteriormente que Eva no quería pecar, ella solamente quería ser, como se le había dicho, ¡ser igual que Dios o igual a Dios! Siguió el consejo de que: "… cuando coman de ese árbol, se les abrirán los ojos y llegarán a ser como Dios, conocedores del bien y del mal" (Génesis 3:5,

> Cuando pensamos que ya nos hemos librado del pecado por nuestro propio esfuerzo; es entonces cuando, ¡ya estamos atrapados en sus garras!

NVI). Y, en su afán de lograrlo, no quiso dejar a su esposo fuera de esa posible *"bendición"* que se le estaba presentando.

Compartió con él del fruto prohibido y pecó, y le hizo pecar. Violar la norma de Dios es pecado sin excusas; para la Biblia no hay errores: ¡Hay transgresiones! ¿Por qué te digo esto? Porque recuerdo las palabras y enseñanzas de mi profesor en el Seminario Teológico Bautista Mexicano, el doctor Pat Carter, que nos decía en aquellos días (1980)

---

[38] S. Leticia Calcada. *Pecado. Diccionario Bíblico Ilustrado: Holman.* (Nashville, Tennessee. Impreso en China. A&W Publishing Electronic Services Inc. 2001), 1239.

que vivíamos en un tiempo en que se trataba el pecado como una forma muy ligera y superficial. Creía que nos habíamos relajado mucho ante el pecado sin pensar en las tristes consecuencias que esto acarrea. Para el doctor Carter, el mundo constantemente tiende a glorificar el pecado. Nos decía que aun en las iglesias los sermones sobre las consecuencias del pecado no eran los más deseados. "En cambio – decía el doctor Carter -, la Biblia toma [el pecado] como uno de sus temas principales. La Biblia expone el tema, no de una manera abstracta sino trazando los efectos del pecado en las vidas de las personas". [39] A ti y a mí nos consta que ciertamente el mundo tiende a glorificar el pecado; tiende a glorificar aquella transgresión edénica aun cuando ha estado sufriendo las terribles consecuencias que ocasiona el pecado en los seres humanos y en la naturaleza.

Así que Raquel, quiero que volvamos a la Biblia, es ella la que nos afirma que es imposible tener la paz y el perdón de Dios en la vida como solteros y más en la vida matrimonial si continuamos desobedeciendo los principios de Dios: es decir, si continuamos en seguir de rebeldes y orgullosos creyendo que con nuestra sabiduría y con nuestro muy débil y limitado poder podemos lograr que la paz reine en nuestras vidas. El concepto de pecado es religioso, no sólo moral. Por ejemplo, al razonar en forma religiosa significa que estimamos el embuste de un comerciante que hace no sólo como un delito sino también como una infidelidad, y pensamos que dicho fraude no es sólo una infidelidad para con el cliente sino también para con Dios.

[39] Pat H. Carter. *Disciplina Cristiana: El Problema del Pecado.* (Naucalpan, Estado de México. Seminario Teológico Bautista Mexicano: Seminario abierto en Lomas Verdes: SALVE. 1981),102

Raquel, tú lo sabes, los desagradables actos criminales y morales que a diario vemos o

> El color negro no es pecado;
> Pero sí simboliza lo terrible que es vivir en la oscuridad sin Dios.

nos damos cuenta de ellos, son pecados porque ofenden y traicionan a Dios. El pecado no es sólo conculcar[40] la ley sino también quebrantar el pacto con el Salvador de uno.

Entonces, pues, aunque ni a ti, ni a mí, ni a otros nos guste, la Biblia no guarda silencio en este campo; el pecado es pecado por el hecho de transgredir los lineamientos o linderos divinos que son para el beneficio del ser humano. En unas pocas palabras te presento tres ejemplos, aunque sé que tú lo sabes, de lo que es el pecado:

1.- El pecado es quebrantar una relación.
2.- El pecado es afligir al padre y benefactor divino de uno.
3.- El pecado es traicionar al colega con quien uno está unido con un Vínculo santo.

El escritor Cornelius Plantinga Jr., escribió sobre el pecado y dijo: "Esta es la razón por la cual, en uno de los más famosos Salmos Penitenciales se considera y se aclara lo que es pecado, primordial o quizá exclusivamente, como un pecado contra Dios".[41] Las palabras del salmista fueron:

---

[40]   *Diccionario de la lengua española* © *2005 Espasa-Calpe. Conculcar.*
       Quebrantar una ley, una obligación adquirida o un principio ético o
       moral. (La Habrá, California. Internet. Consultado el 9 de agosto de
       2014), 1 http://www.wordreference.com/definicion/conculcar
[41]   Cornelius Plantinga Jr. *El Pecado: Sinopsis teológica y psicolsocial.* Trd.
       José Maria Blanch. (Grand Rapids, Michigan. Publicado por Wm. B.
       Eerdmans Publishing Company. 2001), 39

"Ten compasión de mí, oh Dios, conforme a
tu gran amor;
Conforme a tu inmensa bondad, borra mis
transgresiones.
Lávame de toda mi maldad y límpiame de mi
pecado.
Yo reconozco mis transgresiones; Siempre
tengo presente mi pecado.
Contra ti he pecado, sólo contra ti, y he
hecho lo que es malo ante tus ojos".

Salmo 53: 1-4, NVI.

¡Ah, mí estimada cumpleañera! El pecado es una
fuerza que está continuamente
atacando nuestras vidas; es una
fuerza que nos atrae por su
agradable sentir momentáneo,
pues, ¿a quién no le gusta pecar?
No conozco a nadie que me
haya comentado que el pecado,
mientras se está practicando sea
desagradable, si lo fuera, muy
pocos pecaríamos – o tal vez
nadie -. Lo desagradable son las
consecuencias del pecado.

> "Dejen de hablar con
> tanto orgullo y altivez;
> ¡No profieran palabras
> soberbias!
> El Señor es un Dios
> que todo lo sabe, y
> él es quien juzga las
> acciones".
> **Ana, la esposa de Elcana**
> **I Samuel 2:3, (NVI)**

Insisto, la práctica del pecado es dulce, las consecuencias
son amargas. Son tan amargas que, todos somos deformados
emocionalmente, psicológicamente, espiritualmente, en
lo material y en algunas ocasiones hasta físicamente por el
pecado, pero aun así, en nuestro interior está aquella fuerza
que nos dice: Sigue, es tu vida y tienes que disfrutar mientras
puedas, el *Shalom* (la paz de Dios) vendrá después y… ¿si no
llega? Pues, ¡sigue disfrutando de las delicias del pecado!"
¡Ah, qué mentira tan garrafal! *El Shalom*, esa bendita paz

de Dios, mientras glorifiquemos el pecado, ¡nunca llegará a nuestras vidas! No nos engañemos a nosotros mismos.

Ahora bien, Raquel, te pregunto:
¿Qué es el consejo bíblico en cuanto al pecado?

Yo te doy la respuesta. El mundo, nuestros deseos y nuestra vieja naturaleza nos aconsejan que el pecado no es tan malo; aunque sentimos y vemos sus consecuencias. Entonces, ¿qué hace el pecado en nuestras personas? El pecado nos ciega y nos hace insensatos ante las terribles consecuencias de su práctica. Como decía mi abuelita María Pardo: "El hombre aunque se vea con las tripas de fuera, sigue siendo el macho que se cree que es".[42] Y conste que mi abuelita no era una persona académica, pero había vivido lo suficiente como para saber la conducta humana.

El consejo bíblico por medio del apóstol Juan, nos advierte: "Si decimos que tenemos comunión con [Dios], y andamos en tinieblas, mentimos y no practicamos la verdad" (I Juan 1:6). El pecado, pues, es un gran impedimento para poder vivir la paz de Dios al máximo. Bueno, bueno, ya estuvo bien. Raquel, olvidémonos por un momento de todo este rollo teológico y de los conceptos bíblicos que he mencionado porque este escrito no es un *Tratado Teológico* ni un *Manual de Doctrina Bíblica*; es una *Carta*; Una sencilla *Carta* que he escrito para ti.

Así que, centrémonos en nuestro propósito, porque, a decir verdad, hubiese sido una bendición el que hubieras nacido en un hogar cristiano, ¿por qué? Porque al nacer dentro de un hogar cristiano ya se tiene la bendición y la protección de Dios; ciertamente no se es salvo por nacer en

---

[42]   Pláticas Vespertinas con mi Abuelita María Pardo en las escaleras de la casona en el Rancho *La Gallina*, Michoacán, México.

un hogar cristiano pero hay una gran posibilidad de llegar a ese estado espiritual. Como tus padres conocieron el evangelio cuando tú eras una niña, así que, voy a considerar que casi naciste en un hogar cristiano. Con el "*casi*" en mente, tú, al igual que Eva – la esposa de Adán -, quién nació, por decirlo así, en un hogar en donde reinaba la *Shalom* (la paz de Dios), el amor y las bendiciones del Señor - porque creo que ese era el ambiente en el Huerto del Edén -, tú, mi estimada cumpleañera, "*casi*" naciste en un hogar bendecido. Un hogar "*casi*" rodeada de la presencia del Señor Dios omnipotente, no es que él no estuviera al tanto y cerca de ustedes, porque él siempre está a nuestro lado aunque no lo creamos ni lo apreciemos - Así es que el "*casi*" es relativo.

Pero, Raquel, si tan sólo tus padres hubiesen obedecido a Dios de una manera más profunda, tu hogar, hubiese sido "*casi*" un paraíso; ¡un Edén! Sin embargo, sé y entiendo que no era tu intención pecar o cometer lo que tú llamas "errores". No creo que hayas buscado motivos para pecar de una manera deliberada -¿Oh, sí?-. Más bien creo que tratabas de hacer aquello que tú pensabas que

> **Tanto el pecado como los errores tienen solución; El pecado se soluciona con la fe en Jesucristo y los errores con un poco más de sabiduría.**

estaba bien y en eso llegaron lo que tú llamas: los "errores".

Realmente no quiero profundizar en este asunto porque siempre me he dedicado a lo que yo considero positivo. No me gusta ni quiero gastar energías en aquello que yo considero negativo; aquello que me resta energía para lograr mis metas. Y, como el asunto del pecado es algo negativo, entonces, solamente me atrevo a preguntarte, ¿cometiste errores o pecados? ¿Fueron pecados? Bueno, si lo fueron no te sientas mal. Raquel, ¡no te sientas mal! Podría darte varias razones por las cuales no deberías de sentirte mal. Y no estoy justificando el hecho del pecado -, pero te daré solamente dos razones por las cuales no debes de sentirte mal.

Primero: Quiero llevarte una vez más al Huerto del Edén para mostrarte la siguiente escena. Adán estaba tan ocupado en sus deberes o tal vez placeres que no se dio cuenta de que su compañera no estaba a su lado. ¿Dónde estaba Eva? Al parecer paseándose por el huerto. ¿Dónde estaba Adán cuando Eva se paseaba por el Huerto? En ese paseo matutino, si es que fue en la mañana, se acercó al "árbol del bien y del mal" (Génesis 2:9b). Allí estaba la serpiente, aquella que "era astuta, más que todos los animales del campo que Dios había creado" (Génesis 3:1). Con esa astucia, le hizo dialogó a Eva, la cual, seguramente quería hablar con alguien; no es posible que una mujer esté en silencio todo el día. ¡Tú sabes muy bien lo que te digo, ¿Verdad?! Tú, todos los días tenías algo que decirme y en ocasiones ¡todo el día te escuchaba!

Entonces, pues, en aquel dialogo sucedió lo inesperado para Eva. ¡Fue engañada! Ahora bien, fíjate bien lo que te voy a decir. Raquel. Creo que el engaño que se realizó allí en el Huerto del Edén; el mismo que abrió la puerta para lo que la humanidad ha estado experimentado a lo largo de la historia de los humanos; es decir, el pecado, la muerte y la corrupción. Cosas que de alguna manera directa o indirecta los provocó Adán; ya fuese en forma pasiva y parcial, pero a fin de cuentas, ¡lo permitió! ¡Les

> Aunque para el judío y sus vecinos, de los tiempos bíblicos, la mujer era un ser pasivo; Para Dios siempre fue una persona dinámica en un rol muy importante: ¡La ayuda idónea del hombre!

abrió la puerta para que *corrieran* libremente sobre las vidas humanas! Adán abrió aquella puerta "al permitir que Eva manejara las cosas con Satanás por sí sola en lugar de asumir, de manera apropiada, el papel que le correspondía según el orden de la creación y así tratar con Satanás en nombre de ambos".[43] El asunto aquí es que no sabemos si Adán hubiese tenido más éxito estando solo que con la compañera que Dios le dio. Pero lo que sí sabemos es que Adán fue irresponsable como cabeza familiar y de la raza humana. ¡Y nos hizo caer en pecado!

¿Será que alguien muy cerca de ti, por no ser sabio no cumplió con sus responsabilidades y por eso pecaste? ¿Será esa la razón por la que cometiste los que tú llamas "errores"? Si es así, por favor, ¡ya no te sientas mal! Aunque haya sido tu culpa, ¡eso ya es historia! Y, además, la Biblia nos afirma que: "Si confesamos nuestros pecados, Dios es fiel y justo para perdonar nuestros pecados, y limpiarnos de toda maldad" (I Juan 1:9, RV).

¿Te das cuenta? Tú, Raquel, tú has confesado tus pecados a Dios, de eso yo soy testigo, y por lo tanto, ¡ya eres limpia de todo el efecto o la fuerza del pecado o pecados - y aun de la fuerza del que motiva a pecar -, cualquiera que hayan sido! ¡Ya eres perdonada! Y, por ende, no hay ninguna razón para que te sientas mal. El temor que aun sientes de alguna manera lo has controlado aunque no dominado; es un temor infundado en aquellas cosas que te sucedieron en tu juventud pero que aún te siguen molestando. Sí, ciertamente aun percibo ese temor en tu vida y en ocasiones, mientras platicaba contigo, hasta sentía ese temor. Pero aquí está la buena noticia: aunque allí está. ¡Ese temor no te ha podido

---

[43]   S. Leticia Calcada. *Adán y Eva: Nuevo Testamento. Diccionario Bíblico Ilustrado: Holman.* (Nashville, Tennessee. Impreso en China. A&W Publishing Electronic Services Inc. 2001), 28.

vencer! Y si no te ha podido vencer, entonces, Raquel, es un temor que a estas alturas no tiene por qué mantenerte al filo de la mala noticia. ¡No tiene poder sobre ti! ¡No tienes por qué darle explicación alguna!

Segundo: Una segunda razón por la cual no debes de sentirte mal es porque Eva aún después de haber pecado, siguió siendo dando vida y por ese acto maravilloso llegó a ser la *Madre de las Generaciones*. ¡Esa bendición Satanás no se la pudo quitar!, fue por la gracia de Dios que Eva llegó a ser el canal por

> **Dios es experto aun en manejar lo que nosotros llamamos nuestros errores.**

el cual en una de sus muchas generaciones, llegó a ser madre genealógica del Mesías Judío; ¡De Cristo Jesús!

¡Wau! ¡Qué grandioso es Dios! Por su poder y misericordia, Jesucristo llegó a ser parte de la genealogía de Eva. Así es la historia. Una historia bíblica en la cual se presenta a una mujer que ciertamente fue creada en segundo lugar tal y como lo presenta el Génesis. Es una historia en la primera mujer de la raza humana sucumbió a la seducción del tentador pero no fue derrotada del todo; fue una derrota pero no la victoria final del enemigo, porque, siguiendo la historia de la Biblia notamos a través de sus páginas los siguientes eventos:

1.- Pero fue María de Nazaret la que dio a luz y crio al niño Jesús.
2.- Fue María de Magdala la primera persona que vio al Señor Resucitado.

Tu familia, Raquel, ¡sigue creciendo! Aquí puedes ver una parte de tu larga genealogía.

Con confianza puedo usar las palabras
del escritor sagrado cuando dijo:

"¡Alábenla ante todo el pueblo! ¡Denle el crédito por todo lo que ha hecho!" (Provebios 31:31, VP).

3.- Fueron cuatro mujeres de entre todos los discípulos las que se mantuvieron al pie de la cruz (Lucas 23:27; Juan 19:25).

4.- Priscila, con su esposo Aquila eran maestros apreciados en la Iglesia Primitiva, que condujeron a Apolos al conocimiento pleno de la verdad del cristianismo (Hechos 18:26).

5.- Evodia y Sindique, a pesar de sus desavenencias, eran mujeres que trabajaban en el evangelio (Filipenses 4:2s).

6.- El evangelista Felipe tenía cuatro hijas que eran profetizas (Hechos 21:9).

7.- Las mujeres de más edad tenían que enseñar (Tito 2:3).

8.- Pablo consideraba a Lidia y Eurice dignas del más alto honor (2 Timoteo 1:5).

9.- Existen muchos nombres de mujer en el cuadro de honor de los servidores de la Iglesia en Romanos 16.

10.- En el Antiguo Testamente dos mujeres: Débora y Jael, derrotaron al poderoso ejército cananeo del rey Jabin que era conducido por el general o jefe llamado Sísara (Jueces 4:1-23). Débora convocó a la guerra de libertad y Jael mató a Sísara (4:1-9; 21).

Una huella como la que se puede ver en la fotografía de la página interior, la cual muestra parte de las familias que son descendientes de Tu Genealogía ¿No es esto maravilloso? ¡Claro que lo es! Pero más que hermoso, es una gran bendición; una bendición que, como ya te lo he dicho antes, es "un privilegio negado a muchos".

> **Las promesas de Dios se cumplen a pesar de nuestra incredulidad y resistencia a sus cumplimientos; ¡Son de Dios!**

Raquel, ¿lo notaste? El Nuevo Testamento hace un resumen de las mujeres que dejaron huella en la historia de la Iglesia Primitiva, y el Antiguo Testamento da fe del valor de dos de ellas. ¿Qué estoy tratando de decirte? Te estoy diciendo que durante estos ochenta y tantos años de vida que Dios te ha concedido estar en este mundo, tú, mi estimada cumpleañera, ¡tú también has dejado huella! Además, Raquel, no has sido una persona olvidada por Dios, ¡nunca lo fuiste! Él siempre estuvo a tu lado en cada una de tus peregrinaciones ya fueran estas con tus padres o con tu esposo o sin él, pero siempre, que yo recuerdo, acompañada de tus hijos e hijas y con la bendición de Dios.

Y es así que, por la gracia de Dios has llegado a ser Esposa, Madre, Suegra, Abuela y Bisabuela. Y, ojalá que Dios te conceda ver más de tus descendientes; hasta la tercera, la cuarta, la quinta y mucho más de tus generaciones. Esta bendición, con todo y lo que tú llamas "errores", Satanás no te la ha podido quitar ni te la quitará, ni aquí en la tierra, ni mucho menos allá en las Mansiones Celestiales.

¡No te desanimes! Raquel, ¡no te desanimes! Recuerda que cuando los judíos llegaron a Egipto se multiplicaron hasta llegar a la enorme cantidad de poco más de 3, 000,000 (Tres millones de israelitas). El libro de Números (Núm. 2:32-33), habla de una cantidad de 603, 550. Sin embargo, toma nota de que el número:"seiscientos tres mil quinientos cincuenta", es el número de los ejércitos; de los soldados; de los hombres entre veinte y cincuenta años de vida, no de las mujeres, niños y ancianos, también toma en cuenta que los judíos tenían más de un hijo; eran prolíferos en este aspecto, aunque también lo son en otros aspectos, como el comercio. La gran mayoría de estos judíos pasaron muchos años de frustración en una esperanza de liberación que no llegaba; como pueblo de Dios en cautiverio, estuvieron más de cuatrocientos años con una fe que les animaba a estar creyendo en las promesas divinas que parecían que nunca llegarían a cumplirse (Éxodo 12:40-41). ¡Esperaron cuatrocientos treinta años! (Exodo 12:40).

Moisés, el hombre de Dios, ¡al fin apareció! Nació entre ellos, creció viendo el sufrimiento de ellos. Ochenta años después de su salida de Egipto, regresó a su tierra con un mensaje positivo; un mensaje de liberación. Así que al dirigirse al pueblo de Israel, los alentó

> **Los egipcios creían en muchos dioses; Israel solo en uno. En la historia bíblica, los muchos no pudieron contra El Uno.**

al anunciarles que después de todos esos años al fin había
llegado la hora de emigrar hacia la tierra de la libertad. El fin
del cautiverio había llegado para el pueblo que nunca perdió
la esperanza en las promesas de Dios.

Toda esa espera de más de cuatrocientos años había
llegado a su fin. Después de todo ese tiempo, ahora les
quedaba un camino de unos seis a siete mil kilómetros con
suficientes peligros antes de llegar a la Tierra Prometida; es
decir, ¡había que seguir ejercitando la fe en Dios! El pueblo
de Israel tenía al líder más exitoso hasta esa fecha histórica;
fue el líder del Señor. ¡Fue el gran Moisés! Este hombre de
Dios como líder del Señor tenía tres grandes e importantes
responsabilidades:

La primera: *Moisés tenía la responsabilidad de llevar al
pueblo a la tierra prometida. Y lo llevó cruzando el desierto
(Éxodo 7:16).*

No fue nada fácil para Moisés conducir a un pueblo
rebelde y dado a pecar por un desierto completamente
desconocido para ellos. Moisés era el único que conocía
este camino; conocía muy bien el desieto, pues Dios lo
había entrenado en cada uno de sus senderos y le había
enseñado cada cambio climático, valle, oasis, camino y ladera
de los diferentes desiertos por donde llevaría al pueblo de
Israel. Fue una enseñanza y preparación de cuarenta años de
vivencia en esa zona desértica de la Península arábiga y en
los lugares que la rodean.

Así, pues, con las dificultades climáticas; los intensos aíres
calientes y las noches frías, los lugares sin agua y las pocas
fuentes de agua por el camino hacia Palestina, todo esto que
les eran experiencias negativas, y también con las
circunstancias políticas en donde los pueblos del desierto les

hicieron la guerra cuando se acercaron a sus territorios, y todavía más, las aberraciones espirituales (como la formación del becerro de oro, Ex. 32:1-35, ya que era un pueblo acostumbrado a la idolatría), todo esto, a pesar de que Moisés había pasado por todas estas situaciones, incluyendo la idolatría, pues él también había estado en ese ambiente espiritual durante cuarenta años en Egipto y también en el desierto. Pues bien, a todas estas situaciones, Raquel, agrégale que Moisés

> La metamorfosis que se produce en el arrepentimiento hacia Jesucristo; Hace la maravilla del cambio de pecador (gusano) a hijo de Dios con propósito de vida (mariposa).

guiaba a un pueblo rebelde, criticón y duros de cerviz, ¡no fue nada fácil para él! Todos esos cuarenta años de peregrinaje fueron un verdadero dolor de cabeza para Moisés. ¡Pero se mantuvo firme hasta el final!

Todo el pueblo israelita había sido testigo de que el UNICO Dios verdadero y Todopoderoso era Jehová. Su presencia en Egipto se hizo notar por medio de Moisés y su anuncio de que Dios había escuchado sus plegarias y había visto el maltrato que recibían por parte de los egipcios. A la negativa del Faraón de no dejar salir al pueblo israelita de Egipto, Dios mandó una plaga tras otra conforme había una negativa. Hoy sabemos que: "Las diez plagas fueron el medio por el cual Dios sacó a Israel de Egipto y quebró el poderío mundial egipcio. Más aún, con estos milagros Dios le anunció a vivas voces la insensatez de los dioses egipcios e invitó a sus hijos egipcios a adorar al verdadero Dios Creador".[44] Ese verdadero Dios Creador, fue el Dios

[44] Autor Desconocido. *Las Diez Plagas en Egipto*. (La Habra, California. Internet. Consultado el 13 de diciembre de 2014), 1. http://www.fadu.net/estudios/diez.plagas.htm

Todopoderoso que había comisionado a su siervo Moisés
en el Monte Horeb, el llamado monte de Dios (Exodo
3:1), para sacar a Su pueblo de la esclavitud de los egipcios
(Exodo 3:1- 4:17). Moisés, tenía la misión de llevar al pueblo
israelita al territorio de Palestina; a la tierra que fluía leche y
miel (Exodo 3:8).Y Moisés cumplió.

La segunda. *Moisés, tenía la responsabilidad de
desarrollar el carácter y el potencial de los israelitas tal y
como Dios quería que fuera su pueblo. Y les dio más que los
Diez Mandamientos (Exodo 20:1-17; 21:1ss).*

Los libros de Exodo, Levítico, Números y Deuteronomio
narran el esfuerzo que hizo Moisés para poner en papel (tal
vez papiro y en la piel de los animales) las palabras de Dios.

Una de las actividades de
Moisés era que constantemente
subía y bajaba del monte
de Dios; entraba y salía del
tabernáculo o de la tienda de
consultas con el Señor. Con las
"subidas" y "bajadas"; "entradas"
y "salidas", Moisés, le enseñó
al pueblo de Israel el mensaje y

> **El Mar Rojo fue el
> símbolo de la libertad
> de los israelitas:
> Símbolo del mundo a
> la Patria Celestial;
> Del Pecado a la
> Salvación.**

consejo de Dios; un mensaje y un consejo que poco a poco
fue modificando el carácter de los hombres y mujeres que
habían sido esclavos en Egipto.

Recuerda, que el pueblo había estado en cautiverio
por cuatrocientos treinta años. Entonces, eran personas que
necesitaban más que *Diez Mandamientos* para modificar su
carácter. Dios, pues, comisionó a Moisés, para que fuese el
encargado o la vía por la cual Dios les dio a su pueblo cada
uno de los decretos, promesas, estatutos, mandamientos y

exhortaciones con el fin de desarrollar un Carácter Santo en cada miembro del pueblo de Israel, y, además, sacar de ellos el potencial humano para llegar a ser un pueblo de testimonio divino. Desarrollar un Carácter Santo en cada miembro del pueblo de Israel no era nada fácil; ¡era un pueblo rebelde! Era un pueblo acostumbrado a la rudeza no la educación; era un pueblo acostumbrado a la rutina no a los cambios.

El pueblo de Israel, por años había estado en un ambiente idolátrico, rodeados de miles de dioses, pues: "Los egipcios adoraban a miles de dioses, si bien sólo alrededor de 1500 son conocidos por su nombre",[45] fueron más que suficientes para hacer de la adoración a los ídolos un hábito. Antes de que los israelitas llegasen a Egipto conocían un solo Dios. Después de años de estar entre los muchos dioses, el espíritu idolátrico de Egipto los había dominado. Sin embargo, al final de su cautiverio o estancia entre los egipcios, fueron testigos del poder del Dios único y verdadero sobre cualquier otro. El esfuerzo de Moisés en inculcar un nuevo carácter entre los israelitas era porque al enseñarles las diferencias entre los dioses y diosas de Egipto como ídolos, significaba que Israel se distinguiría de las demás naciones con respecto a quién iban a adorar.

Finalmente, una vez que llegaran al Monte Sinaí en su viaje desde Egipto a la tierra prometida, irían a recibir los Diez Mandamientos en forma escrita, dos de los cuales hacen referencia a los demás dioses. El Primer Mandamiento habla de la exclusiva relación entre Dios y su pueblo: "No

---

[45] *Visión: Análisis y Nuevos Horizontes: Religión y Espiritualidad: Los Desventurados Dioses de Egipto.* (La Habra, California. Internet. Primavera 2014. Consultado el 13 de diciembre de 2014), 1. http://www.visionjournal.es/visionmedia/article.aspx?id=81570&rdr=true&LangType=1034

tendrás dioses ajenos delante de mí" (Éxodo 20:3). Esto prohíbe una relación con cualquier otro dios (extranjero).

El Segundo Mandamiento enseña la práctica contra la creación o adoración de representaciones de los dioses conocidos por ellos, ya sea que su origen fuera terrestre, como las serpientes, o del mar, como las ranas, o del firmamento, como la luna, el sol y las estrellas (versículos 4–5). El mandamiento fue que los israelitas no habrían de crear ni postrarse ante tales imágenes o ídolos.

> 𝕰l temor te nubla la visión; Recuerda, al otro lado del mar está la playa.

¿Por qué no? ¿Por qué no deberían de postrarse ante tales imágenes o ídolos? Porque los israelitas eran propiedad de Jehová Dios, el Eterno YO SOY, por consiguiente, a él solamente deberían rendirle adoración con una nueva manera de pensar y hacer; con un nuevo carácter y con el nuevo potencial desarrollado en el peregrinar por el ancho desierto.[46]

Es alagador ver al pueblo de Israel saliendo de Egipto. La película titulada: *Los Diez Mandamientos*, con Charlton Heston en el papel de Moisés, presenta escenas de gozo, de apoyo mutuo y de un gran respeto para Moisés en el tiempo en que el pueblo de Israel estaba saliendo de Egipto. En su peregrinar llegan al primer obstáculo: el mar rojo. Son esclavos huyendo de sus amos, aunque habían estado viviendo junto al gran río Nilo, como esclavos, me parece que no tuvieron tiempo para aprender a nadar. Además llevaban consigo mujeres, niños, carretones y muchos

---

[46]   S. Leticia Calcada: Edición General. *Diccionario Bíblico Ilustrado Holman*. *Mar Rojo*. (Relato en el recuadro). (Nashville, Tennessee. B & H Publishing Group. 2008), 1038-1039.

animales: ¡imposible cruzar el mar! ¿Qué hicieron? Llenos de temor porque los soldados egipcios se aproximaban, le faltaron el respeto a Moisés.

Cada día existe la posibilidad de un milagro. ¡Espéralo!

"Entonces le reclamaron…. –¿Acaso no había sepulcros en Egipto, que nos sacaste de allá para morir en el desierto? ¿Qué has hecho con nosotros? ¿Para qué nos sacaste de Egipto? Ya en Egipto te decíamos: ¡Déjanos en paz! ¡Preferimos servir a los egipcios! ¡Mejor nos hubiera sido servir a los egipcios que morir en el desierto?"

Exodo 14:11-12, (NVI).

¡Qué carácter! Te dije que era un pueblo criticón y duros de cerviz. Había, pues, la necesidad de cambiar esa manera de pensar tanto de Moisés como de las acciones de Dios en su beneficio. Ese potencial emocional e intelectual que se veía en el pueblo era necesario cambiarlo, y Moisés tenía esa tarea. Antes de que el pueblo se desenfrene totalmente, milagrosamente Dios interviene. La alegría vuelve al pueblo; cruzaron el mar en seco y fueron testigos de la muerte de sus enemigos en las aguas del mar. Del otro lado del mar entonaron un cántico de agradecimiento. El pueblo siguió su camino. En poco tiempo llegaron a Mara en donde encontraron agua, pero… "no pudieron beber las aguas de Mara porque eran amargas… Entonces el pueblo murmuró contra Moisés, y dijo: ¿qué hemos de beber?" (Exodo 15:24, RV).

¡Dios santo! ¡Qué carácter de este pueblo! ¡Qué testarudez! ¡Qué falta de fe! Y, ¡qué pueblo tan voluble! De un momento a otro Moisés es su gran líder, ¡el hombre de Dios! Y en pocas horas es todo un villano. Gracias a la misericordia de Dios, interviene nuevamente y Dios le indica a Moisés lo que tiene que hacer para endulzar el agua.

Rosalinda Perdomo

Sexta hija de Raquel García.

Raquel, ¿Qué crees que fue el resultado? ¡Exacto! ¡Dios y Moisés le dieron agua de sabor a todo el pueblo en pleno desierto! (Exodo 15:22-27). La Misericordia de Dios en contra del voluble carácter del pueblo es muy notoria. Era, pues, necesario cambiar ese carácter y modificar ese potencial del pueblo de Israel. Moisés tenía mucho trabajo y cuarenta años para realizarlo. ¿Y qué paso? Raquel, ¿te acuerdas que pasó? ¡Sí! ¡Estás en lo correcto! Todavía había que trabajar con esos sentimientos negativos. Un poco más adelante el pueblo se queja de que no tiene que comer y Dios les da el pan del cielo; el maná. También se quejan de que en Egipto tenían pescado para comer a su disposición – mentirosos, eran esclavos –, y que en el desierto ya se habían aburrido de comer ese pan seco que llamaron maná. Una vez más, Dios en su misericordia les cumple su capricho – porque a decir verdad, eran caprichosos –, y entonces le provee carne para que coman. No es la carne que están pidiendo (pescado), sino que les manda codornices. (Exodo 16:1-31; Números 11:31).

Raquel, ¿te imaginas el gozo del pueblo al tener mínimo diez montones de codornices para comer? Dios se había propuesto cambiar su carácter y despertar sus vidas y personalidades a una acción positiva. Se puso como meta desarrollar el potencial del pueblo de Israel y, con la ayuda de Moisés lo estaba logrando. El Señor Dios Todopoderoso quería lo mejor para su pueblo; deseaba que ellos interpretaran correctamente que todo lo que les proveía era para su salud. En días pasados (Septiembre del 2014) en la televisión, aquí en los Angeles, California, pasaban un comercial en donde una madre estaba motivando a su hijo para que comiera bien y que no tuviera miedo en su primer día de clases en la Escuela Primaria. Al darle los alimentos que al niño no le gustaban, la mamá le decía: *Es por tu bien.* En aquel primer día de clases, frente a la puerta de la Escuela Primaria, el niño tiene temor de entrar; ¡es su primer día escolar!, la mamá se le acerca y le dice: *Es por tu bien.* En una ocasión la madre encuentra al niño en la cocina comiendo crema de cacahuate. Con un gesto de aprobación, el niño le dice a su mamá: *Es por mí bien.* El carácter y el potencial del niño habían sido modificados. Llegó a interpretar correctamente los pensamientos y los deseos que su mamá sabía que eran para su bienestar físico y emocional.

La iglesia, como Comunidad Terapéutica y Centro de Adoración, ha perdido el interés de muchos.

¿Sabes que creo, Raquel? Creo que tú intentaste todos los días, meses y años de tu vida como esposa, madre, suegra, tía y abuela modificar el carácter de la familia; de tu familia, y sacar el potencial de cada uno de los miembros de ella. Tú sabías que era lo mejor para cada uno. Y nos dejaste un reto; un desafió – me incluyo -. ¿Cuál era ese desafió? El desafio para todos nosotros era cambiar la manera en que pensamos e interpretamos nuestros placeres. Pablo vivió esta lucha y puede identificarse con nosotros de muchas maneras. Esto es lo que él escribe en la Carta a los Romanos 7:15-19:

> *"Porque lo que hago no lo entiendo; pues no hago lo que quiero, sino lo que aborrezco, eso hago. Y lo que no quiero, esto hago, apruebo que la ley es buena. De manera que ya no soy yo quien hace aquello, sino el pecado que mora en mí. Y yo sé que en mí, esto es, en mi carne, no mora el bien; porque el querer hacer el bien está en mí, pero no el hacerlo. Porque no hago el bien que quiero, sino el mal que no quiero, eso hago".*

El apóstol Pablo se dio cuenta de lo que significaba luchar contra los placeres que lo descarrilaban de los propósitos de Dios. Al mismo tiempo, reconoció que uno de los retos más difíciles surge cuando caemos en lo que no es bueno para nosotros. Y luego, en sus relatos bíblicos, Pablo nos dice que logró aprender con el tiempo lo que él y nosotros interpretamos de los deseos de Dios, el cual quiso que fuera todo agradable y bueno para nosotros, y que no fuera nada de los que es el ministerio de Cristo como algo repulsivo, aburrido, pesado o demasiado trabajoso.

> *"Por lo tanto, mis queridos hermanos, manténganse firmes e inconmovibles, progresando siempre en la obra del Señor, conscientes de que su trabajo en el Señor no es en vano".*
>
> *El apóstol Pablo*
> I Corintios 15:58, (NVI)

¿Acaso no es esto lo que ha acontecido en algunos miembros de nuestra familia? De Tu Familia. Tú, Raquel, al igual que Moisés, te propusiste formar un carácter cristiano en cada uno de los miembros de la *Familia Perdomo* y de las familias que nos agregamos a *Tu Genealogía*; hijos, hijas, yernos, nueras, nietos, nietas y demás agregados, pero... como decimos vulgarmente: algunos *se han salido del huacal*. Sé que te agradaría mucho que cada uno de Tu Genealogía no sintiera que el amar a Jesucristo y a su iglesia como algo repulsivo, aburrido, pesado o demasiado trabajoso.

Creo, pues, poder entender algo del dolor emocional y psicológico de Moisés cuando el pueblo no aceptaba la disciplina divina; creo entender un poco el dolor que tu sientes al ver a algunos de los miembros de tu familia que ven lo que Dios provee como bueno y saludable para sus vidas como algo repulsivo y aburrido; dos o tres horas cada domingo y una hora entre semana metidos en la iglesia escuchando casi los mismos cantos y a un loco predicador, ¡qué aburrido! ¡Qué pérdida de tiempo! Levantarse temprano para ir a la iglesia los domingos después de haber trabajado toda la semana, ¡eso es pesado o demasiado trabajoso! Además, es más interesante lo que pasan en la televisión los domingos por la mañana, lo que sucede en la paya o en los parques o en las reuniones familiares que lo que Dios quiere darme y enseñarme al asistir a la iglesia. ¿Y entre semana? Bueno, después de haber trabajado todo el día es una crueldad todavía ir a la iglesia por una hora, especialmente si el servicio es el día miércoles cuando hay futbol en la televisión. Raquel, no estoy inventado nada. Tú lo sabes. Nosotros lo sabemos. ¡Yo lo estoy viviendo! ¡Ah, cómo necesitamos obtener el carácter de Dios y desarrollar el potencial que nos ha dado para ser lo que él desea que seamos! Gente saludable en todos los sentidos.

Tú, Raquel, creo yo, has cumplido con tu tarea. Te esforzaste por llevarnos a la iglesia, y nota que digo: "nos llevaste" porque mientras estaba en tu casa también a mí me correteabas, aunque fuera solamente cada domingo. Durante los días de la semana trabajabas duro en tu casa y el domingo te levantabas temprano para preparar el desayuno, arreglarte, motivar y corretear a cada miembro de tu hogar para estar a tiempo en la iglesia. ¿Estabas cansada los domingos por la mañana? ¡Sí!, sí lo estabas.

Disimulaste tanto tu cansancio por amor a Dios y a nosotros que yo no lo noté; nunca nos dijiste hoy me quedo en casa porque estoy cansada; porque me duele la cabeza; tengo fiebre; hace frio; hace calor; hoy juega mi equipo favorito vayan ustedes a la iglesia. ¡No!, ¡nunca escuché nada de estos pretextos! Es más, ¡tú nos llevabas! Yo debería de haberlo hecho en aquellos días en que vivía contigo, pero eras tú la de la iniciativa.

> **Enfocarse en Dios cada día; previene los grandes y pequeños errores.**

¿Gracias suegra por llevar a mi esposa y a mis hijos a la iglesia? Espero que un día tus esfuerzos hagan meya en las vidas de todos nosotros. Sé que tu recompensa te espera en la presencia de Dios, pues nada de lo que se hace en esta vida para Dios queda sin recompensa (I Corintios 15:58). Espero ver el fruto de tu trabajo entre la familia; ¡Entre *Tu Genealogía*!

La tercera, *Moisés, tenía la responsabilidad de enfocar al pueblo de Israel en Dios*.

Una manera de poder cumplir con esta responsabilidad, fue la construcción del Tabernáculo. Una institución para que allí, cada uno de los miembros del pueblo israelita se encontraran con Dios (Exodo 25:1-40:33). Otras de las formas en las que Moisés se esforzó para cumplir con esta importante responsabilidad fue la escritura del *Manual de Conducta*; es decir, los libros del Pentateuco (*Génesis, Exodo, Levitico, Números y Deuteronomío*), con los cuales les enseñó el enfoque en Dios y sus beneficios. Para que me entiendas mejor lo que quiero decirte con esta tercera responsabilidad de Moisés, te cuento la historia de una mujer que *se fajó los pantalones* con el fin de lograr que sus descendientes se enfocaran en Dios. Es la historia de la abuela *Afifi* contada por uno de sus nietos, por el misionero Jason Frenn, quien cuenta que su abuelita de nombre Afifi Frenn, nació en Zablé, El Líbano, en 1907. Cuando ella cumplió diociocho años de edad, sus padres la enviaron a Paris con el propósito de que se casara con su primo *Michael Freen*. Después de la boda emigraron hacia un pueblo costero de Cherbourg, donde abordaron un trasatlántico llamado '*Aquitania*'. En el trasatlántico viajaron hacia los Estados Unidos para empezar una nueva vida. El 19 de octubre de 1923 la nave llegó al puerto de Nueva York. Después de solucionar sus asuntos con la migración norteamericana en la isla Ellis, los recién casados comenzaron sus nueva vida en el país de las oportunidades.[47]

Al igual que la mayoría de los extranjeros, los recién casados hablaban un inglés pobre. Aun así, con esa pobreza del idioma inglés, se mudaron al estado de Oklahoma, en la ciudad Okmulgee, comenzaron su vida económica abriendo un restaurante cantina, y allí, la abuela de Jason Frenn comenzó a llamarse *Eva*. Al parecer, la vida

> Cuando la prioridad de nuestra vida es Dios y su Iglesia, hasta el sol brilla en los días más nublados.

---

[47] Jason Frenn. *Rompiendo las barreras: Venciendo las adversidades y alcanzando tu máximo potencial.* (Colombia. Editorial Peniel. 2006), 224.

en Okmulgee les trató algo bien, pues a pesar de haber pasado y sobrevivido a la *Gran Depresión* y el fenómeno de las tormentas de polvo típicas de esos estados cuadrados, después de diecisiete años viviendo en ese lugar, criaron a siete niños.

Durante todos esos años también "soportaron muchas penurias, pruebas y tribulaciones"[48] hasta que en 1940 decidieron mudarse al Sur de California, a San Fernando. Allí continuaron con su antiguo oficio volviendo a abrir otro restaurante similar al que tenían en Okmulgee. La familia siguió aumentando, en San Fernando, a la pareja Frenn les nacieron otros dos hijos. Cinco años después de su llegada a San Fernando, California, es decir, en 1945, se mudaron a una casa de mil ochocientos metros cuadrados al norte de Hollywood. Era una residencia que contaban con "cinco dormitorios, tres baños, una habitación de servicio, y la casa descansaba sobre cuatro hectáreas de lo mejor del valle de San Fernando".[49] Era, también una mansión que les quedaba estratégicamente situada; estaba muy cerca de su trabajo, tan solo tenían que manejar unos cuantos kilómetros para llegar a su restaurante y a los Estudios Universales, estaban muy cerca del Aeropuerto de Burban de Hollywood y también del centro de la ciudad de los Ángles. Fue así que, con su esfuerzo y dedicación la familia Freen: *Michael y Eva*, lograron vivir el sueño americano.

Sin embargo, No todo fue alegría y comodidad, los problemas de salud golpearon a la Familia Frenn y de un momento a otro la muerte del esposo sorprendió a la abuelita. En el mes de septiembre de 1946, el señor Frenn murió de un

---

[48]   Jason Frenn. *Rompiendo las barreras: Venciendo las adversidades y alcanzando tu máximo potencial*, 224.
[49]   Jason Frenn. *Rompiendo las barreras: Venciendo las adversidades y alcanzando tu máximo potencial*, 224.

ataque al corazón. La tragedia fue mayúscula, pues era el sostenedor económico y emocional de la familia, La abuela Eva no sabía ni como pagar las deudas, todo lo hacía Don *Michael Frenn*. De un momento a otro, la Abuela *Eva Freen* tenía toda la responsabilidad de la mansión, la familia, el pago de la hipoteca del pequeño negocio: el restaurante. La abuela, enfrentó todo de un momento a otro. Eva era una vida joven, tan solo tenía treinta y ocho años de edad y con muy poca experiencia en los negocios. Así que, con esa juventud y carga, la abuela Eva se enfrentó a una situación muy difícil; sus barreras fueron muy grandes. Durante ese tiempo de serias dificultades la abuela Eva, tuvo una experiencia espiritual que le hizo cambiar su vida hasta su muerte.

En su respiración por tanta carga tanto emocional como familiar y económica, buscó ansiosamente a Dios más que nunca y él le respondió. Una noche, una noche, mientras la abuela Eva estaba acostada en su cama, saturada su mente con la angustia y sin ninguna esperanza, de un momento a otro, tuvo una visión en la cual vio a Jesús parado junto a los pies de la cama; y allí, Jesús le dijo que le ayudaría en todos sus problemas.

> **En las peores tormentas de la vida; La oración atrae la protección que existe en Jesucristo.**

Como era algo sorprendente, ella no pudo pronunciar una sola palabra pero con lágrimas en sus ojos, esa misma noche hizo el compromiso de seguir a Jesús y hacer todo lo que le pidiera hacer, como el asistir a la iglesia; hizo el compromiso de hacer de Jesús y su voluntad su prioridad en su vida. Y la abuela *Eva* lo hizo; cumplió su compromiso. Su disciplina en la oración y la asistencia a la iglesia fue la mejor educación y herencia que les dejó a los nietos. Esas prácticas no solamente la fortalecieron a ella sino a toda su familia y el restaurante siguió dando para sostener todos los gastos por los siguientes diez años. Cuando lo vendió, seis de sus hijos que aun vivían con ella le ayudaron económicamente. Vendió su casa en Hollywood en 1975, pero poco antes había abierto un negocio que ayudaba a la comunidad, en especial a los ancianos. Dios le concedió vivir lo doble de años que su esposo hasta que en el 2002, después de haber derribado muchas barreras, la abuela *Eva Freen*, "alcanzó lo que Dios la destino a ser".[50]

En sí, la *abuela Afifi (Eva) Frenn* se esforzó por enfocar a toda su familia en Dios. Ella cumplió con la misma responsabilidad que Dios le encargó a Moisés quien también cumplió fielmente su tarea. Y ahora, con estos ejemplos, Raquel. Te pregunto: ¿Y qué ha sucedido con tu vida? ¿Qué ha

> **Llegan los días en los cuales hay que hacer lo que uno piensa que no puede hacer.**

sucedido con la misión familiar que Dios te dio a ti, Raquel? ¡La misma situación!

¡Sí!, es la misma función que tú, mi estima suegra te propusiste hacer en tu familia, y te esforzaste para lograrla. Lamentablemente todavía no veo el fruto completo de tu labor en este aspecto, pero no pierdo la esperanza de verlo y, ¡de verlo maduro! ¡Ojalá que tanto tú como yo logremos ver el resultado de tu esfuerzo! Pero que lo veamos muy pronto. Imagínate cuando podamos ver el fruto del Espíritu Santo en las vidas de los miembros de *Tu Genealogía*. Imagínate cuando veamos el amor, la alegría, la paz, la paciencia, la amabilidad, la bondad, la fidelidad, la humildad y el dominio propio en todos los miembros de tu

[50] Jason Frenn. *Rompiendo las barreras: Venciendo las adversidades y alcanzando tu máximo potencial.* (Colombia. Editorial Peniel. 2006), 224-286.

descendencia; ¡Esto es el Fruto del Espíritu Santo! (Gálatas 5:22).

¿Imposible? Tal vez, pero no para Dios. ¿Mientras tanto qué? Mientras tanto, la vida sigue adelante. Al seguir en el camino de la vida o del propósito de Dios para nuestra vida, Raquel, debemos de seguir el consejo que viene desde el mismo trono de Dios, como aquel que dice: "Mas buscad primeramente el reino de Dios y su justicia, y todas estas cosas os serán añadidas" (Mateo 6: 33, RV).

Ahora bien, ¿qué hubiera pasado si Moisés no hubiese podido cumplir con esas responsabilidades? Si él no lo hubiese logrado, entonces, ¿Quién podría ayudarlos? Por supuesto que no el *Chapulin Colorado* aunque se presentara con su mazo de color rojo listo para hacer justicia, el único que podría ayudar al pueblo de Dios era el mismo Señor que los había sacado de la esclavitud de Egipto: El Dios *Shadday*; el Señor Todopoderoso. Es más, Moisés lo logró porque Dios lo ayudó. La Escritura afirma que: "Nadie te podrá hacer frente en todos los días de tu vida - Dios le dijo a Josué -; como estuve con Moisés estaré contigo; no te dejaré ni te desampararé". (Josué 1:5. (RV).

> Si las posibilidades son nuestras, y las imposibilidades son de Dios; Entonces, estando al amparo del Soberano y Eterno Dios, las probabilidades de un milagro son apremiantes.

¿Te das cuenta, Raquel? Aun en medio de las peores circunstancias y aun con nuestros diferentes caracteres, hay una gran esperanza: ¡Hay un Dios que puede ayudar! En ocasiones vemos y sentimos que nuestra fe es como una semilla seca; como una pasa en pleno desierto sin ninguna posibilidad de producir vida, sin ninguna posibilidad de llegar a ver un frondoso árbol en pleno desierto. Sin embargo, Raquel, tú y yo nos hemos dado cuenta que con Dios todo es posible: "Porque nada hay imposible para Dios" (Lucas 1:37, RV).

Entonces, pues, la fe en Dios nos da una nueva perspectiva de lo que es el futuro; la fe en Dios nos muestra el propósito divino para nuestras vidas. ¿Por qué? Porque, te lo repito: "Lo que es imposible para los hombres es posible para Dios" (Lucas 18:27, RV). Esto es que, lo que tú y yo no entendemos, ni que aun en ocasiones no sentimos la presencia de Dios en nuestras vidas, y aún más, en que otras ocasiones, en nuestra limitada fe y conocimiento, no creemos que Dios pueda hacer algo nuevo y poderoso en nuestras muy afectadas personalidades. Y sin embargo, haciendo un esfuerzo por medio de la fe en Jesucristo, todo esto y mucho más, mi estimada cumpleañera, no ha dejado a Dios fuera de nuestro círculo de vida y de actividades; él siempre nos ha acompañado y ayudado hasta el día de hoy.

Creo que me estás entendiendo lo que trato de decirte, ¿verdad? Estoy reafirmándote que nuestra fe en el Dios que presenta la Biblia, aunque sea muy poca, es una fe de poder y de esperanza. El Señor Dios Todopoderoso ha estado trabajando con nuestra poca fe, esa fe que como una semilla de mostaza puede, con la poderosa intervención divina, llegar a ser un gran árbol; un lugar en donde alguien disfrute de su sombra y las aves encuentren un lugar para anidar y reproducirse (Mateo 13:31-32). ¡¿Una fe como un grano de mostaza?! ¡Sí!, aunque para mí, tu fe en Dios ha sido más grande que la semilla de mostaza. ¿Por qué lo afirmo así? Pues, porque en todos estos ochenta y tantos años lo has mostrado tal y como lo demanda el apóstol Santiago cuando dijo:

"Hermanos míos, ¿de qué aprovechará si alguno dice que tiene fe, y no tiene obras? Y si un hermano o una hermana están desnudos, y si tienen necesidad del mantenimiento de cada día, y si alguno de vosotros le dice: Id en paz, calentaos y saciaos, pero no les dais las cosas que son necesarias para el cuerpo, ¿de qué aprovecha? Así también la fe, si no tiene obras es muerta en sí misma."

> No hay nada imposible para Dios, el profeta Isaías afirma que el Dios de la Biblia es El-Gibhor (heb), ¡El Dios fuerte!
>
> Isaías 9:6

Santiago 3:14-17, (RV).

Tú, Madre de *Nuestra Generación*, haz cumplido con las palabras, declaraciones y consejos del apóstol Santiago y, por eso has logrado llegar a ser la Mujer, la Esposa, la Madre, la Suegra, la Tía, la Abuela, la Bisabuela, la Consejera y la amiga que eres. Por eso es que hoy, al cerrar esta charla, mi oración es…

Que Dios te siga bendiciendo y haciéndote cada día más bienaventurada, tú, la:

¡Madre De Nuestra Generación!

Capítulo Cinco

Recobrando la fe

"Por la fe también la misma Sara, siendo estéril,
Recibió fuerza para concebir; Y dio a luz aun
fuera del tiempo de la edad, Porque creyó que era
fiel quien lo había prometido."

Hebreos 11:11

Esta Palabra de dos letras: *FE,* tiene un enorme significado en las páginas bíblicas. Sin embargo, en lugar de presentarte una definición de esta pequeña palabra, mejor te invito a que veamos su potencia o como le llaman los intérpretes bíblicos: su *dínamys.* El siguiente ejemplo nos ayuda para entender dicha potencia. Mi estimada Raquel, te presento al líder del movimiento que liberó a un pueblo, y que nos enseña que cuando se tiene fe, las barreras, cualesquiera que sean, pueden ser derribadas. El líder que te presento en estas páginas se llamó *Lech Walesa.* Este Líder nació y creció en la Polonia comunista de los años cuarenta hasta los noventas del siglo pasado. Una y otra vez fue encarcelado por los comunistas porque se propuso, arando con fe, defender los derechos de los trabajadores. Lech, fundó el *Sindicato Solidaridad.* Con el apoyo incondicional de su institución llegó a la presidencia de Polonia el 9 de diciembre de 1990. *Lech,* fue el primer presidente de Polonia "elegido libremente después de la Segunda Guerra Mundial".[51]

Lech Walesa, en 1956, "a los dieciséis años de edad dejó la granja de su familia para asistir a una escuela de comercio con la ilusión de aprender un oficio que le permitiera conseguir un trabajo, con un sueldo decente, en los astilleros del Mar Báltico. Después de dos años de estudios y un periodo militar, fue contratado como electricista en el astillero de Gdansk".[52] Fue allí en donde comenzó su *carrera* para defender a los trabajadores de los abusos de horarios de trabajo y de salarios no correctos; vio a su gente en la miseria y en la desesperación: un pueblo polaco sin esperanza y, se propuso darles esperanza. "Tiempo después diría: 'Los Walesa nos caracterizamos por la motivación'." [53] Lech se convirtió en militante sindical, 'sin pensar lo que podría llegar a costarme'- dijo tiempo después-. Cuando fue nombrado presidente de Polonia, dijo: "Sin mi fe y mi confianza en Dios, yo no habría tenido esperanza. Fue la fe en Dios la que me dio valor".[54] Raquel, te repito estas palabras de *Lech Walesa: "Sin mi fe y mi confianza en Dios,.."*. ¿Lo notaste? *Lech,* se depositó en Dios para lograr el éxito esperado.

> **Explotados y explotadores siempre los habrá. El mundo ideal, algunos lo disfrutaremos en el final del escatón.**

Raquel, Cuando veo el pasado de tu vida, sin temor a equivocarme, el contenido y significado de las palabras de *Walesa* fueron también tu apoyo;

[51] *Puedes cambiar el mundo,* 188
[52] *Puedes cambiar el mundo,* 188.
[53] *Puedes cambiar el mundo,* 188.
[54] *Puedes cambiar el mundo,* 189.

fueron la base de tus logros en medio de tus llamados *errores*. Tu fe en Dios fue el sostén que encontraste para apoyarte cuando ya te sentías derrotada y a punto de desmayar espiritualmente. La historia, en especial la Historia Bíblica, nos presenta otros hombres y mujeres que aferrados a estas dos letras "*F*" y "*E*" (*FE*), hicieron de sus vidas un depósito del poder y de la gracia de Dios.

Raquel, estaba tentado a escribirte sobre la vida de fe de algunos hombres y mujeres que menciona la Biblia pero recordé que este no es un *Tratado Sobre la Fe Bíblica*. Te haré mención de algunos de los hombres y las mujeres que se aferraron con fe a Dios y a su Palabra. Sin embargo, me enfocaré en la esposa de Abraham: Sara, una mujer de fe pero con ciertas características que me hacen pensar que a lo mejor se llamaba también *Raquel García*.

Pues, bien, tú, ¡la Madre Dichosa!, escúchame por un momento lo que te voy a decir en cuanto a la mujer que, pese a sus "*errores*", llegó a engrosar la lista de los héroes de la fe; de aquellos hombres y mujeres que a la vista de los que les rodeaban, "no valían más que un cacahuate", como todavía algunos lo creen y lo dicen. "Estos hombres - y también las mujeres -, que el mundo no merecía, anduvieron sin rumbo fijo por los desiertos, y por los montes, y por las cuevas y las cavernas de la tierra." (Hebreos 11:38). Entre ellos estaba Sara, la esposa de Abraham.

Desde el punto de vista bíblico no sabemos nada de la juventud de Sara. La Biblia nos la presenta ya como una mujer casada y de edad avanzada. Sara, pues fue la primera mujer que la Biblia presenta tal y como es. Raquel, veamos juntos cuatro aspectos o lección que los escritores de la Biblia nos presentan acerca de la vida de esta mujer de fe.

I.- Sara Fue una mujer que respetó a su marido.

¿Cómo sabemos esto? Es el apóstol Pedro el que nos dice que: "Sara obedecía a Abraham, llamándole señor" (I Pedro 3:6). A propósito, suegra, ¿cómo le decías o le dices a tu ahora ex - esposo? Las veces que te escuché dirigirte a él fue con esta expresión: *Dámaso.* ¿No tenías otra expresión que mostrara un amor o cariño o respeto para tu esposo? No estoy diciendo que le faltabas el respeto, pero, Raquel,

> 𝔇edicarse al servicio del Reino de Jesucristo, para algunos, ¡es una estupidez!; Para los dedicados es haber encontrado el propósito de su vida.

expresiones como *mi amor, mi gordito, mi cielo, mi encanto, mi flaquito, mi chaparrito,* y otras expresiones por el estilo, no recuerdo haber escuchado de tu boca alguna de ellas cuando te dirigías a mi suegro.

¿Por qué no las decías? Bueno, creo que tenías tus razones bien justificadas, ¿cierto? Además, esas son cosas en las que me mejor ni me meto. Pero, sí que dejan huella, ¿Qué si tengo razón? ¡Claro que la tengo! Parte de esas razones son las que has heredado, creo yo, por lo menos en tu hija Sara, pues es así como me llama: *Eleazar,* especialmente cuando está enojada. No he escuchado a alguien más de tus hijos e hijas decirle a su cónyuge solamente por su nombre a menos que esté enojado o enojada. Pero eso no pasa entre tus hijos, ¿Verdad?

Bueno, volviendo al texto de Pedro que te he citado, ¿Sabes por qué Pedro usa a Sara como ejemplo de una esposa respetuosa? Pedro, está escribiendo acerca de la vida matrimonial en el tiempo del Nuevo Testamento y dice que la esposa debe someterse a su marido. ¿Con qué propósito?

¿El de ser subyugada? ¡No! Pedro dice que deben hacerlo para dar un buen testimonio, "de modo que si alguno de ellos [de los esposos] no creen en la palabra, puedan ser ganados más por el comportamiento de ustedes que por sus palabras, al observar su conducta integra y respetuosa. Que la belleza de ustedes no sea la externa, que consiste en adornos tales como peinados ostentosos, joyas de oro y vestidos lujosos" (I Pedro 3:1-3, NVI). El relato de Pedro continua diciendo que la belleza de las esposas debe ser algo más que lo que ha mencionado; una buena conducta que salga del corazón, es decir, una conducta con "un espíritu suave y apacible" (I Pedro 3:4), porque, según Pedro, esa era la conducta de las esposas de los hombres del Antiguo Testamento, entre ellas, Sara.

En el mundo de los griegos, las mujeres, al igual que en nuestro tiempo, se preocupaban por los vestidos y los cosméticos. Al parecer, algunos hombres, como "Catón, el Censor", quien insistía en que las esposas deberían de vestirse con "sencillez". Pero otros, como "Lucio Valerio le contestaba: '¿Por qué tienen los maridos que escatimarles a sus mujeres los adornos y la ropa? Ellas no pueden tener cargos públicos, ni religiosos, ni ganar premios. No se pueden ocupar en nada. ¿Qué van a hacer sino dedicar su tiempo a los ornamentos y los vestidos?'." [55]

> La vida es tan corta que hay que aprovechar cada hora del día; Sólo es el 10% lo que hacemos de ella y el 90% la manera en que la que llevamos adelante".

---

55 William Barclay. *Comentario al Nuevo Testamento: Santiago y Pedro. Volumen 14.* Trd. Alberto Araujo (Terrassa (Barcelona), España. Editorial Clie. 1994), 255-256.

Pedro pone énfasis en que las esposas deben de respetar a sus esposos y, parte de ese respeto era que deberían de poner más atención a sus esposos que a los lujos con que se podía adornar, y es que, en el tiempo de Pedro había lujo entre las damas. Quiero que me entiendas lo que te estoy diciendo; algunas mujeres, al igual que en nuestro tiempo, se excedían en los adornos que usaban. Por ejemplo, el teólogo y escritor William Barclay, dice que en el mundo de los griegos y también de los romanos es interesante observar las notas o referencias en sus escritos acerca de los adornos personales. Dice que, en el caso de las mujeres, existían muchas maneras de arreglarse el cabello como abejas en un enjambre; él le llama Hybca. Las mujeres se rizaban y se pintaban el cabello en ocasiones de negro y con más frecuencia de rubio. Usaban con frecuencia pelucas de color rubio, eran pelucas que se encontraban hasta en las catacumbas cristianas. Dichas pelucas se hacían con pelo que era importado desde Alemania y hasta de la India. Tanto las griegas como las romanas usaban los sujetadores de pelo, las peinetas, las horquillas y los peines de marfil, aunque también se hacían de boj y de concha de tortuga; en ocasiones también eran fabricadas de oro con joyas engastadas. El color favorito de sus vestimentas fue el color púrpura. El precio de más o menos un medio kilo (una libra) de la mejor lana de color púrpura, de la que se producía en la ciudad de Tito, era el salario de mil días de un obrero; es decir era en la moneda bíblica 1000 denarios. Barclay sigue comentando que: "Un chaquetón tirio de la mejor púrpura costaría más del doble de esa cantidad. Las sedas, perlas, aromas y joyas que se importaron de la India en un año costaron unos 250, 000,000 de pesetas. Otras importaciones similares venían de Arabia". [56]

---

[56]	William Barclay. *Comentario al Nuevo Testamento: Santiago y Pedro: Volumen 14*, 256-257.

William Barclay también cuenta que entre las mujeres griegas las joyas eran muy apreciadas, por ejemplo, los diamantes, las esmeraldas, los topacios, los ópalos y las sardónices eran los adornos muy preciosos y favoritos. Se cuenta

> **Si te afanas tanto por el cómo debes verte; Dudo que seas feliz.**

que el magistrado del tiempo del emperador Julio Cesar de nombre *Struma Nonius* tenía un anillo valorado en pesos mexicanos actuales de $1, 565,497.98 (unos 15, 000,000 de pesetas). Las perlas eran las que más se apreciaban. Se cuenta que el mismo emperador romano Julio Cesar le compró a su amante Servilia, una perla que le costó unos $ 521,832.66 pesos mexicanos (5, 000,000 de pesetas).

El filósofo romano Séneca habla de mujeres que llevaban dos o tres fortunas que les colgaban de las orejas; aretes de mucho valor. La extravagancia en el lujo no tenía límtes entre los griegos y romanos, pues también se usaban joyas de mucho valor incrustadas en zapatillas. El emperador Nerón sobrepaso en estos lujos, pues se cuenta que tenía una habitación con las paredes cubiertas de perlas. Por su parte, el filósofo Plinio vio a Lollia Paulina, la mujer del emperador Calícula, vestida con un vestido totalmente cubierto de perlas y esmeraldas. Hoy día, ese vestido, tendría un valor en pesos mexicanos de aproximadamente de $10, 434,633.22 (Diez millones cuatrocientos treinta y cuatro mil seiscientos treinta y tres pesos con veintidós centavos).[57] ¡Mucho dinero para un solo vestido! Ni los artistas de Hollywood aquí en California pueden vestirse con ropa tan valiosa. Fue en esta clase de mundo, en el que había una cierta combinación entre el lujo y la decadencia y en el que el Evangelio de

---

[57] William Barclay. *Comentario al Nuevo Testamento: Santiago y Pedro: Volumen 14*, 256-257.

Jesucristo llegó, y en que, también, Pedro insiste que lo que a Dios le agrada son las acciones del corazón, entre ellas, el respeto a los esposos. Es esta gracia de Dios que creo que sí estaba en tu mente y corazón, aunque, como dije antes, yo no lo noté como lo he notado en otras parejas.

II.- Sara fue una mujer obediente.

Y fue tal su obediencia que, por lo que yo veo en el relato bíblico, Sara nunca puso resistencia a los movimiento de Abraham; Salieron de Ur de Caldea, allá en la Mesopotamia babilónica. Y, aunque creo que Sara se hizo una y mil preguntas, pues a ella Dios - aparentemente -, no le dijo nada, y cuando, seguramente le preguntó a su marido, él, sencillamente, creo que le dijo: Esposa mía, todo lo que yo sé es que tenemos que marchar, tenemos que salir de aquí, ¿a dónde?, ¡no lo sé!, ¿cuándo?, ¡tampoco lo sé!, ¿por cuánto tiempo?, eso, mi amada esposa,... ¡tampoco lo sé! Y en esa incertidumbre viajaron:

> **La falta de un conocimiento seguro o confiable sobre cierta cosa; ¡Es la incertidumbre! ¡Pero la fe en Dios suple esa falta!**

1.- Desde la ciudad de Ur de los Caldeos hasta Harán (o Jarán); cruzaron todo el territorio de Babilonia, todo el territorio del antiguo Reino o Imperio Mari en la Mesopotamia hasta que llegaron a Harán en donde murió Taré el padre de Abraham (Génesis 11:31-32).
2.- Desde Harán hasta Siquem. Atravesaron el territorio sirio, posiblemente hicieron escalas en las ciudades de Ebla en el norte de Siria y de allí viajaron a la ciudad de Damasco. Desde Damasco viajaron hacia la tierra de Canaán y posiblemente llegaron al río Jordán o al norte del Mar de Galilea y de allí a Siquem en

donde se establecieron por algún tiempo y Abraham construyó un altar a Jehová (Génesis 12:1-7).

3.- De región de Siquem se movilizaron hacia Betel en donde Abraham y Lot ofrecen sacrificios (Génesis 12:8).

4.- Dejan el sitio de Betel y se dirigen a Egipto, lugar en donde Abraham niega que Sara sea su esposa (Génesis 12:10-16).

5.- Las peregrinaciones siguen; de Egipto regresan a Betel, luego se trasladan a Hebrón en donde Abraham construye otro altar al Señor. En ese lugar, Dios, le promete a Abraham que en el siguiente año Sara tendrá un hijo (Génesis 13:1, 18:14).

6.- De Hebrón la familia patriarcal se traslada a Gerar y es allí en donde nace el hijo de la promesa; Isaac. ¡Y la fe de Sara se vuelve una realidad muy palpable! (Génesis 20:1, 21:1-3).

¡Un largo peregrinar! ¿Lo notaste, Raquel?, la pareja Abraham/Sara, realizaron un largo viaje. ¡Sí que se necesitaba mucha fe para hacer este tipo de viaje! Para venir a Estados Unidos desde Córdoba, Veracruz, México, yo lo pensé mucho; me imagina que esta pareja lo pensó mucho más. Creo, pues que, allá

> **La obediencia a Dios nos prepara para el cumplimiento de sus promesas.**

en Ur de los Caldeos, en aquel dialogo entre esta pareja, al principio del largo viaje, también se pudo haber escuchado estas palabras:

"Saraí (nombre antiguo), esposa mía - siguió, posiblemente, Abraham, diciéndole a su esposa -, hay seis cosas que Dios me ha dicho y con ello ha despertado en mi la fe en Él. Siéntate por un momento, escúchame y reflexiona en esto que Dios me ha mencionado: ya sabes que él me ha dicho que tenemos que salir de este lugar, sin la familia y a un lugar que él me mostrará. Pero lo que tú no sabes es que también… él mismo me dijo que:

1.- Hará de mí una nación grande.
2.- Que me va a bendecir.
3.- Que engrandecerá mi nombre.
4.- Que seré bendición.
5.- Que Dios bendecirá a los que me bendigan, y a los que me maldijeren, él los maldecirá.
6.- Y, por último, me dijo que por medio de mí serán benditas todas las familias de la tierra".

Génesis 12:1-3.[58]

¡Ah, mí estimada, Raquel! Imagínate a Sara a los pies de Abraham, como era la costumbre oriental en su tiempo, escuchándole y meditando en sus palabras. Creo que en ese momento la fe de Sara se agigantó y, faltándole un poco el respeto a su marido, le dijo: "Esposo mío, ¿qué estás esperando? ¡Movilízate! Empaquemos lo que podamos y ¡vámonos! No sé a dónde, pero ¡vámonos! ¡No te detengas más! ¡Vámonos!

Raquel, yo no sé casi nada de tu juventud, ya te conocí como la esposa de *Dámaso Perdomo Díaz*, el hombre que, según entiendo, no tuvo la delicadeza de sentarse frente a ti para decirte lo que Dios quería hacer con ustedes. Y eso fue lo más natural, pues él no conocía a Dios como tú lo conocías y lo conoces. Quizás, fue por ese conocimiento que, allá en lo profundo de tu ser, la fe de tus padres y tu fe en el Dios de ellos, de alguna manera se agigantó dentro de ti y en medio de la pasividad espiritual de tu esposo,

58 *Biblia de Referencias: Thompson: Con versículos en cadena temática. Viajes de Abraham.* (Deerfield, Florida. Editorial Vida. 1994), 1482 y 1500

tu movilidad en la credibilidad divina resaltó; fue así que procuraste que cada uno de tus hijos, aun sin dinero, comieran carne, aunque fuera sólo una probadita. ¡Pero, comieron carne!

En aquellos pocos días que estuve viviendo en tu casa mientras estaba estudiando en la *Universidad Benavente* de la ciudad de Puebla, en mis ratos de descanso del estudio me sentaba en la sala de tu casa o me subía a la azotea del edificio, solamente lo hacía para meditar. En esas meditaciones, recuerdo que un día medite en tu fuerte energía física y moral que te caracterizaban.

En aquellos días veraniegos allí en la ciudad de Puebla de los Angeles, me asombré al ver tu valentía. Claro, siempre, en esos días, marchaste hacia adelante apoyada por tus hijos e hijas. Y fue que con ese apoyo de la familia, tú, Raquel, sacaste fuerzas, quien sabe de dónde, para buscar alimento, educación,

> Con la fe en Dios hacemos cosas que nunca imaginamos que las podíamos hacer.

protección y un lugar fuera de Río Blanco, Veracruz, en donde hubiese un mejor bienestar social, espiritual, monetario y educacional para cada uno de tus hijos; siempre apoyada principalmente por tus hijos Alfredo y Sofía, Sara, Rosalinda, Raquel y Miguel aun eran pequeños de edad pero aun así, te respaldaron en tu migración. Fue esa actitud positiva que los llevó a vivir como familia a la ciudad de Puebla y allí, tu energía, en lugar de disminuir, a mi entender,… ¡Aumentó!, ¡sí, aumentó también tu fe en Dios!

¡Bendita fe que Dios
despertó en ti!

Regresando a la historia bíblica. Se nota que Sara, aquella fiel esposa del patriarca Abraham, era una mujer de la cual se dice que, "era estéril, y no tenía hijos". (Génesis 11:30), y sin embargo, de ella nació más que una sonrisa ("En hebreo Isaac significa él se ríe"), pues ella formó parte del eslabón

> Ser madre es una gran bendición de Dios; Pero qué satisfacción es la del padre abrazar a sus pequeños hijos.

genealógico de Eva y por ende, llegó a formar parte de la genealogía del Mesías (Mateo 1:2). ¿Por qué este privilegio? Porque, Sara, en medio de todas sus adversidades le creyó a Dios; y, aun cuando le llegó la duda, aun allí, Dios le acrecentó su fe. De igual manera, Raquel, en los momentos más difíciles de tu existir, Dios supo cómo y cuándo acrecentar tu fe en Dios: ¡Y tu fe se acrecentó!, y, ¡se acrecentó mucho más!

Es decir que, tú también, Raquel, aunque no eras estéril como Sara, llegaste a formar parte del eslabón genealógico de más de una familia, tales como:

1.- La Familia Hernández-Montelongo con Enrique y Silvia.
2.- La Familia Salgado-Perdomo con Rogelio y Sofía.
3.- La Familia Perdomo-Meneses con Miguel y Lidia.
4.- La Familia Barajas-Perdomo con Eleazar y Sara.
5.- La Familia Perdomo-Roldan con Alfredo e Hilda.
6.- La Familia Ríos-Perdomo con José Alfonso y Rosalinda.
7.- La Familia Herrera-Perdomo con Frank y Raquel.

¡Wau!, ¡qué gran familia! ¡Tan grande es tu genealogía que ya, a éstas fechas - año 2015 en que estoy revisando el borrador para la imprenta de esta Carta -, ya perdí la cuenta de la membrecía de tu descendencia! Entre toda esa genealogía, concebiste y diste a luz a la más bella de todas tus hijas; a Sarita, la cual, no sé si de buen gusto o con aquel deseo y expresión del: *"ya ni modo"*, la entregaste en matrimonio con el chaparro feo y sin provenir; un pobretón estudiante del Seminario − como decía el hombre que ahora es mi suegro -, es decir que, me la entregaste para que fuera mi esposa. ¿Fue una entrega confiable o fue por fe? Bueno, tú lo sabes. Sea como sea, tu hija me ha soportado todo este tiempo y aún seguimos viviendo, no en la riqueza material pero si en una confianza mutua y en un amor que nos sigue uniendo cada día más. Tu genealogía no terminó con tus hijos e hijas, ellos y ellas aumentaron tu descendencia con tus nietos y bisnietos; tales como:

1.- De la *Familia Hernández -Montelongo* con sus dos hijas: Sylvia Belkys y Miriam, se formaron dos familias: la familia Sowell; la familia Gordillo: De Belkys nació Timothy David y de Miriam surge Isaac Nathaniel.

2.- De la *Familia Salgado −Perdomo* se han formado tres familias: La Familia Buenrostro- Salgado; con sus hijos: Anya Andrea y Kevin. La familia Carrión con su primer bebé; Regina. Y la familia Kellows, con sus gemelos: Matteo y Leonie. Hoy, agosto del 2015, Raquel, ¡ya con tus bisnietos!

3.- De la *Familia Ríos-Perdomo*, Con sus tres hijos: Denis, José Alfonso y Fernando se ha formado una familia, la Familia Ríos-Reales, aun sin hijos, de tu nieta Denis nació

> Cuando a la voluntad
> se le doblega;
> El resto de la persona
> es sometida.

Liam Daniel. Y, creo que muy pronto se formará la Familia Ríos Ferrat con Fernando y Elizabeth.

4.- De la *Familia Barajas-Perdomo*, con sus dos hijos, René y Elizabeth, que hasta la fecha aún no se han formado ninguna familia.

5.- De la *Familia Perdomo-Meneses* con su hijo Luís Miguel que espero que muy pronto se formará otra familia.

6.- De la *Familia Herrera-Perdomo* con sus dos hijos: Joshua y Andrew, de los cuales, también espero que tu genealogía aumente con otras dos familias.

7.- De la *Familia Perdomo-Roldan* esperó que muy pronto se formen dos familias y en un futuro cercano una familia más.

Y, ¿recuerdas lo que dijo Raúl Velasco del cual ya te hice mención? *"Aún hay más"*. ¡Sí, *"aún hay más"*!, pues no termina allí tu genealogía, tienes por ahí algunos nietos que están próximos al matrimonio. Sí, Raquel, aún hay más preciosidades que vienen en camino. ¡Espéralos!

Raquel, toma nota de esto, no es ninguna profecía pero sí es algo de la historia de la vida, aunque me alegraría muchísimo que si fuera una profecía y se cumpliera muy pronto. Por muchos años, al igual que Sara, se recordará tu nombre y tu fe en las familias que están y las otras que, como ya lo mencioné, serán parte de tu genealogía. Debes de saber, también esto, mi estimada Raquel, que Sara, fue una mujer que supo tener control de su hogar, pues la Biblia dice que:

> Increíblemente, el matriarcado es tan antiguo; Como lo es la historia de la humanidad.

"Saraí le dijo a Abram: – ¡Tú tienes la culpa de que Agar me desprecie! Yo misma te la di por mujer, y ahora que va a tener un hijo se cree más que yo. Que el Señor diga quién tiene la culpa, si tú o Yo." (Génesis 16:5; Versión Popular). Sí que había un serio problema en el hogar de Abraham y Sara; una tercera persona y un niño de por medio perturbaron la paz hogareña. Dios nunca se equivoca cuando toma sus decisiones.

Bueno, esa es mi percepción de la vida matrimonial. Y tú, Raquel, ¿lo notaste? Ella era la esposa y se dio su lugar; era, pues una mujer de carácter fuerte quien supo mantener su hogar pese a las costumbres, las críticas y las adversidades de la vida. Raquel, mi conocimiento acerca de ti, realmente comenzó en la ciudad de Puebla. Allá en Río Blanco, Veracruz, estaba tan enamorado de tu hija (y aun lo estoy) que no presté mucha atención a tu persona; es más, ni siquiera me di cuenta cuando se movieron para la ciudad de Puebla, de repente, allí está tu hija Sara en la casa de mi profesor de Nuevo Testamento: El Doctor *Paul Peasly*.

Pues bien, fue en la ciudad de Puebla donde noté que tú tenías un carácter fuerte – en ocasiones muy fuerte – ; no domínate, aunque sí, Raquel, reconócelo ahora que los años han pasado, tú sabías cómo *manejar* la voluntad no sólo a los hijos e hijas, sino también a los yernos. Te acuerdas de eso, ¿verdad? Tenías pues, un carácter (y creo que lo sigues teniendo, ¿verdad que sí?) no muy estricto pero si uno que tenía que funcionar con el papel de padre y madre. A propósito, ¿cuándo le dejaste a tu esposo la responsabilidad de la disciplina del hogar?... ¡Ah, caray! Creo que me estoy metiendo en problemas. Mejor seguimos con nuestra plática.

Con esa fe que te caracterizaba, pese a las costumbres, las críticas y las adversidades de la vida, te diste tu lugar de madre y padre no sólo de tus hijos e hijas que nacieron de tu matriz: Silvia, Sofía, Sara, Alfredo, Miguel Ángel, Rosalinda y Raquel, sino aún de aquellos que nos colamos en tu genealogía de una manera directa o indirecta; es decir, aquellos que legalmente pertenecemos a tu genealogía y aquellos que por amor u otras circunstancias se unieron a tu larga descendencia.

> **El éxito y el heroísmo son parte de Dios; Así que, resistir un poco más es por el poder de Dios en nosotros.**

Una descendencia que comenzó en la ciudad de Tehuacán, Puebla, luego en lo que hoy es la ciudad de Río Blanco, Veracruz, en tercer lugar en aquella Hermosa ciudad de Puebla de los Ángeles y ahora en Ensenada Baja California, Norte y en el Sur de California, USA. Algunos de los agregados a tu genealogía, si es que no me equivoco, fuimos: Enrique Hernández, Cesar López, Alfonso Ríos más sus hermanos y sus primos, Juanita Miguel Lara, Rogelio Salgado, Juan Peña, Eleazar Barajas, Hilda Roldan, Lidia Meneses, Frank Herrera, Elizabeth Ferrat Cabrera (muy pronto de Ríos), Bárbara Lizeth Reales (ahora de Ríos), y de otros más que escapan a mi memoria.

¡Ah!, por supuesto, que también te convertiste en mi madre/suegra desde aquel día que tenías el control del hogar en el segundo piso de la casa frente al *Instituto y Seminario Bíblico* de la ciudad de Puebla, Puebla (Hoy solamente Seminario). ¡Bendito control que Dios te favoreció! De lo contrario, creo que me hubiese perdido la bendición y la dicha de ser parte de tu genealogía. ¿Por qué? Bueno, porque mi suegro no me hubiera aceptado en tu familia, pero tu fe en Dios de alguna manera hizo que mi suegro viera en ti una cierta obediencia hacia su liderazgo de padre y te escuchó las súplicas a mi favor. Y, ¡aquí estoy en tu familia! Lo estoy gracias a tu obediencia como esposa con una fe en Dios.

III.- Sara fue una mujer muy hermosa.

La Biblia dice que: "Cuando Abram llegó a Egipto, los egipcios vieron que Saraí era muy hermosa. También la vieron los funcionarios del faraón, el rey de Egipto, y le fueron a decir que aquella mujer era muy hermosa. Entonces la llevaron al palacio del faraón". (Génesis 12:14-15).

¡Wau!, ¡en qué lío se metió Abraham! (En ocasiones nuestras mujeres nos meten también en problemas) Pero al parecer, Abraham no aprendió la lección, así que, años después de ese incidente, Abraham se fue a vivir a la región del Neguev y habitó en la ciudad de Gerar. Allí, el rey de esa ciudad, Abimelec, viendo la belleza de Sara y al mismo tiempo oyendo que Abraham decía que ella era su hermana, entonces, no habría ningún problema para hacerla su mujer. ¿Sabes que, Raquel? ¡Abaham no estaba mintiendo!, pues en realidad era su hermana, hija también del papá de Abraham aunque de otra mujer; es decir, era su media hermana (Génesis 20:12), hay que recordar dos cosas de los patriarcas y propiamente de los antiguos testamentarios:

Primero: Los patriarcas y los hombres de aquellos tiempos y tiempos posteriores, tenían más de una esposa. No era lo que Dios les había indicado pero, era una práctica matrimonial. Por ejemplo, Salomón tuvo setecientas esposas y trecientas concubinas (I Reyes 11:3), y Dios no estuvo de acuerdo en esa relación múltiple,

> **Las medias verdades; Nunca son del agrado de Dios.**

la poligamia no fue nunca un principio o decreto divino. Salomón desobedeció a Dios y su reino fracasó.

Seguramente que te preguntarás, entonces, ¿por qué existe la poligamia en la Biblia? Bueno, debes de entender que: "Dios permitió durante un tiempo que el hombre tuviera más de una esposa (Génesis 4:19; 16:1-4; 29:18-29). Sin embargo, él no dio origen a esta práctica, pues a Adán, Dios, le dio solamente UNA mujer. El Señor había establecido que cada hombre tuviera una única esposa y, con el tiempo, autorizó a Jesucristo a restaurar su norma original (Juan 8:28). Respondiendo a una pregunta acerca del matrimonio, Jesús declaró: "El que los creó desde el principio los hizo *macho* y *hembra* y dijo: 'Por esto el hombre dejará a su padre y a su madre y se adherirá a su esposa (*no esposas*), y los dos serán una sola carne'" (Mateo 19:4, 5). Más tarde, Dios inspiró a uno de los discípulos de Jesús para que escribiera: "Que cada hombre tenga su propia esposa y que cada mujer tenga su propio esposo" (1 Corintios 7:2). La Biblia también indica que, para recibir responsabilidades en la congregación cristiana, el hombre casado debe ser "esposo de una sola mujer" (1 Timoteo 3:2, 12)".

Bueno, ¿y qué tiene que ver esto con que Sara fuese una mujer muy hermosa? ¡Ah!, esa hermosura estaba ocasionando que Sara fuese otra de las esposas del rey de la ciudad de Gerar, como casi lo fue del Faraón en Egipto, y todo, porque era parte de las costumbres matrimoniales.

Segundo: Se casaban entre la misma familia. Entre los antiguo testamentarios y también entre los pueblos del Nuevo Testamento, había esta costumbre, ya fuese esta práctica para conservar la línea sanguina como en el caso de la esposa para Isaac. La costumbre de este tipo de matrimonios aún se remonta hasta el siglo XX, Raquel,

¿recuerdas el matrimonio libanés entre *Michael* y la abuela *Afifi*? ¡Eran primos! También ¿recuerdas la historia de *Abraham* y su *esposa*? Sé que las recuerdas, pero de todos modos, en el caso del matrimonio Abraham-Sara, te lo vuelvo a contar en una manera muy resumida.

> **La poligamia era una práctica que, aunque bíblica, no era del agrado del Señor; Fue una práctica matrimonial no apoyada por Dios.**

Cuando Abraham consideró que ya era tiempo de que su hijo se casara, cierto día:

"Abraham le dijo al criado más antiguo de su casa, el cual le administraba todos sus bienes: - Pon tu mano debajo de mi muslo, y júrame por el Señor, el Dios del cielo y de la tierra, que no tomarás de esta tierra de Canaán, donde yo habito, una mujer para mi hijo Isaac, sino que irás a mi tierra, donde vive mi familia, y de allí le escogerás una esposa" (Génesis 24:2-4, NVI).

Abraham quería seguir la costumbre de conservar la sangre pura; deseaba que su descendencia no se mesclara con otras razas. Aun Dios no había dado este mandamiento por escrito ni se menciona en la Biblia tal cosa, pero al parecer de alguna manera Dios le dio esta revelación a Abraham, a menos que haya sido un mero deseo o capricho carnal de él. Sea como haya sido, Abraham estaba dispuesto a continuar con esa tradición.

También, los antiguos testamentarios se casaban entre sí por asunto religioso. Cuando Nehemías llevó a cabo una de las reformas entre el pueblo judío, se encontró que algunos judíos habían tomado por esposas a las hijas de las tribus vecinas; de Asdod, de las moabitas y de las amonitas, entonces, Nehemías los reprendió duramente y les dijo:

> "No permitan que sus hijas se casen con los hijos de ellos, ni se casen ustedes ni sus hijos con las hijas de ellos.
> ¿Acaso no fue eso el pecado de Salomón, rey de Israel? Entre todas las naciones no hubo un solo rey como él: Dios lo amó y lo hizo rey sobre todo Israel. Pero aun a él lo hicieron pecar las mujeres extranjeras. ¿Será que también de ustedes se dirá que cometieron el gran pecado de ofender a nuestro Dios casándose con mujeres extranjeras?" (Nehemías 13:25-27, NVI).

No era, pues, un pecado el que Abraham estuviese casado con su media hermana. Lo que no le dijo Abraham a Abimelec fue que, ¡también era su esposa! Y eso sí es pecado, pues fue una media verdad, y la media verdad ante Dios es mentira y la mentira es pecado.

> **En el temor de perder al cónyuge; ¡Hasta las mentiras se endulzan!**

Así que, Abimelec, oyendo que era hermana de Abraham, siguiendo la costumbre de ese tiempo, se le hizo fácil pensar que ella sería una más de sus esposas. Pero, la bendita protección y misericordia de Dios salvó tanto al matrimonio Abraham/Sara de ser destruido, como a los habitantes de Gerar de una esterilidad dentro de la realeza que ya estaba por anunciarse si Abimelec hubiese tenido relaciones sexuales con Sara (Génesis 20:1-17).

Así es la misericordia y el cuidado de Dios. Una misericordia y un cuidado divino que te han "seguido" durante todos estos ochenta y seis años que has vivido. Como dijera el salmista: "Ciertamente el bien y la misericordia me seguirán todos los días de mi vida" (Salmo 23:6, RV).

Así, la misericordia y el cuidando de Dios día a día han estado de tu lado, y te han hecho la mujer fuerte y en cierta manera atrevida, aun con tus muchos temores, pues hasta tuviste el valor de pararte al frente de nosotros el día de tu *Cumpleaños Setenta y Cuatro*, y confesar en pocas palabras las consecuencias de la misericordia y el bien o el cuidado que Dios ha tenido de ti. ¡Bendito sea Dios!

¡Qué orgullo es verte rodeada de parte de Tu Genealogía!

Curioso, ¿verdad, mi estimada Raquel? Pero eso es normal tanto en aquellos tiempos como lo es ahora, la belleza de la mujer ha atraído tanto a esclavos como a libres, tanto a nobles como a reyes, tanto a ignorantes como a sabios, tanto a feos como a los guapetones, a los flacos como a los gordos, a los ciudadanos como a los extranjeros, a los chaparros y también a los altos e incapacitados; a todos por igual, la belleza femenina hace que salga más que un sentimiento del hombre. Como ya te lo he dicho, Raquel, yo no te conocí de joven, pero a juzgar por tus facciones femeninas y por la

fotografía que aparece en la portada del boletín que se hizo con motivo de tu cumpleaños y las otras que he puesto en esta carta, Raquel, creo que en tus años mozos fuiste una joven muy bella. Tu hermosura física provocó que, por lo menos, al igual que Sara, la esposa de Abraham, dos hombres estuvieron dispuestos a rifarse el porvenir contigo. ¿Hubo algún otro? Pissst, pissst. Mejor cerremos la boca. Lo que sí sé es que aun en tus ochenta y tantos años de vida conservas los rasgos de la belleza de tu juventud. Si no me crees, obsérvate nuevamente en la fotografía de la página anterior.

Sara Perdomo de Barajas

Me imagino que cada muchacho que te veía se enamoraba de tu belleza. ¿Estoy en lo correcto? Creo que sí, ¿verdad? Me supongo que les pasaba como me pasó a mi cuando vi por primera vez a tu hija Sara: ¡me prendí de su belleza! Y aunque mi suegro me puso uno tras otro y mil obstáculos para que me desprendiera de la belleza de tu hija, ¡no lo logró! ¿Te acuerdas, verdad? Aún tengo las imágenes muy claras de aquellos días en que tenías que intervenir en la conversación entre mi suegro y yo, especialmente cuando las cosas se salían de lo aparentemente normal.

¿Sería por esa belleza física que te adornaba que, según me han contado algunos "pajaritos", mi suegro era muy celoso? Si era por eso, en parte le doy la razón, pero por el otro lado, ¡qué dichoso mi suegro, al tener una mujer muy hermosa como su esposa! Aunque, a decir verdad, él no fue tan dichoso como yo, pues, yo tengo dos bellas mujeres cerca de mí; ¡te tengo a ti, mi estimada suegra y a la hija que me has dado! Gracias a Dios por tu belleza física, belleza que has compartido en tú genealogía, pues, todos tus hijos e hijas y aún tus nietos, tienen ese rasgo distintivo en sus personas.

Cambiando un poco el tema, en la página anterior te presente una inolvidable fotografía, y te hago la siguiente pregunta, Raquel, ¿te acuerdas de esta fotografía? En uno de esos días que nos visitaste mientras vivíamos en la ciudad de Córdoba, Veracruz, me pediste que le tomara esta fotografía a tu hija Sara. Estabamos todavía en nuestra Luna de Miel; estábamos por cumplir nuestro primer año de casados. ¡Yo sé que te acuerdas! Tal vez no quieres recordar porque en ese tiempo, ya como mi suegra sentías la ausencia de tu hija en tu casa poblana. ¿Por eso no quieres recordar, verdad? Pero mira a tu hija Sara, con esa cabellera que me cautivaba; ¡y ya éramos los esposos Barajas! Raquel, obsérva bien la fotografía de la página anterior, ¿ya notaste lo que te he dicho en esta carta? Todo mundo lo sabía. ¿Qué sabía? ¡Sabía que eras - y sigues siendo aún con tu *montón* de años de vida -, de hermoso parecer! Y tu hija Sara es una copia exacta de tu juventud. Basta con observar la fotografía de tus años juveniles para darse cuenta de lo que te estoy diciendo. Pero, mejor, observa la fotografía de tus años juveniles, pues ella dice mucho más de lo que te estoy diciendo. En la siguiente página, pues ver no hay ninguna duda de que Sara Barajas sea tu hija.

IV.- Sara fue una mujer de fe.

Raquel, una última característica de la esposa de Abraham que en este espacio quiero comentarte, es aquella característica que es muy natural en cualquier ser humano y que, la Biblia, presentándonos a Sara como una mujer hecha y derecha no la esconde; habla de ella como una mujer de fe – y qué gran fe para poder esperar tantos años en el cumplimiento de una promesa en contra de la lógica humana -, pero también como una mujer que tiene dudas; que duda no de la palabra de Dios, porque es una mujer de fe, sino de los métodos de Señor para lograr lo que Él dice. No la justifico, pero la entiendo; las circunstancias de su entorno eran para dudar de tal promesa.

¡Wau! Raquel
¡Sí que eras Hermosa!

Sé que en el correr de tus años has tenido algunas dudas – varias dudas -, y eso, Raquel, ¡eso es muy natural! ¡Todo mundo las tiene en un momento dado! Dentro de las múltiples historias de Francia, hay una muy interesante. La historia a la que me refiero nos cuenta que la capitana Juana de Arco, aquella joven francesa, que un día tomó la armadura de un hombre y se enfiló y se asentó en donde la lucha era más aguerrida. Con su disfraz de hombre de guerra, Juana, dirigió una de las batallas con tanto éxito que derribó el sitio de la ciudad de Orleáns.

Con aquella victoria adquirió el mote La Doncella de Orleáns. Su victoria sobre Orleáns logró que la nación, que prácticamente estaba cautiva, cobrara gran valor después de aquella victoria. Animado, pues por tal victoria, las tropas comenzaron a sumarse en un esfuerzo por echar a los ingleses y a los borgoñeses de su territorio. Lamentablemente, Juana de Arco, por más que se esforzó, no logro liberar a Paris. En una de las derrotas que le ocasionaron a su ejército, Juana fue capturada por los borgoñeses comenzando el año 1430. Fue juzgada por el obispo Pierre Cauchón como bruja y hereje. Después de su juicio fue entregada a las autoridades civiles los cuales ordenaron su ejecución; muriendo quemada en la hoguera en el año 1451.[59]

> **Aun por medio de la duda podemos conocer la existencia de Dios; Cuando sospechamos que Dios no existe lo traemos a nuestra realidad.**

¡Todo mundo – en un momento dado- tiene debilidades! Y no me sorprendió que aquel día 24 de noviembre de 2002 cuando cumpliste tus *Setenta y Cuatro Años* de vida, aun tenías dudas; dudas acerca de Dios, dudas acerca de la familia, dudas de tu futuro, dudas.....

dudas y más dudas. Pero recuerda, ¡eso es muy natural! Hasta el profeta Jeremías, quien dependía al cien por ciento de Dios las tenía. El gran hombre de Dios, Moisés, también dudó si ir o no ir a Egipto para rescatar al pueblo de Israel (Exodo 3:1-4:17). Y es que, comúnmente se ha dicho que una duda es una indeterminación entre dos decisiones o dos juicios; hay que decidir entre lo hago o no lo hago; entre lo que digo o no lo digo.

---

[59]   *Puedes cambiar el mundo: cien historias de personas que cambiaron el mundo ¡Tú también puedes hacerlo!*, 95.

"La duda, pues, se trata de una vacilación que puede experimentarse ante un hecho, una noticia o una creencia".[60] El pastor Rick Warren se dio cuenta de las dudas de Jeremías y por eso, se preguntó: "¿Qué Debo Hacer cuando mi Mundo se Desvanece?"[61] Al profeta Jeremías se le estaba desvaneciendo su mundo y por eso le dijo a Dios:

"Recuerda que estoy triste y no tengo hogar. Recuerda la bebida amarga y el veneno que me diste. Tengo bien presentes todos mis problemas y me siento demasiado triste. Pero nunca olvidaré algo que siempre me dará esperanza. El fiel amor del SEÑOR nunca termina; su compasión no tiene fin, cada mañana se renuevan. ¡Inmensa es su fidelidad! Mi alma dice: «El SEÑOR es todo lo que tengo y necesito»; por eso siempre tendré esperanza

> No existe uno, sino varios eventos en los que sentimos la distancia de Dios; Pero es entonces cuando Dios actúa a nuestro favor.

en él. El SEÑOR es bueno con quienes creen en él; con los que lo buscan. Es bueno esperar pacientemente la salvación que trae el SEÑOR".
(Lamentaciones 3:19-26 (PDT).

En base a este recordatorio de Jeremías, el pastor Rick, dice que: "Cuando tu mundo se está cayendo a pedazos, es muy fácil enfocarse en el dolor, los problemas, la presión, y

---

60 La duda. *Definición de duda*. (La Habrá, California. Internet. Consultado el 11 de agosto de 2014), 1 http://definicion.de/duda/#ixzz3A5mBH7Fp

61 Rick Warren. *Devocionales matutinos*. *"¿Qué Debo Hacer cuando mi Mundo se Desvanece?"*Saadleback Community Church. (Lake Forest. California. Junio 8 de 2014),1

las dificultades".[62] Esa es la respuesta natural. Pero la respuesta bíblica es volver tu mirada al amor de Dios. Raquel, a pesar de estar enojada con Dios, es necesario que recuerdes lo mucho que él te ama. Enfócate en su amor incondicional. Recuerda que no puedes hacer que Dios deje de amarte. Puedes quejarte, gritar, llorar — pero aun así él te amará por siempre.

> No existe uno, sino varios eventos en los que sentimos la distancia de Dios; Pero es entonces cuando Dios actúa a nuestro favor.

Puedes ver este enfoque bíblico en la vida de Jeremías en Lamentaciones 3:19-26 Jeremías comienza centrado en su dolor, diciendo: "Recuerda que ando errante y afligido, que me embargan la hiel y la amargura. Siempre tengo esto presente, y por eso me deprimo" (v.19-20 NVI). Estaba consumido por la devastación que había a su alrededor; esto llenó sus pensamientos e hizo que se amargara y deprimiera. Si quieres cambiar tu vida, tienes que cambiar tus pensamientos. Así que eso fue lo que hizo Jeremías. Vemos el cambio de mente en el siguiente versículo: "Pero algo más me viene a la memoria, lo cual me llena de esperanza: El gran amor del Señor nunca se acaba, y su compasión jamás se agota. Cada mañana se renuevan sus bondades; ¡muy grande es su fidelidad!" (Lamentaciones 3: 23, NVI). Por tanto, digo: Raquel, tú no sabes que Dios es todo lo que necesitas hasta que Dios es todo lo que tienes. Pero eso es todo lo que necesitas, porque Dios cuidará de ti. Cometemos un grave y serio error cuando empezamos a dudar del amor de Dios. Pensamos:

---

[62]   Rick Warren. Devocionales matutinos. *"¿Qué Debo Hacer cuando mi Mundo se Desvanece?"*Saadleback Community Church. (Lake Forest. California. Junio 8 de 2014),1

"Yo sé hacer todo mejor que Dios, y voy a comenzar a hacer las cosas a mi manera en lugar de seguir la manera de Dios. Oh pensamos que Dios es un aguafiestas cósmico que busca formas de hacer nuestras vidas miserables. Tenemos que cambiar nuestra forma de pensar. Tenemos que recordar que… el Señor no abandona a nadie para siempre. Aunque trae dolor, también muestra compasión debido a la grandeza de su amor inagotable. Pues Él no se complace en herir a la gente o en causarles dolor (Lamentaciones 3:31-33, NTV)". [63]

Sara Perdomo (ahora de Barajas) en el día de su boda, con su abuelo Isaac García, en Córdoba Veracruz. 17 de Agosto de 1974

---

[63] Rick Warren. *Devocionales matutinos.* *"¿Qué Debo Hacer cuando mi Mundo se Desvanece?"*Saadleback Community Church. (Lake Forest. California. Junio 8 de 2014),1

Raquel, Dios te ama. Él no es el padre estricto al que no podías complacer. Él no es el padre de varias imperfecciones; con debilidades y fallas, que se equivocó. Él es Dios — el eterno, el que todo lo sabe, Dios infalible. Es el Dios Creador y, por ende, recuerda que fue precisamente é quien te creó para amarte y para protegerte de toda cosa que sea dañina para tu salud física y para tu vida espiritual; es decir que: ¡Él nunca te dejará! Cuando sientas que lo has perdido todo, deja de enfocarte en lo que está perdido y comienza a enfocarte en lo que queda: Dios y su amor por ti.

Los primos de las familias Barajas, Ríos, Hernández, Herrera y Salgado. ¡Son los nietos de Raquel! Es otra parte de su genealogía! Agosto 4 del 2011

Aquí están todos los primos: Andrew Herrera, Fernando Ríos Perdomo, Josua Herrera, Enrique Salgado Perdomo, José Alfonso Ríos,, René Barajas, Monica Salgado de Kellows, Alex Kellows, Silvia Belkis Oswell, Denis Ríos, Elizabeth Barajas, Mariana Buenrostro, Mirian Gordillo y Liliana Perdomo.

Oseola McCarthy, la mujer estadounidense que nació en Hattiesburg, Mississippi, y quien "tuvo una vida frugal y solitaria, en oración",[64] enfocada en el amor de Dios. Un amor que lo manifestó cuando, primero, "nunca se quejó por su vida. Oseola, consideraba que su trabajo [lavar ropa] era una bendición, ya que muchas personas de su región

---

[64] *Puedes cambiar el mundo*, 124.

de Mississippi no tenían trabajo. El trabajo y la iglesia eran su vida".[65] Cada semana, después de recibir su pago, se encaminaba al banco para depositar una parte en sus ahorros. Cuando se jubiló, donó a la Universidad del Sur de Mississippi $150,000 dólares para ser usados como becas a los estudiantes pobres.

El fundador de la cadena televisa CNN, Ted Turner, también entregó mil millones de dólares a las Naciones Unidas, admirado por la acción de Oseola McCarthy, dijo que "ella entregó sus ahorros de toda la vida. Hizo más que yo. Yo sólo di la tercera parte; aún me quedan aproximadamente dos mil millones. Ella es la que realmente merece todo el crédito."[66]

> El tiempo es un buen debilitador de la fe; Pero la fe en el tiempo de Dios se perfecciona.

Oseola vivió una vida pacifica, productiva, y entregó todo porque se enfocó en el amor de Dios. Unas de sus últimas palabras expresan esa dependencia de Dios y su amor, dijo: "Creo que la forma en que vivamos importa, no solo ahora, sino siempre. Hay una parte de todo lo que hacemos que es eterna".[67] Una gran verdad que notamos en la vida de Oseola McCarthy, es que entre más grande es el esfuerzo personal, mayor es la diferencia que se marca. Y tú, Raquel, todavía sigues haciendo la diferencia; por lo tanto, ¡apóyate en el amor de Dios! ¡Enfócate en Dios en lo que te queda por delante! Raquel, los años que te quedan de vida, cuando dudes de Dios o de las circunstancias, ¡enfócate en Dios! No te enfoques en el pasado. Recuerda que, siendo Sara una mujer de carácter fuerte, de fe inquebrantable, una mujer que

---

[65] *Puedes cambiar el mundo*, 125.
[66] *Puedes cambiar el mundo*, 125.
[67] *Puedes cambiar el mundo*, 125.

tenía el control de su hogar, creyendo siempre a la promesa que Dios le había hecho a su esposo, cometió lo que tú has llamado "errores" y lo que yo llamo pecados. ¿Cuáles fueron, pues esos "errores"/pecados que Sara cometió? Dos son los que resalta la Biblia. Del primero se dice que:

> "Saraí mujer de Abram no le daba hijos; y ella
> tenía una sierva egipcia, que se llamaba Agar. Dijo
> entonces Saraí a Abram: Ya ves que Jehová me ha
> hecho estéril; te ruego, pues, que te llegues a mi
> sierva; quizá tendré hijos de ella. Y atendió Abram
> al ruego de Saraí. Y Saraí mujer de Abram tomó
> a Agar su sierva egipcia, al cabo de diez años que
> había habitado Abram en la tierra de Canaán, y
> la dio por mujer a Abram su marido." (Génesis
> 16:1-3).

¿Lo notaste, mi estimada Raquel? Sara no dudó de la promesa que Dios le hizo a su esposo, pero, pero, pero... ¡Habían pasado diez años desde que Dios le dijo a Abram que tendría un hijo con ella! Así que, Sara, dudando un poco de los métodos divinos para cumplir sus promesas, le quiso ayudar a Dios; no quiso que él quedara en vergüenza por no cumplir su promesa, y fue precisamente allí en donde cometió el primero de los "errores"/pecados: Querer ayudarle a Dios.

Otra de las definiciones de pecado, es: "Acciones con que los seres humanos se rebelan contra Dios, dejan de cumplir el propósito divino para sus vidas y ceden ante el poder del mal".[68]

> **Cuando los problemas**
> **se presentan en nuestra**
> **vida;**
> **El silencio de Dios**
> **es aterrador; ¡Es**
> **desesperante!**

---

[68]   S. Leticia Calcada. *Pecado*. Diccionario Bíblico Ilustrado: Holman. (Nashville, Tennessee. B&H Publishing Group. 2008), 1239.

Y es así que: "El pecado - dice Santiago -, siendo consumado, da a luz la muerte" (Santiago. 1:15). Es muy cierto que en el caso de los esposos Abram y Sara, no vino la muerte física pero si las consecuencias del pecado; consecuencias que no se hicieron esperar.

Principalmente dos son los más tristes resultados de ese pecado: el primero es que el fruto de esa relación, por cierto, no ilícita dentro del aspecto cultural, pues era la costumbre de ese entonces, pero sí sin la aprobación y obediencia hacia Dios, fue el nacimiento de Ismael a quien la Biblia llama: *hombre fiero.* . La Versión Popular, dice: "será arisco como un potro salvaje; luchará contra todos, y todos contra él; pero él afirmará su casa aunque sus hermanos se opongan". (Génesis 16:12). Y así fue y ha sido Ismael y su descendencia hasta hoy; todavía está luchando contra su medio hermano. Es decir, las enemistades y la guerra entre Israel y los países árabes descendientes de Ismael, ¡todavía siguen! ¿Raquel, te das cuenta? Las consecuencias de desobedecer a Dios pueden alcanzar generaciones enteras.

La segunda consecuencia, al parecer, fue el rompimiento de la comunión entre Dios y Abram. La Biblia nos dice que: "Cuando Abram tenía noventa y nueve años, el Señor se le apareció. . ." (Génesis 17:1). En el capítulo anterior, dice que Ismael, el hijo de Agar y Abram nació cuando "Abram tenía ochenta y seis años" de edad (Génesis 16:15). Es decir que habían pasado trece años de silencio de parte de Dios y, si a esos años le aumentamos los nueve meses de embarazo de Agar, entonces tenemos casi catorce años en los cuales, al parecer, Dios no se comunicó con Abram.

No cabe duda que el pecado hace una separación entre Dios y el individuo que peca de una manera deliberada o aun en una manera no intencional. ¡Qué desesperante silencio divino! Esa es una terrible situación. Si tú no la has sentido te felicito, pero yo he experimentado esos momentos o tiempos en que Dios está en completo silencio para mí; clamo, oro, pido, suplico y me lamento y Dios...al parecer: ¡no me hace caso! Al menos eso es lo que creo en ese tiempo de necesidad. La situación se agrava cuando existe una promesa de por medio y, Dios no dice nada acerca de su cumplimiento. Tú recordarás que una de las promesas bíblicas que yo he tomado para confiar en vida y futuro a Dios es:

> **La fe produce buenas e incomprensibles convicciones; Pero convicciones que son invencibles cuando están apoyadas de la fe que emana de Dios.**

"El Señor es mi pastor, nada me faltará;
En verdes pastos me hace descansar.
Junto a tranquilas aguas me conduce;
Me infunde nuevas fuerzas.
Me guía por sendas de justicia por amor a su
nombre".

Salmo 23:1-3, NVI.

Pero, como mi esposa dice en broma: *"Eleazar es mi pastor y todo me faltará"*, Y eso parece verdad en algunos días. ¿Por qué? Porque en ocasiones he sentido; que al parecer, el confiar mi vida a Dios no ha sido una buena decisión, llega el fin de mes y todo me falta; comienza el mes y aún no he descansado de las actividades de la iglesia y los estudios, cuando he querido descansar, antes me dirigía a la playa del sur de California en donde el agua es fría y el sol quemante, ahora voy a la alberca y aun allí, ¡nada es tranquilidad! ¿Y entonces qué? Entonces tengo la tentación o tendencia de fallarle a Dios. ¿Y qué hace Dios? ¿Qué ha estado haciendo Dios con mi vida? De alguna manera, me ha estado infundiendo nuevas fuerzas y mi fe en Dios se renueva: ¡se aumenta en sus promesas! ¿Por qué? Sencillamente porque el Señor me ama. Y, entonces, con esa influencia divina en lugar de enfocarme en el pasado, me enfoco en las promesas de Dios; ¡me enfoco en Dios!

Raquel, fallarle a Dios no es un error, aunque te parezca muy cruel, ¡es un pecado! ¿Es qué? ¡Es un pecado! Y el pecado interrumpe la comunión con Dios. No te digo esto para que te sientas mal, aunque es lo más lógico. Lo hecho, hecho está y por eso, Rick Warren te ha dicho y yo te lo repito: ¡No te enfoques en el pasado! *"Ya lo pasado, pasado"*, dijo el cantante José José, en una de sus canciones.[69]

> Tras bambalinas es uno; Ante Dios se trasforma.

Aunque José José, en esta canción repita la expresión *"ya olvidé"*, lo cierto es que, si te digo que no te enfoques en el pasado es precisamente porque, ¡nunca lo olvidamos! ¡Allí está! Lo terrible de esto es que cuando menos necesitas recordar esas cosas o incidentes, ¡allí están! Yo no puedo olvidar aquel hermoso día en Valsequillo, Puebla; el nadar en la alberca, ver los animales de ese zoológico, el estar contigo y tu familia y, por supuesto, el abrazar a mi novia – ver la fotografía en páginas anteriores-, aquellas experiencias, ¡están en mi memoria! Pero, ¿sabes qué, Raquel?, ¡no vivo en ellas! Sí, fueron hermosas experiencias, pero ahora vivo en el día de hoy. Creo que cuando tú has dicho que cometiste errores, son experiencias negativas y, aunque no las puedas olvidar, ¡ya no vivas en ellas y con ellas! Vive el presente, disfruta a

[69] José José. *Lo pasado pasado*. (La Habra, California. Internet. YouTube. Consultado el 11 de abril de 2014). https://www.youtube.com/watch?v=KnIw0jUGi6s

tu genealogía y gózate en el amor y la bondad infinita del Señor Jesucristo.

Pues bien, regresando con la esposa de Abraham y su sirvienta Agar, lo maravilloso de todo lo que le sucedió a aquella mujer de fe y su posible rival, es que, primero, Dios intervino en la vida de Agar, volvió al seno familiar y, segundo, Sara, por la gracia de Dios y la fe que tenía en el Omnipotente *Shadday*, la recibió en su comunidad y en su hogar. Pero, a pesar de esa experiencia, la Biblia nos vuelve a mostrar el lado humano de Sara, ahora duda de que ella pueda ser capaz de dar a luz. Y eso es una idea tan humana y lógica dentro de ella, pues, en nuestro tiempo, ¿qué mujer de más de cincuenta años de edad piensa en embarazarse? En la mente de Sara, con casi los noventa años de vida que Dios le había concedido y de ser estéril toda su vida, la idea de tener un bebé, aunque sea Dios mismo quien lo diga, en ella, es una idea absurda; una idea que la llevaba a dudar de algo humanamente imposible por realizarse.

> 𝕰l pecado no solo es causa de muerte. Lo peor de él es la esclavitud que pone sobre los humanos. Su derrota: Jesucristo, porque "si el 𝕳ijo los libera, serán ustedes verdaderamente libres" (Juan. 8:36).

La Biblia dice que cierto día, mientras Abraham estaba sentado frente a la puerta de su tienda en Mamre, como al medio día, levantó la vista y vio a tres hombres que estaban junto a él. De inmediato se levantó, les dio la bienvenida y les preparó un sabroso banquete.

"Al terminar de comer, los visitantes le preguntaron a Abraham:

– ¿Dónde está tu esposa Sara?

– Allí, en la tienda de campaña – respondió él.

Entonces uno de ellos dijo:
- El año próximo volveré a visitarte, y para entonces tu esposa Sara tendrá un hijo.

Mientras tanto, Sara estaba escuchando toda la conversación a espaldas de Abraham, a la entrada de la tienda.

Abraham y Sara ya eran muy ancianos, y Sara había dejado de tener sus periodos de menstruación y aun la menopausia. Por eso Sara no pudo aguantar la risa, y pensó: '¿Cómo voy a tener este gusto ahora que mi esposo y yo estamos tan viejos?' Pero el Señor le dijo a Abraham:

- ¿Por qué se ríe Sara? ¿No cree que pueda tener un hijo a pesar de su edad? ¿Hay acaso algo tan difícil que el Señor no pueda hacerlo? El año próximo volveré a visitarte, y para entonces Sara tendrá un hijo.

Al escuchar esto, Sara tuvo miedo y quiso negar. Por eso dijo:
- Yo no me estaba riendo.

Pero el Señor le contestó:
- Yo sé que te reíste.

Génesis 18:9-15 (Versión Popular).

¡Qué humana se ve Sara en este relato! ¿Verdad que sí, Raquel? No solamente la vemos escuchando en donde no debería de escuchar, sino que también la vemos dudando, con miedo y mintiendo al mismo tiempo. Ella era toda una mujer que creía en Dios con todas las características cristianas de una dama de ayer y de hoy.

Raquel, fue casi de esa misma manera como Dios y yo te vimos en la noche del 24 de noviembre de 2002, allí en Ensenada, Baja California Norte, mientras decías: *"Posiblemente he cometido muchos errores"*. Allí, precisamente allí, aquella noche de tu cumpleaños, vimos a una mujer muy humana; una dama cristiana que cree en Dios y en sus promesas pero que al mismo tiempo cree que ha cometido unos errores que no son justificables ni mucho menos perdonables. Pero, mi adorada suegra, ¡alégrate! Sí, alégrate. ¿Por qué debes alegrarte? Por las siguientes tres verdades bíblicas y teológicas que te voy a recordar: digo recordar porque sé que tú ya las conoces. Y no sólo las conoces sino aún más, las haz practicado en tus acciones eclesiásticas en el correr de estos años que Dios te ha concedido vivir en esta tierra; no es algo nuevo para ti, pero vale la pena volver a recordar lo que Dios puede hacer y le gusta hacer en favor de sus amados.

Primero: ¡No eres la única!

Raquel, tú no eres la única que ha cometido más de un "error"/pecado en su vida, Eva lo hizo y Sara también. Abraham lo hizo (Génesis 16:1-4), el rey David lo hizo (2 Samuel 11:1-4), Safira lo hizo (Hechos 5:1-2), y yo lo he hecho. Y lo grandioso de la misericordia de Dios es que en cada caso, la gracia de Dios les

> **La verdadera esperanza no es estar a ciegas: Es una espera con la lámpara de la fe encendida.**

ayudó a ser saludables espiritualmente; a mí me ha ayudado a ser saludable espiritualmente y por eso no dudo de que también tú puedas ser saludable.

Es más, Raquel, toma nota de esto. La Biblia presenta la historia de una mujer, diferente que Sara que, desde el punto de vista humano, no merecía la gracia de Dios, y sin embargo el Señor la acaparó y la envolvió en su bendita gracia a ella y a su familia. La Biblia, dice que:

"Desde Sitim, Josué mandó en secreto a dos espías, y les dijo: 'Vayan a explorar la región y la ciudad de Jerico.' Ellos fueron, y llegaron a la casa de una prostituta de Jericó que se llamaba Rahab, en donde se quedaron a pasar la noche. Pero alguien dio aviso al rey de Jericó, diciéndole: -Unos israelitas han venido esta noche a explorar la región. Entonces el rey mandó a decir a Rahab: -Saca a los hombres que vinieron a verte…. Josué 2:1-24, (DHH).

Raquel, ¿te das cuenta? Un concepto equivocado de la gracia de Dios puede mantener a un cristiano en temor y en una atadura que no lo deje ser lo que Dios quiere que sea y por ende, su vida cristiana está en cierta esclavitud espiritual y emocional. Eva llegó a ser la madre de la raza humana; Sara, llegó a ser la madre del pueblo judío, y Rahab llegó a ser parte de la genealogía de Jesucristo. ¡Ah, la gracia de Dios! ¡Ella puede hacer cosas increíbles!

> Nuestra vida cotidiana es un testimonio abierto; ¿Qué leen en tu vida?

Por eso es que, Raquel, en la vida cristiana no es para quedarse pensando cada día si cometiste *errores* o pecados, ¡eso ya lo sabemos!, sino que lo admirable y grandioso es que, aquello que tú sabes acerca del perdón de Dios lo lleves de tu mente a tu corazón cada día. Es de suma importancia que el perdón de Dios en Cristo Jesús sea un aliciente; una base sólida en tu vida cotidiana con la cual te sientas completamente segura. La sanidad y libertad espiritual es aceptar el perdón de Dios en la mente y en el corazón. ¡Es creer que la gracia de Dios es superior a mi concepto de pecador!

En tu caso, Raquel, sé que este concepto ha sido una lucha espiritual continua; no te has aceptado tal y como Dios lo ha hecho. El pastor John Burke comenta acerca de una hermana en Cristo que batallaba con este mismo sentir; con esta idea: Un conocimiento falso acerca del perdón de Dios que la mantenía en temor y desconfianza acerca del futuro de su vida como cristiana. El pastor John, al ver la conducta cristiana de esa hermana pensó que todo estaba perfectamente bien en su vida, pero, estaba equivocado. Y por eso comenta que equivocadamente creyó que como Casidy era miembro de su iglesia, entonces, ella estaba en pleno conocimiento de lo que era la gracia de Dios. Ella había crecido en una iglesia bautista en donde la congregación era predominantemente afroamericana, así que el pastor John, daba por sentado que ella conocía perfectamente lo que era el perdón de Dios. El otro lado de la monera era que Casidy comprendía en su mente lo que era el perdón y la gracia de Dios pero no en su corazón. Había sido bautizada cuando cumplió los siete años de vida y al parecer, Casidy, había quedado con la idea de que su salvación dependía de la manera en que ella se comportara; al parecer, también creía que su salvación dependía de su perfección. Durante los días, meses y años de su desarrollo físico, Casidy fue la chica perfecta; logró buenas calificaciones, era una chica respetuosa, era un modelo a seguir en la iglesia, y en su escuela fue elegida como la chica de grandes posibilidades de triunfo. "Sin embargo, en su interior, Cassidy tenía una culpa inmensa, vergüenza, y odio debido a que sabía que estaba muy lejos de la perfección, y no estaba segura de que era alguien a quien se podía aceptar".[70]

Uno de los dichos de mi abuelita, *Doña María Pardo*, era: *"Caras vemos, corazones no sabemos"*. Cuando yo te conocí un

---

[70] John Burke. *NO se admiten personas perfectas: Creando una cultura en la IGLESIA que acepta a las personas "Tal como son"*. (Miami, Florida. Editorial Vida. 2005), 142.

poco más, fue cuando llegaste a la ciudad de Puebla para vivir muy cerca del Seminario en donde yo estudiaba, en aquellos primeros meses en que empezaba a conocerte, me imaginaba que tú, que en aquel tiempo tenías un padre que estaba ministrando en la Iglesia Presbiteriana y que cada ocho días estabas en la iglesia, eras una mujer de Dios saludable; que toda tu personalidad (espíritu, alma y cuerpo), eran totalmente saludables emocionalmente y también en los asuntos espirituales.

> "... si alguno está en Cristo, es una nueva creación. ¡Lo viejo ha pasado, ha llegado ya lo nuevo!"
> El apóstol Pablo:
> (2 Corintios 5:17)

Pero, al igual que el pastor John Burke, con el tiempo, me di cuenta que estaba equivocado; me enteré que tu personalidad era perturbada por ciertos temores – no pecados –, que ciertas angustias te "perseguían" y que, estabas necesitada de comprender la gracia de Dios. En las pocas pláticas que tuvimos me sorprendiste con tus comentarios, no fue tanta sorpresa como en el caso de Cassidy, pues el día que ella decidió contar su testimonio en la iglesia del pastor John Burke, dejó a todos sorprendidos.

Mientras Cassidy relataba su historia, "había tal silencio que podías oír si un alfiler se caía al suelo"[71] – dice el pastor John –, mientras Cassidy continuaba su relato, diciendo: "Esta vergüenza interior me obsesionó durante todo el tiempo que estuve en la universidad",[72] reveló Cassidy en medio de

[71] John Burke. NO se admiten personas perfectas: Creando una cultura en la IGLESIA que acepta a las personas "Tal como son". (Miami, Florida. Editorial Vida. 2005), 142.

[72] John Burke. *NO se admiten personas perfectas: Creando una cultura en la IGLESIA que acepta a las personas "Tal como son"*. (Miami, Florida. Editorial Vida. 2005), 142.

la fuente de hermosas trenzas que rodeaban su rostro. Mientras el silencio continuaba, la voz de Cassidy lo interrumpía mientras contaba que con el paso del tiempo se había ocultado; que había ocultado lo que era su verdadera personalidad; es decir su "Yo". Como estudiante de primer grado en la universidad se involucró en una relación en la que muy pronto se vio forzada o presionada a tener relaciones sexuales. Cassidy, se había propuesto mantenerse virgen hasta llegar al altar pero, en aquella noche, noche en la Cassidy llamada de "terror", su novio la violó. Luego, muy pronto, Cassidy, se dio cuenta que estaba embarazada. "Tenía diecinueve años, estaba aterrada y vivía sola en mi casa, llena de vergüenza. Aborté al bebé justo antes de las vacaciones navideñas".[73]

La escena que el pastor John y su iglesia estaban presenciando era de una mujer que estaba siendo sanada espiritualmente mientras sacaba todo aquello que por años la estaba atormentando emocionalmente. Yo me imagino aquella escena; aquella noche – o tal vez de día - en el que se presentó el dominio del silencio porque Cassidy, muy conmovida no podía seguir con su historia. Y me la imagino así; con aquel silencio desesperante porque el pastor John comenta que la confesión de Cassidy se quedó a medias. El silencio reinaba entre los presentes.

> **Si Dios con su poder**
> **y en su gracia no te**
> **cambia para una mejor**
> **vida;**
> **¡Nadie más lo podrá**
> **hacer!**

Aquel aterrador silencio fue interrumpido cuando Cassidy, abrió nuevamente su boca para contarles que los

---

[73] John Burke. *NO se admiten personas perfectas: Creando una cultura en la IGLESIA que acepta a las personas "Tal como son"*. (Miami, Florida. Editorial Vida. 2005), 142.

siguientes trece años se había estado ocultando tanto de Dios como de la gente; pero ese acto de ocultarse le aumentó su depresión: era un fuerte sentimiento que envolvía a Cassidy de tal manera que sentía que había arruinado todas las oportunidades que Dios le podía dar. En lugar de ser ayudada o bendecida por Dios, Cassidy pensaba que debería de ser castigada diez veces más de lo que merecía por lo que había hecho. Con eso en mente, siguió torturándose al continuar viviendo dos años con la persona que la había violado. En esa relación de dos años, Cassidy sufrió abuso sexual, abuso verbal, abuso físico y abuso emocional por el simple hecho de que ella pensaba que lo merecía por lo que había hecho. Cassidy pensaba que Dios tenía una especie de tablero electrónico en el que le anunciaba: "No has pagado suficiente por ese pecado".[74] Viendo su imaginario tablero, varias veces quiso morirse. Cuando los amigos y familiares trataban de abrazarla, ella retrocedía. No quería que nadie la tocara; para ella esa muestra de amor o de amistad le era doloroso: ¡no le gustaba para nada que la tocaran!

¡Wau! ¡Qué confesión! Pero al mismo tiempo ¡qué maravillosa sanidad espiritual Cassidy recibió en aquella

> Cuando tus pensamientos se enfoquen en Dios, tu actitud cambiará; Y tus pies te llevarán hacia la adoración del Todopoderoso Dios.

ocasión en que sacó, desde lo más profundo de su ser, todo aquello o gran parte de aquello que la estaba atormentando – porque era realmente un tormento - durante todos esos años! ¿Cómo logró Cassidy esa sanidad? Lo logró cuando abrió su corazón y su boca ante Dios y ante la congregación; ambos la escucharon, pero, la gracia de Dios fue más allá de escucharla, la envolvió en su

---

[74]   John Burke. NO se admiten personas perfectas, 143.

misericordia y en su perdón y, ¡Cassidy, aquel día, fue sanada espiritualmente! Cassidy fue perdonada.

Sí, ciertamente, Cassidy, corrió el riesgo de abrir su corazón a otras personas, pero fue precisamente esa acción la que le hizo entender y sentir que era amada y aceptada a pesar de su pecado. Es decir que para Cassidy comenzaba un nuevo día; un nuevo amanecer; un día en el que empezó su proceso de sanidad en el que se dio cuenta que Dios era real y que en verdad era misericordioso y que por lo tanto, Cassidy entendió que Jesucristo ya había pagado por su castigo; que no tenía que seguir crucificándose así misma por su pecado. Ahora, ella sabe que Jesús la ama y que la acepta incondicionalmente como su hija; que la acepta con todo y sus imperfecciones.[75]

Raquel, ¿te das cuenta? El poder, la gracia y la misericordia de Dios son mucho más grandes en amor, misericordia y perdón de lo que nosotros nos imaginamos. Tú no llevaste una vida como la de Cassidy, y sin embargo, el poder, la misericordia y la gracia de Dios pueden y quieren dejarte completamente libre de tus temores, angustias y de aquellas cosas, o actos, o pensamientos, o palabras a los que tú llamas *"errores"*. ¡La gracia de Dios te está llamando para que seas lo que Dios desea que llegues a ser! ¡Completamente sanada y libre! ¡Alégrate en la gracia de Dios!

Segundo: ¡Sigue alegrándote!

En segundo lugar, no te detengas, ¡sigue alegrándote! Porque la palabra de Dios dice que: "La sangre de Jesucristo su hijo nos limpia de todo pecado" (I Juan. 1:7). Y luego

---

[75] John Burke. NO se admiten personas perfectas, 144.

agrega, diciendo: "Si confesamos nuestros pecados, él es fiel y justo para perdonar nuestros pecados, y limpiarnos de toda maldad" (I Juan. 1:9). A esto le llamo: *¡Gracia Divina! ¡Gracia sin igual!* Porque, ¿quién más puede hacer tal cosa por una persona? ¿Quién más puede perdonar los pecados y dejar limpia a la persona de la mancha del pecado? ¡Nadie! ¡Solamente Jesucristo! Y, ¿sabes qué, Raquel? Yo soy testigo de cuantas veces tú, con un corazón sincero y muy perturbado a la vez, suplicabas a Dios por el perdón de tus pecados; le confesabas a Dios tus llamados *"errores"*.

Aclaración:

Es tiempo de que te aclare algo; es verdad que cometemos ambos actos: errores y pecados. Pero ambos actos, ¡no son lo mismo! Cometemos pecado al fallarle a Dios tal y como te lo he explicado en las páginas anteriores. Cometemos errores cuando le fallamos a la gente o a uno mismo.

> **La fe que está depositada en las promesas de Dios; Vence cualquier duda.**

Cometemos pecado cuando nos alejamos de Dios y seguimos lo que a nuestro parecer es lo correcto. Cuando esto sucede, las consecuencias del pecado de alejarnos de Dios llegan; en ocasiones se tardan, pero llegan. Y cuando se presentan es muy lamentable la situación. El profeta Isaías les pronosticó a los habitantes de Damasco un futuro sombrío. Les dijo: "Porque te olvidaste del Dios de tu salvación; no te acordaste de la Roca de tu fortaleza. Por eso, aunque siembres las plantas más selectas y plantes vides importadas, aunque las hagas crecer el día que las plantes, y las hagas florecer al día siguiente, en el día del dolor y de la enfermedad incurable la cosecha se malogrará" (Isaías

17:10-11, NVI). El otro lado de la moneda es que cometemos errores aun estando muy cerca de Dios.

Después de esta aclaración no muy teológica pero con una base bíblica acertada que tú ya conoces, creo sinceramente que Dios te perdonó todo pecado confesado de una manera sincera, pues, parte de esa base a la que he hecho referencia, es decir, la Biblia, dice que: "Dios no es hombre, para que mienta, ni hijo de hombre para que se arrepienta" (Números 23: 19, RV), y al final de la Escritura, el apóstol Juan afirma: "Yo soy el Alfa y la Omega, el principio y el fin... y yo seré su Dios, y él

> **Los hombres y las mujeres que Dios ha llamado a su servicio, son tan humanos como cualquier otro personaje. La diferencia es que los llamados por Dios, son equipados y comisionados con propósito.**

será mi hijo" (Apocalipsis 21:6-7, RV). ¡Grandioso! ¿Verdad? Te repito una vez más: ¡Ya eres perdonada! ¡Tú eres una hija de este Dios que dice que será tú Dios! Créelo.

¿Qué podría yo hacer con estas declaraciones divinas? ¿Qué podrías tú hacer? No sé si el compositor Rubén Giménez había pensado en estas declaraciones cuando compuso el Himno que tituló: *"Señor, tú me llamas por mi nombre"*.

Es un himno que me ayuda en este momento para confirmarte que tus pecados ya han sido perdonados, que eres libre de sus tentáculos y que, por esas mismas razones, debes refugiarte bajo la gracia de Dios. Las palabras de este Himno, dicen que Dios nos ha llamado por nuestro nombre, que cada día nos llama y nos ofrece una vida santa; una vida limpia; una vida que no esté saturada de pecado y de maldad. En el coro, el compositor hace una confesión al decirle a

Dios que nada tiene para darle; solamente su vida para que Dios la use y le suplica que le haga un siervo que pueda ser útil al presentar el mensaje de la cruz.[76]

Raquel, por el hecho de que Dios te ha perdonado, tu nombre está escrito en el *Libro de la Vida* (Filipenses 4:3; Apocalipsis 3:5) y ni aun el mismo Señor Jesucristo borrará tu nombre porque yo estoy seguro que tú has vencido muchas de las adversidades que la vida te ha presentado: ¡Tú has vencido! (Apocalipsis 3:5). Te lo repito, Raquel, ¡Dios te ha personado y te ha hecho su hija desde hace mucho tiempo! Te ha protegido con su misericordia. Y, por supuesto que su gracia no te ha olvidado. Esas acciones divinas son las que deben hacer que tus temores ni siquiera sean mencionados, porque, ya eres libre y el proceso de una sanidad espiritual completa debe ser una realidad en tu vida. Raquel, ¡vive en esta declaración! ¡Gózate en esta posesión!

Tercero: ¡Sánate!

Y, en tercer lugar, tal vez sin que tú lo hayas pensado o planeado, ¡ya has comenzado a liberarte! ¿Acaso pensabas que tú eras la única que estaba abandonada? ¿Acaso pensabas que tú eras la única que estaba oculta con todos tus llamados "*errores*"? Raquel, ¿acaso has pensado que casi nadie conoce tus secretos? Te pregunto esto porque en cierta ocasión, mientras platicábamos me dijiste que si alguna vez tuvieras la

> **El éxito personal se logra derribando o brincando las barreras que encontramos en el camino hacia el cumplimiento del propósito de Dios para cada uno.**

76 Rubén Giménez. Himnario Bautista: Señor, tú me llamas. (El Paso Texas. Casa Bautista de Publicaciones. 1978), Himno Número 2.

oportunidad de sacar lo que estaba en tu interior, ¡lo harías! ¿Es que acaso hay todavía algo más después de todo lo que has confesado? ¡Pues sánate! ¡Libérate por completo! Tienes un Dios que no se cansa de escuchar a aquellos que le confiesan sus pecados o errores y, les perdona sus pecados y también les da sabiduría para enmendar sus errores.

¡Adelante, habla con Dios ahora mismo! Bueno, la verdad es que al hacerte esta pregunta y al mismo tiempo darte la respuesta te ayudo a que tu fe en Dios se acrecenté. ¿Sabes que, Raquel?, ¡ya lo hiciste! ¡Ya has comenzado a liberarte, pues, ya se los has presentado a Dios! Y eso es precisamente lo que cuenta, porque solamente él es el único que puede darte el perdón y la paz a tu ser interior; es él el que te dice: "Aquí está mi *Shalom* (mi paz), ¡tómala!

Además, nota lo que dice el escritor del libro de los Hebreos:

"Por tanto, también nosotros, que estamos rodeados de una gran multitud tan grande de testigos, despojemos del lastre que nos estorba, y corramos con perseverancia la carrera que tenemos por delante. Fijemos la mirada en Jesús, el iniciador y perfeccionador de nuestra fe,..."
(Hebreos 12:1-2, NVI).

El hecho de estar en el "Hospital de Dios" (la Iglesia), rodeado de doctores, no significa estar sano; Pero se está en el lugar correcto para ser sanado.

¿Lo notaste? El escritor bíblico dice que debemos de correr con perseverancia aquella carrera que tenemos por delante, es una carrera que debe hacerse con fe. Y eso es precisamente lo que tú, Raquel, haz hecho: La poca o mucha fe que Dios puso en ti, la usaste para salir avante en el torbellino de este mundo. ¡Lo lograste! Y por eso, antes de terminar con esta Carta, te doy una doble felicidad; una es por tu cumpleaños y la otra por tus logros en base a la fe que depositaste en Dios.

FE,...

¡Ah, qué palabra de dos letras tan pequeñas pero al mismo tiempo tan grande y poderosa! Su opositora es la DUDA. Cuando menos la esperamos se presenta en nuestras vidas, aun en aquellos momentos en que somos alabados por el mismo Poderoso Dios. Un ejemplo lo tenemos en la vida de Moisés. La Escritura dice: "Y nunca más se levantó profeta en Israel como Moisés, a quien Jehová haya conocido cara a cara" (Deuteronomio 34:10, RV). En todas los señales y las maravillas y milagros que el Señor le mandó a hacer en la tierra de Egipto delante del mismo Faraón y de todos sus siervos. Fueron eventos sin iguales; sucesos que toda la gente de la tierra de Egipto fue testigo. Toda la grandeza de la poderosa mano de Dios que Moisés mostró ante ellos, causó un terror en todos; desde Faraón en el majestuoso Palacio Real o divino (recuerda que los faraones eran considerados dioses), hasta los patrones y en sus siervos de los habitantes del imperio egipcio.

Ahora bien, Raquel, tú y yo sabemos que Moisés varias veces manifestó una súper fe. Pero también sabemos que cayó en duda. Cuando Dios lo comisionó para que fuera a Egipto mientras estaban dialogando allí en el Monte Horeb, la Escritura nos presenta este triste pero al mismo tiempo motivador relato. Dios le dijo a Moisés:

"Así que disponte a partir. Voy a enviarte a faraón, para que saques de Egipto a los israelitas, que son mi pueblo.

Pero Moisés le dijo a Dios:

- ¿Y quién soy yo para presentarme ante el faraón y sacar de Egipto a los israelitas?

- Yo estaré contigo – le respondió Dios -. Yo te voy a dar una señal de que soy yo quien te envía: Cuando hayas sacado de Egipto a mi pueblo, todos ustedes me rendirán culto en esta montaña.

Pero Moisés insistió:

- Supongamos que me presento ante los israelitas y les digo: 'El Dios de sus antepasados me ha enviado a ustedes.' ¿Qué les respondo si me preguntan?: '¿Y cómo se llama?'

> "Que nunca te abandonen el amor y la verdad:
> Llévalos siempre alrededor de tu cuello y escríbelos en el libro de tu corazón.
> Contarás con el favor de Dios y tendrás buena fama entre la gente."
> Proverbios 3:3-4 (NVI).

- YO SOY EL QUE SOY – respondió Dios a Moisés -. Y esto es lo que tienes que decir a los israelitas. 'YO SOY me ha enviado a ustedes.'

Además, Dios le dijo a Moisés:

- Diles esto a los israelitas: 'El SEÑOR, Dios de sus antepasados, el Dios de Abraham, de Isaac y de Jacob, me ha enviado a ustedes. Este es mi nombre eterno; este es mi nombre por todas las generaciones.'

... Moisés volvió a preguntar:

- ¿Y qué hago si no me creen ni me hacen caso? ¿Qué hago si me dicen: 'El SEÑOR no se te ha aparecido?'"

Exodo 3:10-15; 4:1 (NVI).

¿Lo notaste? ¡Qué humano se ve aquí Moisés! Sí, Moisés ya era un gran hombre, había estado cuarenta años en Egipto en medio de toda la pompa y el conocimiento de ese entonces, también había estado otros cuarenta años en el desierto de Arabia; aprendió los caminos y "trucos" del desierto. Como decimos vulgarmente: *Estaba curtido.* Es decir, Moisés estaba preparado en todos los sentidos, pero aun así, tenía sus dudas. Aunque cuando descubrió una vez más el camino de Dios recuperó su fe; lo logró como nadie en la historia lo ha hecho. Tan intensa fue su fe que Dios lo etiquetó como *incomparable*; pues... "nunca más se levantó profeta en Israel como Moisés" (Exodo 34:10). La duda llega, pero la fe, apoyada en la poderosa mano de Dios, sobresale de entre las tinieblas de la incredulidad y brilla ante las adversidades de la vida.

Mi maestro de *Consejería Bíblica* en la Universidad, el doctor Hoffman, solía decirnos: *"Silencio frente al desastre es desastre".*[77] Ahora bien, ya que te he explicado lo que es y hace el pecado, lo que es y hace el amor de Dios; lo que es la vida con y sin el *Shalom divino*, ahora te pregunto: ¿Crees que el Señor te puede enseñar a hacer lo mismo que le enseñó a Moisés? Yo creo que sí. Yo creo que dentro de tus dudas, puedes continuar recobrando la fe Y lo estás haciendo. Sin embargo, ¿cómo puedes recobrarla en su totalidad? Bueno, hay algunos requisitos que cumplir porque nadie recobra la fe no más porque sí; se requiere de voluntad, de querer recobrarla y de buscar la manera de volver a tener fe en la vida; fe en uno mismo y fe en Dios.

> **Un paso dirigido por Dios es de gran ayuda; El orgulloso da pasos que resultan en dolor.**

Jason Fenn, el sobrino de la abuelita Eva ¿lo recuerdas?, ¡sé que lo recuerdas!, es un ejemplo de lo que te quiero decir. Gracias a las oraciones de su abuelita y a

77 Doctor R. Hoffman. *Clase: Pneumatología.* (Culver, City, California. California Christian University), 2004-2005.

que lo llevó de la mano a la iglesia, Jason, ahora es Misionero Evangelista en toda América Latina y dice que por lo menos hay tres cosas que uno debe hacer para romper las barreras que nos atan a un *Status Quo*; a una atadura paralizante por causa de las dudas.

Primeramente hay que abrazar una simple verdad: que Dios nos ama y desea lo mejor para nuestras vidas. ¿Por qué? – Pregunta Jason –, y su respuesta es: porque somos sus hijos; porque fuimos creados a su imagen.

Además, es muy raro que un padre anhele lo peor para sus hijos; es muy raro que un padre quiera que sus hijos sufran. Dios no quiere que sus hijos seamos unos perdedores. Al igual que como padres que deseamos que nuestros hijos crezcan, que sean saludables y logren su máximo potencial, así es Dios con sus hijos; ¡nos quiere ver siempre victoriosos![78]¿No es maravilloso este acto divino? ¡Claro que lo es! Dios desea que vayamos creciendo en santidad; en teología se conoce como: *Santidad Progresiva*. Y si este es el deseo y anhelo de Dios, entonces, Raquel, te repito una vez más: ¡Tú eres una hija de Dios! Me escuchaste bien: ¡Tú eres una hija de Dios! Y como hija, Dios te ama profundamente; Dios te ama apasionadamente, de lo contrario, no habría enviado a su Hijo Jesucristo para morir por ti.

Jason Frenn dice que el paso para una vida de éxito, el paso para romper las barreras que nos impiden salir de la duda y lograr el avance en la vida cristiana es tomar la dirección correcta. "No hay nada peor para un navegante que tener las coordenadas equivocadas. Aun peor, imagínate,

---

[78]   Jason Fenn. *Rompiendo las barreras: Venciendo la adversidad y alcanzando tu máximo potencial.* (Buenos, Aíres, Argentina. Editorial Peniel. 2006), 39-40.

tener el mapa equivocado".[79] Nosotros, como hijos de Dios, debemos de aprender a navegar en las turbulentas aguas y tempestades de la vida; esto es indispensable para salir abantes. Para lograrlo, debemos usar los instrumentos apropiados, como una brújula que nos guie en la oscuridad de la tempestad; que nos señale el norte. Debe de ser una brújula exacta y en la cual se pueda confiar: debe, por lo tanto, ser una brújula a prueba de errores. Debemos de recordar que nuestra vida depende de ella. Una brújula sin errores siempre apunta hacia el norte.[80]

Raquel, piensa bien en esto.

Aunque la Biblia ha sido el libro más criticado, más quemado y despreciado – y esto no ha cambiado en nuestros días –, aun así, como dice el misionero Jason, "la Biblia es una de las brújulas mayores de la vida".[81] Desde sus orígenes ha sido el instrumento más confiable para guiar nuestra vida y la vida de todos los seres humanos de la historia mundial.

> **La fe y la razón deben ser ejercitadas para el servicio de la comunidad.**

La Biblia es un libro que ha inspirado a muchos, pues es la *Inspiración de Dios*. Esta es la razón por la cual la Biblia es un libro que nos ayuda a ser sanados y a llegar correctamente al lugar seguro: en la Biblia hay esperanza... ¡Y mucho más! Es pues aquella brújula divina que siempre apunta hacia el norte. ¡Ah, si mi esposa y mis hijos entendieran esta verdad! Yo sé que tú la entiendes. ¿Verdad que sí? Una y otra vez me ha mostrado que tu fe en el mensaje que contienen las páginas de la Biblia es acertada.

---

[79]   Jason Fenn. *Rompiendo las barreras*, 41.
[80]   Jason Fenn. *Rompiendo las barreras*, 41.
[81]   Jason Fenn. *Rompiendo las barreras*, 41

Soy testigo de que este libro de Dios llamado la Biblia y su consejo es lo que te ha ayudado a ser La Mujer, La Esposa, La Madre, La Suegra, La Abuela y La Bisabuela que hoy eres. ¿Qué otro libro puede hacer semejantes cambios en la vida de una persona? La Biblia es, pues, la *"Gran Brújula"* que siempre nos "apuntará hacia el norte"; hacia la Patria Celestial y sus grandes beneficios divinos.

Raquel, nos resta un paso más para poder romper las ataduras de las dudas y vivir una vida saludable, una vida que agrade a Dios. Este tercer paso que el misionero Jason nos presenta es: "... tomar la responsabilidad personal en nuestras manos. Aquí es en donde la mayoría de las personas falla en su búsqueda de romper las barreras. En lugar de aceptar su responsabilidad, la mayoría prefiere culpar a otros de sus problemas".[82]

> **La duda, una poderosa arma de Satanás; Es destrozada, anulada, por la firme fe en los triunfos de Jesucristo.**

¿Cómo estamos tú y yo en este asunto?

¡Por supuesto que sí!, algunas veces; mejor dicho, en algunas ocasiones, hemos buscado un *chivo expiatorio* para justificar nuestro problema o fracaso o error o pecado; cualquier nombre que le demos a lo que no es correcto ni moral, ni social ni mucho menos espiritual. ¿Cierto? Pero, Raquel, ¿qué es lo que debemos hacer?, ¿qué hacer cuando debemos de *tomar la responsabilidad personal en nuestras manos*? Desde el aspecto psicológico, aceptemos nuestra debilidad para serle fiel al prójimo y con ello también a Dios. Desde el campo espiritual, aceptemos nuestra responsabilidad por

---

[82] Jason Fenn. *Rompiendo las barreras*, 43.

fallarle a Dios o al prójimo o a uno mismo, y fortalezcamos nuestra fe en Dios y así, sigamos ayudando en lo que podamos a los demás; porque al fin de cuentas estamos en este mundo para adorar a Dios pero también para servirle en su reino y, la gente está en su reino o rodeándolo; si su fe está depositada en la salvación que Jesucristo ofrece, entonces está en su reino, pero de lo contrario, si su fe no está depositada en la fe salvífica de Jesucristo, entonces está rodeando el reino de Jesucristo. Los llamados a ser Santos (I Corintios 1:1), son también llamados a servir tanto a los del reino como a los que lo están rodeando. Es allí, en ese Campo misionero que se ejercita la fe.

Mi estimada cumpleañera, yo sé que tú te estás esforzando por recobrar la fe en Dios. ¿Cómo lo sé? Lo sé porque no solamente aquellos presentes en aquella noche en la *Iglesia del Nazareno* en Ensenada, Baja California Norte, te estuvimos observando allí de pie frente al auditorio, sino que aún más, los ángeles de Dios, el Espíritu Santo, Jesucristo y el Dios que te creo, también te vieron allí de pie delante de nosotros esforzándote por sacar aquello que aún te molesta y te entristece. Te vimos allí, en aquella noche, frente a todos nosotros como Sara frente a aquellos varones divinos, excusándose pero al mismo tiempo,. . .

¡Recobrando la fe en Dios!

Capítulo Seis

Mujer Amable

"… -Beba usted, señor - contestó ella. Y en
seguida bajó su cántaro, lo sostuvo entre las
manos y le dio de beber. Cuando el siervo
terminó de beber, Rebeca le dijo: - También
voy a sacar agua para sus camellos, para que
beban toda la que quieran. Rápidamente vació
su cántaro en el bebedero y corrió varias veces
al pozo, hasta que sacó agua para todos los
camellos."

Génesis 24:18-20 (Versión Popular).

Ahora, Raquel, en estas páginas, te voy a contar
parte de la historia de una muchacha que vivió en
la parte norte de Palestina allá por el año dos mil
antes de Cristo. Es la hermosa historia de una muchacha de
Mesopotamia que viajó aproximadamente unos ochocientos
kilómetros desde su natal país hasta una región de Palestina
para contraer matrimonio con uno de los hombres más ricos
de la entonces tierra de Palestina. Esta es una historia que tú
ya conoces, pero aun así, te la quiero contar.

Aquella hermosa mujer viajó todo ese trayecto para casarse con un hombre palestino joven y rico, aunque nunca lo había visto. En un principio quería usar la palabra recontar, pero a decir verdad, yo nunca te he contado esta historia. Aunque sé que tú la conoces muy bien. Esta historia está relatada en el primer libro de la Palabra de Dios, llamado el Génesis. Con tu larga experiencia en la vida cristiana, tú, Raquel, te sabes esta historia de principio a fin. La historia a la que hago referencia es el relato de la incansable y amable Rebeca. Para no perder algún detalle de esta interesante historia te la escribo tal y como la presenta la Biblia.

"Abraham era ya muy viejo, y el Señor lo había bendecido en todo. Un día, llamó al más viejo de sus siervos, el que estaba a cargo de todo lo suyo, y le dijo:

- Pon tu mano debajo de mi muslo, y júrame por el Señor, el Dios del cielo y de la tierra, que no dejarás que mi hijo Isaac se case con una mujer de esta tierra de Canaán, donde yo vivo, sino que irás a mi tierra y escogerás una esposa para él entre las mujeres de mi familia.

El siervo le contestó:

- Pero si la mujer no quiere venir conmigo, ¿qué hago? ¿Debo entonces llevar a su a la tierra de donde usted salió?

Abraham le dijo:

- ¡No, no lleves a allá a mi hijo! El Señor, el Dios del cielo, que me sacó de la casa de mi padre y de la tierra de mis parientes y me prometió dar esta tierra a mis descendientes,

La Historia de la Biblia es una lámpara que alumbra el oscuro camino del Antiguo Testamento.

también enviará su ángel delante de ti para que traigas de allá una esposa para mi hijo. Si la mujer no quiere venir contigo, quedarás libre de este compromiso, pero ¡de ninguna manera lleva allá a mi hijo!

Entonces el siervo puso la mano bajo el muslo de su amo Abraham, y le juró que haría lo que había pedido. Después escogió regalos entre lo mejor que su amo tenía, tomó diez de sus camellos y se fue a la ciudad de Nacor, en Mesopotamia. Cuando el siervo llegó a las afueras de la ciudad, ya empezaba a oscurecer. A esa hora las mujeres van a sacar el agua. El siervo hizo descansar a los camellos junto a un pozo de agua, y comenzó a orar: 'Señor y Dios de mi amo Abraham, haz que hoy me vaya bien, y muéstrate bondadoso con mi amo. Voy a quedarme aquí, junto al pozo, mientras las muchachas de este lugar vienen a sacar el agua. Permite que a la muchacha a la que yo le diga: "Por favor, baje usted su cántaro para que yo beba", y que me conteste: 'Beba usted, y también les daré agua a sus camellos", que sea ella la que tú has escogido para tu siervo Isaac. Así podré estar seguro que ha sido bondadoso con mi amo.'

Todavía no había terminado de orar, cuando vio que una muchacha venía con su cántaro al hombro. Era Rebeca, la hija de Betuel. Betuel era el hijo de Milca y de Nacor, el hermano de Abraham. Rebeca era muy hermosa, y además virgen; ningún hombre la había tocado. Bajó al pozo, llenó su cántaro y ya se regresaba cuando el siervo corrió a alcanzarla y le dijo:

- Por favor, déjeme usted beber un poco de agua de su cántaro.

-Beba usted, señor – contestó ella.

Y en seguida bajó su cántaro, lo sostuvo entre las manos y le dio de beber. Cuando el siervo terminó de beber, Rebeca le dijo:

-También voy a sacar agua para sus camellos, para que beban toda la que quieran.

Rápidamente vació su cántaro en el bebedero y corrió varias veces al pozo, hasta que sacó agua para todos los camellos. Mientras tanto el siervo la miraba sin decir nada, pues quería estar seguro de que el Señor había hecho que le fuera bien en su viaje.

Cuando los camellos terminaron de beber, el hombre tomó un anillo de oro que pesaba como seis gramos, y se lo puso a ella en la nariz. También le dio dos brazaletes de oro que pesaban más de cien gramos, y le dijo:

-Dígame por favor de quién es usted hija, y si hay lugar en la casa de su padre donde mis hombres y yo podamos pasar la noche.

Y ella contestó:

-Soy hija de Betuel, el hijo de Milca y de Nacor. En nuestra casa hay lugar para que usted pase la noche, y también suficiente paja y comida para los camellos.

> La amabilidad es una Hermosa virtud que nuestra gente contemporánea ha perdido; ¡Nuestra generación está sedienta de amabilidad!

Entonces el siervo se arrodilló y adoró al Señor, diciendo:' ¡Bendito sea el Señor, el Dios de mi amo Abraham, pues ha sido fiel y bondadoso con mi amo, y me ha dirigido en el camino a la casa de sus parientes!'

Rebeca fue corriendo a la casa de su madre, a contar todo lo que le había pasado. Tenía ella un hermano llamado Labán, el cual corrió al pazo a buscar al hombre, pues había visto el anillo y los brazaletes que su hermana llevaba en los brazos, y le había oído contar lo que el hombre le había dicho. Labán se acercó al siervo de Abraham, que todavía estaba con los camellos junto al pozo, y le dijo:

—Venga usted, bendito del Señor. ¡Cómo va usted a quedarse aquí afuera, si ya he preparado la casa y un lugar para los camellos!

Entonces el siervo fue a la casa. Allí Labán descargó los camellos y les dio de comer, y luego trajo agua para que el siervo y sus compañeros se lavaran los pies.

Cuando le sirvieron de comer, el siervo de Abraham dijo:

—Yo no podría comer antes de haber dicho lo que tengo que decir.

—Hable usted – dijo Labán.

El siervo dijo:

Yo soy siervo de Abraham. El Señor ha bendecido mucho a mi amo y lo ha hecho rico: le ha dado ovejas, vacas, oro y plata, siervos, siervas, camellos y asnas. Además, Sara, su esposa, le dio un hijo cuando ya era muy anciana, y mi amo le ha dejado a su hijo todo lo que tiene. Mi amo me hizo jurar, y me dijo: 'No dejes que mi hijo se case con una mujer de esta tierra de Canaán, donde yo vivo. Antes bien, ve a la familia de mi padre, y busca entre las mujeres de mi clan una esposa para él.' Y yo le dije: 'Mi Señor, ¿y si la mujer no quiere venir conmigo?' Entonces él me contestó: 'Yo he andado en el camino del

Señor, y él enviará su ángel contigo, para que te vaya bien en tu viaje y tomes una esposa para mi hijo de entre las mujeres de mi familia, es decir, de la familia de mi padre. Sólo en caso de que mis parientes no quieran darte a la muchacha, quedarás libre del juramento que me has hecho.'

Así fue como hoy llegué al pozo, y en oración le dije al Señor, el Dios de mi amo Abraham: 'Si deberás vas a hacer que me vaya bien en este viaje, te ruego que ahora que estoy junto al pozo, pase esto: que la muchacha que vaya por agua y a la que yo le diga: Por favor, déjeme usted beber un poco de agua de su cántaro, y que me conteste: Beba usted, y también sacaré agua para sus camellos, que sea la mujer que tú, Señor, has escogido para el hijo de mi amo. Todavía no terminaba yo de hacer esta oración, cuando vi que Rebeca venía con su cántaro al hombro.

Bajó al pozo a sacar agua, y le dije: 'Deme usted agua, por favor.' Ella bajó en seguida su cántaro, y me dijo: 'Beba usted, y también les daré de beber a sus camellos.' Y ella me dio agua, y también a mis camellos.

> **El amor hace grandes marabillas**

Luego le pregunté: '¿De quién es usted hija?' y ella me contestó: 'Soy hija de Betuel, el hijo de Nacor y de Milca.' Entonces le puse un anillo en la nariz y dos brazaletes en los brazos, y me arrodillé y adoré al Señor; alabé al Señor, el Dios de mi amo Abraham, por haberme traído por el camino correcto para tomar la hija del pariente de mi amo para su hijo.

Ahora pues, díganme si van a ser buenos y sinceros con mi amo, y si no, díganmelo también, para que yo sepa lo que tengo que hacer.

Entonces Labán y Betuel le contestaron:

—Todo esto viene del Señor, y nosotros no podemos decirle a usted que si o que no. Mire usted, Aquí está Rebeca; tómela y váyase. Que sea la esposa del hijo de su amo, tal como el Señor lo ha dispuesto.

Cuando el siervo de Abraham oyó esas palabras, se arrodilló delante del Señor hasta tocar el suelo con la frente. Luego sacó varios objetos de oro y plata, y vestidos, y se los dio a rebeca. También a su madre y a su hermano les hizo regalos. Después él y sus compañeros comieron y bebieron, y pasaron allí la noche.

Al día siguiente, cuando se levantaron, el siervo dijo:

—Déjenme regresar a la casa de mi amo.

Pero la madre y el hermano de Rebeca le dijeron:

—Que se quede la muchacha con nosotros otros diez días, y después podrá irse con usted.

Pero el siervo les dijo:

—No me detengan más. Dios ha hecho que mi viaje haya salido bien, así que déjenme regresara a la casa de mi amo.

Entonces ellos contestaron:

—Vamos a llamar a la muchacha, a ver que dice ella.

Llamaron a Rebeca y le preguntaron:

—¿Quieres irte con este hombre?

> **La hospitalidad es una costumbre que se ha perdido en la historia de la humanidad; El abuso y la maldad la desterraron.**

–Sí– contestó ella.

Entonces dejaron ir a Rebeca y a la mujer que la había cuidado siempre, y también al siervo de Abraham y a sus compañeros. Y bendijeron a Rebeca de esta manera:

'Oh, hermana nuestra, ¡que seas madre de mucho millones!

¡Que tus descendientes conquisten las ciudades de sus enemigos!'

Entonces Rebeca y sus siervas montaron en los camellos y siguieron al siervo de Abraham. Fue así como el siervo tomó a Rebeca y se fue de allí.

Isaac había vuelto del pozo llamado 'El que vive y me ve', pues vivía en la región del Neguev. Había salido a dar un paseo al anochecer. En esto vio que unos camellos de acercaban. Por su parte, Rebeca también miró y, al ver a Isaac, se bajó del camello y le preguntó al siervo:

–¿Quién es ese hombre que viene por el camino hacia nosotros?

–Es mi amo– contestó el siervo.

Entonces ella tomó su velo y se cubrió la cara.

El siervo le contó a Isaac todo lo que había hecho. Luego Isaac llevó a Rebeca a la tienda de su madre Sara, y se casó con ella. Isaac amó mucho a rebeca, y así se consoló de la muerte de su madre".

Génesis 24:1-67, (DHH).

¡Qué hermosa historia de amor! No sé cuántas veces he leído esta historia; ni recuerdo cuantas veces he predicado sobre ella y, cada vez que la leo, me vuelvo a emocionar. Su romanticismo es asombroso. Así que, para continuar con este sentir, nota lo que dice S. Leticia Calcada y su equipo de redacción en el *Diccionario Bíblico Ilustrado*, acerca de esta muchacha que dejó su familia y su amada y fértil tierra de la mesopotámica de los ríos Tigres y Éufrates para ir a vivir a Palestina. Ellos, Leticia y su equipo, dicen que: "Rebeca fue un personaje complejo. Se presenta como una hermosa virgen (24:16), servidora dispuesta (24:19) y mujer hospitalaria".[83] Rebeca fue una mujer que de una manera muy atrevida dejó su casa en Padan-aram y viajó hasta Palestina para convertirse en la esposa de Isaac.[84]

> **Para algunos clamar a un ser supremo es algo absurdo; Para la Sagrada Escritura es Dynamis; Una poderosa herramienta para las respuestas de los penitentes.**

También uno de los más grandes hombres de nacionalidad judía, *Flavio Josefo*, quien fue un gran historiador y que escribió, de una manera profunda y casi completa la historia judía. Tiene entre sus amplios escritos un corto relato de la vida de Rebeca. Comienza haciendo mención del juramento que hicieron Abraham y su viejo sirviente para conseguirle esposa a Isaac. Casi de inmediato, el siervo, acompañado de otros hombres, emprende su viaje a Padan-aram, un viaje que no le fue del todo fácil, pues el viaje le llevó mucho tiempo al sirviente porque no era fácil hacer un viaje por el territorio mesopotámico; en invierno se pone difícil por la abundancia y espesor del cieno, y en el verano el mayor problema es la falta de agua además de los ladrones que abundaban en esos caminos hacia el norte

---

83   Leticia Calcada: Edición General. *Diccionario Bíblico Ilustrado Holman. Rebeca.* (Nashville, Tennessee. B&H Publishing Group. 2008), 1347.

84   Leticia Calcada: Edición General. *Diccionario Bíblico Ilustrado Holman. Rebeca.* (Nashville, Tennessee. B&H Publishing Group. 2008), 1347.

de Palestina. El sirviente y sus acompañantes salvaron todos esos obstáculos y al fin llegaron a una ciudad que Josefo llama Carra. Allí, antes de entrar en ella se encontraron con muchas jovencitas que salieron de la ciudad para buscar agua. El sirviente oró a Dios para que Rebeca se encontrara entre aquel grupo de doncellas; buscaba a la joven que su amo le había enviado encargado para sus hijo Isaac. Dice Josefo que el sirviente oró a Dios para que al pedirles agua las muchachas se negasen a darles, pero que al pedirle a Rebeca se la diese.

Poco a poco se acercó a la fuente de agua y les pidió agua para beber a las doncellas, pero todas se la negaron con la excusa de que la necesitaban para sus casas. Una de ellas las reprochó por su actitud egoísta y hospitalaria y de inmediato, de una manera muy gentil, le ofreció agua para que bebiera. La doncella mesopotámica fue alabada por su generosidad y su humildad porque no vaciló en darle agua al sirviente de Abraham, aunque le costó trabajo sacarla del pozo, al que Josefo llama fuente. Dentro de esa alabanza que el sirviente le dio a la muchacha, le preguntó quiénes eran sus padres al tiempo que los felicitaba por tener una hija como ella.[85]

Ahora bien, Raquel, ¿qué tenía aquella doncella mesopotámica que se asimile a ti? ¿Qué virtudes tenía Rebeca que se pueden aplicar a tu vida? Definitivamente si hay algunas. Es por eso que he tomado parte de su vida para que veamos algunas similitudes con la tuya. Creo que Rebeca

> **La bendición de toda joven es poder decir "sí" a su príncipe azul; Eva, no tuvo tal opción.**

---

[85]   Flavio Josefo. *Antigüedades de los Judíos: Tomo I*. (Terrassa (Barcelona), España. Editorial CLIE. 2005), 5

tiene muy buenas lecciones, dignas de meditar en ellas y de ponerlas en una praxis contemporánea y, ¡qué mejor si esas lecciones las estudiamos y las comparamos con tu vida! ¿Cómo te parece esta idea? ¿Qué existió en la vida de Rebeca que es similar a tu vida? Bueno, pues, veamos.

Primeramente: *Rebeca era una señorita que no tenía privacidad.*

Rebeca no tenía privacidad. Y no porque no la pudiera tener, pues, al parecer, sus padres eran de una posición clase media alta. Lo que veo en la historia que hemos leído anteriormente es que ella estaba metida en todos los asuntos de la familia. Por lo menos estaba involucrada en cinco aspectos de su familia, te los presento:

1.- Rebeca era aquella señorita que podía estar lavando los platos en la cocina dejándolos listos para ser usados.

2.- También se dedicaba en cuerpo y alma para barrer la sala y la casa entera; le gustaba la limpieza.

3.- Al mismo tiempo – claro, uno a la vez -, podía estar ordeñando una vaca; cuidar las ovejas en el campo, darle de comer a los perros y gatos – porque yo creo que un gatito siempre es agradable en casa -. Y todo lo hacía con gran maestría y humildad.

4.- También estaba lista para preparar los sabrosos guisados que los visitantes comieron; es decir que Rebeca no era solamente una muchacha que iba a sacar agua al pozo fuera de la ciudad o que se dedicaba solamente a cuidar el gano, sino que al parecer, era también una excelente cocinera.

5.- Rebeca era la joven que podía ver por las necesidades de los otros, y al mismo tiempo estar lista para escuchar el mensaje de sus huéspedes; era, pues, una joven hospitalaria y al mismo tiempo muy humilde.

¿Te das cuenta? Rebeca no era como algunas muchachas y aun señoras de hoy día que, parece que sólo saben hacer una sola cosa *(¿ver novelas?)* y un solo guisado; huevos revueltos – y en el Horno de Microondas *(Microwave)*, porque en la estufa se queman – y que, además, cuando entran a su cuarto, ¡cuidado con el que se atreva a interrumpir su quietud! Ya no digamos el atreverse a tomar alguna cosa de las que ella ha puesto en su lugar, como el control remoto. ¡Ufff, eso sería un verdadero desastre!

> Amar y servir van de la mano. El que no ama no sirve y el que no sirve es un es estorbo.

Bueno, dejemos eso y mejor, Raquel, recordemos un poco. ¡Ah!, ¡cómo me acuerdo de tu vida allá en la ciudad de puebla! ¿Privacidad? Creo que tú no conocías ni aun conoces esa palabra, ¿cierto? En toda tu casa las puertas estaban abiertas a todas horas, aunque tenías un cuarto supuestamente aparte, ese cuarto estaba abierto para todo aquel que quiera acostarse en tu cama, ver televisión, usar el baño o, sencillamente para todo aquel que quisiera entrar. ¡Ah, mí estimada Raquel! ¡Qué gran similitud tienes con la otra "R", la "R" de Rebeca!

Llegar a tu casa allá en la bella ciudad de Puebla de los Ángeles, y en la exclusiva Colonia la Paz, era toda una delicia; ¡era una verdadera *Shalom*! Allí podía uno encontrar más que el amor, como la rica comida que preparabas con mucho esmero, ¿y el compañerismo? ¡Wauuu!, el compañerismo era muy agradable, el bienestar social, y aun el bienestar económico; bueno. . . no eras de una posición económica solvente como Rebeca, pero, siempre había dinero no sólo para las comidas, sino también para los antojitos y los viajes de excursiones o de vacaciones. ¿Vacaciones? ¿Las tuviste? No me recuerdo verte de vacaciones después de aquellos días en que nos acompañaste cuando fuimos a visitar a mi papá y las playas de Playa Azul en Michoacán. Por cierto, era pate de la *Luna de Miel* de mi esposa y yo.

En fin, Raquel, al igual que Rebeca, en tu casa, los esmeros de parte tuya por agradarnos a todos, tanto a tus hijos como a los que nos añadimos a tu familia directa o indirectamente, eran de todos los días y...,las veinticuatro horas del día. ¡Te volaste la barda! Pero, también, Raquel, violaste la ley de Dios.[86] Era

> **La privacidad para Dios no existe. Aunque cierres las puertas de tu vida,... ¡Él sabe cómo abrírlas!**

difícil para ti sentarte unas horas para descasar, aun cuando te sentabas frente al televisor estabas al pendiente de que todos estuviéramos bien sentados y satisfechos con las delicias culinarias que preparabas en tu cocina.

En tu hogar se podía respirar el amor de Dios y disfrutar de una armonía envidiable. Una armonía como creo que la sintió el salmista en la *Casa de Dios* cuando se juntaba el pueblo de Israel en el Templo para adorar al Señor, sus

---

[86] En el Decálogo, Dios les dijo a los israelitas: "Acuérdate del sábado, para consagrarlo. Trabaja seis días, y haz en ellos todo lo que tengas que hacer, pero el día séptimo será un día de reposo para honrar al Señor tu Dios. No hagas en él ningún trabajo, ni tampoco tu hijo, ni tu hija, ni tu esclavo, ni tus animales, ni tampoco los extranjeros que vivan en tus ciudades. Acuérdate de que en seis días hizo el Señor los cielos y la tierra, el mar y todo lo que hay en ellos, y que descansó el séptimo día. Por eso el Señor bendijo y consagró el día de reposo". (Exodo 20:8-11, NVI). Es pues un mandamiento divino el descansar un día a la semana.

palabras, fueron: "¡Cuán bueno y cuán agradable es que los hermanos convivan en armonía!... Donde se da esta armonía, el Señor concede bendición y vida eterna" (Salmo 133: 1, 3b, (NVI). Hermoso tiempo. Aunque la ciudad de Puebla es una bella ciudad; una en la que existen varios lugares interesantes que vale la pena visitarlos, aun así, tu hogar, era tan agradable que,...esos lugares podían esperar para ser visitados en otro tiempo. ¡Benditos días aquellos! ¿Volverán? Por desgracia no. Fueron los hermosos días de armonía en los cuales tú, mi bendecida cumpleañera,... ¡no conociste la privacidad! Y todo, porque ayer y hoy, eras y sigues siendo la...

Mujer Amable
La mujer que hacía la diferencia

Segunda: **Una segunda característica de aquella muchacha de la región de Siria es que fue atrevida.**

> Descansar es un imperativo divino: "Trabaja durante seis días, pero descansa el séptimo. Ese día deberás descansar. Incluso en el tiempo de arar y cosechar." (Ex. 34:21). Y recuerda: ¡Dios no se equivoca!

¡Muy atrevida! Y en ese atrevimiento, por supuesto que está el valor, porque, para que una muchacha de ese entonces se atreviera a salir sola a traer agua, encontrarse con hombres desconocidos fuera de la ciudad, pues el pozo de donde sacaban el agua estaba fuera de la ciudad, y ponerse a platicar con ellos, para eso, Raquel, !se necesitaba valor! Y más que valor, ¡ser atrevida! Claro está que era "la hora en que salían las doncellas por agua" (Génesis 24:11), pero eso no le quitaba su atrevimiento de acercarse al pozo en donde estaban los desconocidos. Las otras no lo hicieron.

¡Esa era Rebeca! Aquella muchacha que leyendo su historia me la imagino – y solamente es una imaginación –, brincando las cercas, correteando tras el ganado, montando a los caballos, los burros y camellos; arreando las cabras y las ovejas; sonriendo aquí y por allá; cargando los cántaros de agua y también los recipientes en donde guardaban la leche recién ordeñada. Corriendo a la cocina para preparar los ricos y nutrientes alimentos, ¡y también los antojitos! ¡Ah!, y esta última actividad que me he imaginado de Rebeca me hace recordar los antojitos que tú preparabas, porque a ti también te encantaba hacer antojitos. ¡Y cómo los disfrutábamos! Así que, quizá debería decir en lugar de atrevida y valiente que, la joven Rebeca era una muchacha sumamente inquieta y trabajadora.

Pues bien, Raquel, después de conocer un poco de la vida de Rebeca, ahora te pregunto ¿cómo fuiste en tu juventud en este aspecto? ¿Cómo fuiste de joven? ¿Rebeca y tú tienen algo de parecido en este sentido? Bueno, creo que otra vez estoy metiendo la nariz en donde no debo, ¿verdad? Lo entiendo, hay cosas que jamás se dirán, ellas nos acompañarán a la tumba y al Más Allá. Pero en fin, lo que quiero decirte, es que Rebeca, con todo y su atrevimiento y valentía no dejó de ser *Una Mujer Amable*, pues "le dio a beber" (Génesis 24:18) al siervo de Abraham, "y se dio prisa, y vació su cántaro en la pila, y corrió otra vez al pozo para sacar agua, y sacó para todos" los camellos de aquellos extraños (Génesis 24:20); es decir, ante Eliezer, el señor de la caravana que era el siervo más viejo de Abraham y sus ayudantes (Génesis 15:2; 24:1-4), Rebeca hizo algo nada usual y en ninguna manera fácil: ¡Sacó agua de un profundo pozo para todos los visitantes y para los camellos!

¿Cuánto tiempo se llevó haciendo esta labor? No lo sé. Lo que noto es que no le importó el tiempo, a ella le importaba el servició; le importaba ser servicial, le importaba mostrar amabilidad hacia los visitantes a su tierra.

> Raquel, ¿sabías "que el camello durante una sola visita a un pozo, puede tomar hasta 100 litros de agua"?

Raquel, ¿te has dado cuenta de lo que pasa en la actualidad con las muchachas? En las jóvenes contemporáneas y también en algunas señoras, esta virtud ya no existe; ¡es algo extraño en sus vidas! Algunas de ellas quizás hasta se pregunten qué es la amabilidad y otras, puede que tengan una buena definición de ella pero una muy mala práctica de la misma. El mundo de los seres humanos contemporáneos se ha metido en la tecnología al grado que, aun pueden estar caminado por la banqueta con su teléfono o tabla en las manos y su vista en su pantalla que, pasan aun junto a un conocido y no lo saludan porque... ¡ni lo ven! Algo similar para en el hogar; pueden estar sentados juntos supuestamente viendo la televisión y platicando pero, cada uno está con su tecnología en sus manos y en el mundo que la tecnología les presenta en esa supuesta reunión familiar.

¡Amabilidad! ¿Por dónde caminas? ¿Dónde estás? No te escondas. Durante estos últimos veinte años te he estado buscando y sólo tengo algunos indicios tuyos; ¿dónde estás?, el mundo de mi tiempo te necesita. Amabilidad, ¿dónde están tus "hermanas"? ¿Dónde están la cordialidad, la cortesía, la afabilidad, la gentileza, la urbanidad, el agrado, la amenidad, el afecto, la benevolencia, la complacencia, la sencillez y la simpatía? ¿Dónde están?[87] Lo que veo a

---

87   WordReference.com | Online Language Dictionaries. *Sinónimos de Amabilidad*. (La Habra, California. Internet. Consultado el 13 de

mi alrededor es la "grosería, la rudeza y la antipatía"[88] Pero
a ti, amabilidad, ¡no te encuentro! En mi búsqueda por las
calles, avenidas, ciudades y países de mi mundo solamente he
encontrado a los miembros de la familia rival: es decir, a la
descortesía y a la desatención.

¡Amabilidad!... ¡Te necesitamos!

Bueno, aun sin la amabilidad que este mundo debe
prestar, aun así, Raquel, Dios sabe cómo hacer bien las
cosas. Además de que Dios sabe
cómo hacerlas bien, también
proporciona las fuerzas para que
los humanos podamos hacerlas.
¿Qué es lo que se necesita para
lograr los propósitos de Dios?
¿Qué es lo que necesitamos para
lograr nuestros objetivos? ¡Perseverancia! ¡Sí, perseverancia!
¿Recuerdas que te he comentado acerca de los pensamientos
y escritos de Pam Farrel? Pues nuevamente vuelvo a hacer
referencia a sus propósitos.

> ¡Ah, la amabilidad!
> ¡Cómo se extraña
> esta virtud en
> nuestra sociedad
> contemporánea!

En una ocasión ella dijo que todo había comenzado con
una nota que decía que ayudaran a un muchachito, hijo de
un borracho y de una madre prostituta que los abandonó y
que ahora el niño necesitaba ayuda. Era un anuncio de un
orfanato en Rumania. "Hasta ese lugar llegaron Grace y
Steve Cabalka con el fin de ayudar a este niño trayéndolo a

mayo del 2-15), 1. http://www.wordreference.com/sinonimos/
amabilidad
[88] WordReference.com | Online Language Dictionaries. *Antónimos de Amabilidad*. (La Habra, California. Internet. Consultado el 13 de mayo del 2-15), 1. http://www.wordreference.com/sinonimos/amabilidad

un hospital a los Estados Unidos y con la idea de adoptarlo. Su don de servir lo estaban poniendo en práctica".[89]

Una de las virtudes que la Biblia menciona una y otra vez es el servicio. Es más, lo presenta como un don de Dios, al decir:

"De manera que, teniendo diferentes dones, según la gracia que nos es dada, si el de profecía, úsese conforme a la medida de la fe; O si de servicio, en servir; O el que enseña, en la enseñanza;..." (Romanos 12:6-7, RV). Por lo general, a nadie le gusta servir; la mayoría de nosotros queremos que nos sirvan. Raquel, aquí entre nos, te digo esta verdad, lo que he dicho anteriormente NO es tu caso. Tú siempre estuviste dispuesta para servir. Dentro de tus posibilidades lo hiciste. Y a mi parecer, lo hiciste bien. Rebeca lo hizo bien dando de beber a toda la caravana enviada por Abraham a su tierra. Los esposos

> Servir al prójimo no es nada fácil; los obstáculos externos para servir se presentan y se van. Pero los obstáculos internos se enraízan en la profundidad de la ignorancia, la vanagloria, el egoísmo, el despotismo y aun el patriotismo envueltos con la bandera de la burocracia.

Grace y Steve Cabalka, también querían hacer su trabajo bien y completo. Así que se dispusieron a adoptar a Mario, el muchachito del anuncio en el Orfanato de Rumania, creyendo que por estar en las condiciones en las que se encontraba Mario, la adopción sería una cosa rápida y sencilla.

---

89 Pam Ferrel. *¡Atrévete, sé valiente!: Haz tuya la aventura de Dios para tu vida.* (El Paso, Texas. Editorial Mundo Hispano. 2012), 222.

Pero, no fue nada fácil conseguir los papeles de adopción y transporte a los Estados Unidos. Desafortunadamente no fue como los esposos *Grace y Steve Cabalka*, pues lo que encontraron en los días de trámites de adopción fueron obstáculos repetidos tanto en los tribunales, en el orfanato, en la oficina de pasaportes, en las burocracias locales y aún en la compañía aérea. Pero aun así, *Grace y Steve* luchó sin descanso contra el tiempo, pero también necesitaban que Dios obrara a su favor, y necesitaban sabiduría para saber exactamente lo que tenían que hacer. Las numerosas oraciones que brotaron desde los corazones de los esposos *Grace y Steve* así como de otros cristianos ayudaron a que al final, Dios abriera las puertas en los momentos precisos y fue así como los esposos *Grace y Steve* lograron llevarse a Mario a su casa. "Su abogado declaró que lo que habían logrado había sido un hecho 'más allá del poder humano'."[90]

¿Y qué fue lo que hizo Rebeca? Precisamente eso: un hecho más allá del poder humano. ¡Perseveró! En su atrevimiento de dar de beber a los viajeros y a sus animales y aun de invitarlos a la casa de su padre, Rebeca, sirvió magistralmente creyendo que todo ese encuentro y las palabras del siervo de Abraham, era un asunto directamente de Dios. ¡Rebeca le creyó a Dios! ¿Entiendes lo que te digo? Sé que lo entiendes. Sé, también que, con todo y tus temores, depresiones y angustias, le crees a Dios; no solamente crees en Dios – eso mucha gente lo dice-, pero tú, Raquel, al igual que Rebeca, le crees al Dios de la Biblia; le crees con aquella magnitud que te hace depender de su soberanía, misericordia, fidelidad, amor y de su paciencia. ¡Ah!, cómo nos tiene Dios paciencia.

---

[90] Pam Ferrel. *¡Atrévete, sé valiente!: Haz tuya la aventura de Dios para tu vida.* (El Paso, Texas. Editorial Mundo Hispano. 2012), 222.

Así, que, en esa dependencia de Dios: "Tu misión es leer, aprender y descubrir quién es Dios. Luego la tarea de Dios es ser quién él dice ser en su palabra".[91] Y con esa fe en la dependencia de Dios, Rebeca, la joven mesopotámica, nos ha retado – me incluyo –. Rebeca quiere que tú y yo seamos atrevidos. ¿Atrevidos en qué? Atrevidos en creer en las promesas de Dios. Quiere que tengamos esa osadía, esa decisión para realizar algo arriesgado

> **El atrevimiento es una virtud que no ve los imposibles como tales sino como una oportunidad de mostrar que Dios es Soberano aun sobre ellos.**

parecido a lo que ella hizo. En mi conocimiento, Raquel, tú ya lo hiciste. ¿En serio? ¡Sí!, te lo estoy diciendo en serio. Te lo digo porque tuviste el valor o la osadía para realizar cambios en tu familia; cambios en tu persona y aun cambios en la sociedad en la que te moviste. Aunque, a decir verdad, todavía los temores a no sé qué, ¡te limitan! Raquel, ¡suéltalos! ¡Déjalos ir! ¿Por qué llevarte esos temores a la tumba cuando Jesucristo ya te ha brindado su apoyo para deshacerte de ellos?

Por favor, entiéndeme. Tú, a semejanza de aquella joven mujer servidora de Mesopotamia, y de aquella mujer campesina del estado de Idaho, y también al igual que los esposos *Grace y Steve Cabalka*, tú también, puedes – y creo que lo estás logrando –, romper las ataduras del temor, la angustia y las circunstancias. ¡Claro que lo puedes hacer! ¿Por qué te lo afirmo?

¡Porque tú has sido una
Mujer Atrevida!

---

91   Pam Ferrel. *¡Atrévete, sé valiente!*, 15.

Tercera: *Una tercera característica de Rebeca que la Biblia deja ver entre líneas es que aquella muchacha tenía el don de consolar.*

El término *"consolar"* está íntimamente relacionado con *"compasión"*, término que "significa 'sentir pasión por otro' o 'entrar compasivamente en el dolor y la tristeza de alguien'."[92] ¿Qué se entiende de por el término *Consuelo*? Por lo general se conoce como la virtud de aliviar la tristeza y el dolor. Por ejemplo tenemos la experiencia de Job, su integridad y dolor fueron consoladas con las instrucciones divinas (Job 6:10). El término griego que presenta la Biblia para consolar es *paraklétos* (Juan 14:16, 26; 15:26; 16:7). Este término puede significar 'abogado', aunque generalmente se usa como mediador o como uno que puede ayudar. Es interesante notar que en I Juan 2:1, este término tiene el significado de un abogado, pues p*arakletos* se traduce como intercesor.

Consolar, tarea, ministerio, deseo, pasión o virtud, tal vez todas ellas en conjunto sean una y al mismo tiempo parte de una persona, ¡no lo sé! Pero lo que sí sé es que existen algunos seres humanos que pueden consolar a mucha gente con el capital que Dios les ha permitido acumular. Aunque también me doy cuenta que otros aunque pueden hacerlo,

> **El servir a los demás económicamente no es de todos; es solamente de valientes y atrevidos.**

al parecer no tienen esta virtud. Como dijera el cómico mexicano, el Chapulín Colorado: *"Tengo la ligera sospecha"*.

No me creas mucho, pero sospecho que Nicolás Berggruen es uno de estos seres humanos que no tienen o no quieren la virtud de consolar económicamente a

---

[92]   Leticia Calcada. Diccionario Bíblico Ilustrado Holman: *Compasión*, 357.

sus semejantes, aunque curiosamente se le conoce como filántropo. Nicolás, nació en 1961. Es un inversionista y, como ya te dije, un conocido filántropo de familia alemana pero nacido en Estados Unidos. Su riqueza asciende, de acuerdo a Forbes,[93] a unos 2,300 millones de dólares. En el año 2000, Nicolás Berggruen, vendió todas sus propiedades; entre ellas su apartamento que tenía en Manhattan y una casa en una isla privada de Miami. Se dedicó a vivir en hoteles de cinco estrellas. Las cosas que no logró vender las guardó en una bodega y luego se dedicó a viajar por el mundo. En su viaje solamente llevó su "iPhone, un par de pantalones vaqueros, dos o tres trajes para ocasiones especiales y camisas, las cuales no desecha hasta que se han gastado del todo."[94] Aparte de su iPhone, también conservó su avión de lujo Gulfstream IV, que tiene un valor de 36, 000,000 millones de dólares.

> Hay mujeres hiperactivas que, no se pueden quedar un rato quietas. ¡Son incansables! Las que temen a Dios usan esta característica para hacer cosas para el bien de los demás.

Nicolas tomó esta decisión, según él lo comenta, porque estaba cansado de lo material y no le gustaba ni quería sentirse

---

[93] Forbes es una revista especializada en el mundo de los negocios y las finanzas, publicada en Estados Unidos. Fundada en 1917 por B. C. Forbes, cada año publica listas que despiertan gran interés en el ámbito de los negocios como Forbes 500. Su sede central se encuentra en la Quinta Avenida de Nueva York. Desde 1986, cada año Forbes publica su lista de las personas más ricas del mundo («The World's Richest People»). (La Habra, California. Wikipedia, la enciclopedia libre. *Forbes.* Internet. Consultado el 6 de agosto del 2015), 1https://es.wikipedia.org/wiki/Forbes

[94] Martha Elena Díaz Llanos: Directora General. Revista: Muy Interesante. Artículo: *Galería de excéntricos: Nicolás Berggruen.* (México. Televisa Publishing Internacional. Septiembre de 2014. Número 09), 8.

presionado por las posesiones materiales. Con esta decisión, las cadenas de noticias tanto televisivas como de imprenta, le apodaron: 'multimillonario sin hogar'. Por supuesto que, su condición de *multimillonario sin hogar* no le privó de una intensa actividad social; pues en cada lugar en donde visita se codea con altos funcionarios, artistas de cine y con gente de negocios. No le ha gustado el apodo que la prensa le dio y por lo tanto, se dedicó a comprar casas en Nueva York y en los Angeles. Sin embargo, curiosamente, Nicolás, no vive en ninguna de ellas.[95]

¿Qué te parecen las acciones de Nicolás? ¡Es su dinero! Así que él puede hacer lo que le dé la gana con él. ¿Estará dentro de ese "hacer" ayudar a otras instituciones como al parecer lo está haciendo, por algo es conocido como filántropo; como las Casas Hogares y las Agencias caritativas? Bueno, en lo que te he comentado de él, no parece que lo está haciendo con esa virtud de consolar al necesitado económicamente. ¡Ojalá que sí lo esté haciendo! Y creo que lo está haciendo, no creo que tenga un corazón tan materializado que llegue a creer que si ayuda un poco a sus semejantes se vaya a quedar pobre. ¿Oh, sí?

Pues bien, continuemos con la heroína mesopotámica. Cuando regreso al libro de Génesis, a la historia de Rebeca, la veo muy ocupada. Pero, un momento, ahora me parece que, no está en las tareas de cuidar el rebaño o de estar cocinando, sino en otros tipos de actividades. ¡Sí que es incansable! Es una joven hiperactiva.

---

[95] Martha Elena Díaz Llanos: Directora General. Revista: Muy Interesante. *Artículo: Galería de excéntricos: Nicolás Berggruen.* (México. Televisa Publishing Internacional. Septiembre de 2014. Número 09), 8.

El término "*hiper*", es una: "Partícula que antepuesta a una palabra significa 'exceso' o 'superioridad'."[96] ¿Exceso? Creo que sí. Creo que Rebeca tenía este problema: ¡No se podía estar quieta! ¿Superioridad? Sí, en el sentido de saber y querer hacer las cosas, Rebeca, era superior al resto de su familia. ¿Qué actividades son las que veo en Rebeca? Te invito a que las veas conmigo en esta

> **Consolación;**
> **Es tener un fuerte motivo para disminuir la intensidad de una pena o el de un dolor que algunos humanos padecen.**

nueva etapa de su vida. Lo opuesto al carácter de Rebeca es lo que en Psicología se conoce como: *Reacción Depresiva*. Al describir este problema, Clyde M. Narramore, lo comenta diciendo que es condición que presenta las características de falta de valía, un decaimiento y por supuesto que una presencia de angustia; es decir que la persona que está deprimida es una persona que no solamente se siente desdichada sino que además tiene un concepto pesimista de la vida.

Si se le presenta algo amenazante, aumenta sus sentimientos depresivos; esta persona cree que todo lo que hace le sale mal y eso incluye el amor y el respeto del prójimo, de los cuales se siente incompetente. La persona deprimida tiene un concepto muy bajo de sí mismo; es un concepto inadecuado de su persona, a tal grado que, si la depresión aumenta, puede llegar a intentos de suicidio. Lo hace porque tiene fuertes sentimientos de culpa. Así que al compararse con otros, en especial cristianos, se juzga así mismo como indigno y pecador que merece ser castigado por sus pecados o faltas o por sus incapacidades; y eso, le

---

[96] Clyde M. Narramore. *Enciclopedia de Problemas sicológicos. Hiper.* (Colombia, Sudamérica. Publicado por Editorial Unilit y Logoy Inc. Miami, Florida. Novena Edición 1990), 235

puede causar más angustia, más culpa y más preocupación. Otra de las reacciones de este tipo de depresión es una mala interpretación de la Biblia; su atención, cuando la lee, son los versículos de juicio y de condenación. Es una persona que se siente que no puede aceptar la parte bondadosa de Dios; el plan de Dios en cuanto a amar a las personas y Su perdón, no cabe en su personalidad; ella no acepta tales doctrinas tal y como las presenta la Biblia, la razón es que esta persona, en su profundo estado depresivo se siente fuera del amor y del perdón divinos.[97]

Raquel no tenía estos síntomas: Raquel no tenía los problemas de la *Reacción Depresiva*, ella sabía lo que valía.

> La depresión neutraliza la personalidad; El amor y el perdón divinos le dan valía a la personalidad.

¡Mírala! Allí está Rebeca. Raquel, ¿la puedes ver en tu imaginación?, ¿qué está haciendo? En esta ocasión está desarrollando su don de consolación con motivo de la visita de Eliezer. Cumpleañera, quiero que la veas muy claramente en sus actividades. ¿Lo notas? Rebeca está muy activa en el ministerio de consolación, y lo está por lo menos en cinco importantes participaciones. ¡En ninguna manera se le puede ver con un ápice de depresión!

1.- Rebeca consoló con acciones.

Consoló al siervo de Abraham al dar respuestas claras y al hacer acciones exactamente como él las esperaba ver. En el primer instante en que el siervo de Abraham le pidió agua para beber, Rebeca, se la dio, mientras le decía: "Bebe, señor

---

[97] Clyde M. Narramore. *Enciclopedia de Problemas Sicológicos. Reacción Depresiva*, 169.

mío; y se dio prisa a bajar su cántaro sobre su mano, y le dio a beber. Y cuando acabó de darle de beber, dijo: También para tus camellos sacaré agua, hasta que acaben de beber. Y se dio prisa, y vació su cántaro en la pila, y corrió otra vez al pozo para sacar agua, y sacó agua para todos sus camellos" (Génesis 24:18-20).

Fue grande el consuelo que recibió Eliezer y los que le acompañaban, pues no solamente por haber saciado su sed física, sino aún más porque vieron la respuesta inmediata a su oración. Así que – me imagino a los visitantes allí sentados junto al pozo -, todos ya consolados y sin sed y maravillados por ser testigos de la respuesta de Dios tan acertadamente. La actitud o acción de Rebeca provocó otra respuesta de los visitantes. La Escritura dice: "Entonces el criado de Abraham se arrodilló y adoró al Señor con estas palabras: 'bendito sea el Señor, el Dios de mi amo Abraham, que no ha dejado de manifestarle su amor y fidelidad, y que a mí me ha guiado a la casa de sus parientes'." (Génesis 24:26-27, NVI).

Raquel, ¿sabías que tú hiciste algo similar a lo que hizo Rebeca? ¡Claro que lo hiciste! A todos los que llegábamos a tu casa nos consolabas no solamente con las palabras de bienvenida, sino que de inmediato nos servías ricos alimentos, aguas de sabores, una cálida bienvenida, una silla junto a la mesa del comedor o un buen lugar en la sala. Es decir que, nadie que llegara a tu hogar se quedaba sin ser consolado de una u otra manera.

> **La Iglesia de Jesucristo no solamente es una Comunidad Terapéutica, sino que también es; ¡Comunidad Consoladora!**

Además, te sentabas junto a nosotros mientras disfrutábamos de tus ricos guisados. Allí, sentados junto a la mesa platicándonos; tú nos contabas parte de tus aventuras, alegrías y en pocas ocasiones de tus temores o angustias – de estos tenías mucho cuidado; medías tus palabras–. Pero, lo que más hacías era escuchar nuestros triunfos, alegrías y derrotas, y con unas cuantas palabras que salían de tu boca,.. ¡Nos consolabas! Era tal la consolación que parecía que aun con pocas palabras; cada una hacía su efecto consolador.

2.- Rebeca consoló a los visitantes.

Los hombres que acompañaban a Eliezer, siervo de Abraham, también fueron consolados por Rebeca y por el hermano de ella. El relato que nos presenta la Biblia no nos dice mucho acerca de los acompañantes de Eliezer, pero, seguramente, allí estaban con Eliezer tomando agua, allí estaban comiendo donde estaba Eliezer, Rebeca y Labán; y al parecer, allí también estaban en donde había sido preparado un lugar para que descansaran. Así lo da a entender Rebeca cuando dijo: "… No sólo tenemos lugar para ustedes (plural), sino que también tenemos paja y forraje en abundancia para los camellos" (Génesis 24:25, NVI).

Y no creo que solamente les dijo: *"tenemos"*, ni tampoco les dijo nuestros inseparables términos: *"ahorita"* y *"mañana"*. ¡No!, el carácter y temperamento de Rebeca va más allá de las palabras; creo que al decirles tal cosa de inmediato corrió a preparar el lugar de hospedaje: ¡consolación completa! *"Vengan, tenemos lugar para ustedes y sus camellos, yo me adelanto para prepararles el lugar –* creo que fueron las palabras de Rebeca allí en el pozo mientras los visitantes y sus camellos terminaban de saciar su sed –, *allí los espero; también*

> **Cada día Dios te presenta una oportunidad para consolar a alguien; Si no lo haces es tu problema, no de Dios.**

les comunicaré a mis padres y a mi hermano acerca de su visita". ¡Así era Rebeca! ¡Y así eras tú también, Raquel! Tus palabras las respaldabas con la acción.

Luego Labán termina de consolar a estos hombres, pues, "les dio... agua para que el criado (Eliezer) y sus acompañantes se lavaran los pies" (Génesis 24:32). Aquí hay algo interesante. Quiero que tú, Raquel, lo percibas: Al parecer, Labán les dio agua para que se lavasen los pies y no necesariamente él les lavó los pies. ¿Por qué? Porque este servicio lo hacían los siervos; los criados. Ciertamente, "El lavamiento de los pies del huésped era un acto común de servicio y de hospitalidad (Gén. 18:4; 19:2; 43:24; Jueces 19:21; Luc. 7:44-46), porque la gente acostumbraba viajar a pie llevando solamente sandalias".[98] En la cultura que encierra la Escritura antigua y la nueva; es decir lo que notamos en el Antiguo y Nuevo Testamentos, tradicionalmente, el lavarse los pies era un trabajo realizado por los siervos del dueño de la casa. Curiosamente, la actitud de Abigail, cuando fue solicitada para ser la esposa del rey David, es asombrosa. La historia bíblica cuenta que los sirvientes de David llegaron a la casa de Abigail y le dijeron lo que el rey deseaba, entonces: "Ella se inclinó [ante los siervos del rey], y postrándose rostro en tierra dijo: - Soy la sierva de David, y estoy para servirle. Incluso estoy dispuesta a lavarles los pies a sus criados" (I Samuel 25:41, NVI). Abigail tomó una actitud de sierva, aun cuando ella era la Señora de la casa del hombre rico de la región del desierto de Maón o Parán, de nombre Nabal (I Samuel 25:1-3). Esta clase de actitud fue la que impresionó a David a tal grado que sus intenciones guerreras fueron cambiadas por misericordia y perdón de la ofensa hecha por el necio

---

[98]   Weyne Partian. *Lavamiento de los pies*. (La Habrá, California. Internet. Consultado el 6 de julio de 2014), 1 http://www.waynepartain. com/Sermones/s4306.html

Nabal, pues es precisamente lo que significa su nombre: *necio*. De acuerdo a su esposa Abigail, "la necesidad lo acompañaba por todas partes" (I Samuel 25:25). En esa actitud, no quiso consolar a David y a sus guerreros con los alimentos que David le había solicitado (I Samuel 25:4-11).

Consolar, pues es una virtud que aun el mismo Dios la tiene. Es por la fuerza de esa virtud que Dios, por decirlo de esta manera, se ve impulsado a consolar a sus hijos cuando los ve en apuros; cuando están en la tribulación y también en toda clase de aflicciones. El apóstol Pablo fue testigo de la acción consoladora de Dios. En su trabajo como misionero de Jesucristo fue rechazado, burlado, azotado, encarcelado, apedreado, y otras similares tribulaciones. (2 Corintios 11:4-33) Fue, pues, una persona necesitada del consuelo divino. Y lo tuvo. Se lo dijo a los hermanos de la ciudad de Corinto en estas palabras:

> **La práctica del lavamiento de los pies no es solamente un buen servicio; es también un acto de humillación.**

> "Bendito sea el Dios y Padre de nuestro Señor Jesucristo, Padre de misericordias y Dios de toda consolación, el cual nos consuela en todas nuestras tribulaciones, para que podamos también nosotros consolar a los que están en cualquier tribulación, por medio de la consolación con que nosotros somos consolados por Dios.
> Porque de la manera que abundan en nosotros las aflicciones de Cristo, así abunda también por el mismo Cristo nuestra consolación.
> Pero si somos atribulados, es para vuestra consolación y salvación; o si somos consolados, es para vuestra consolación y salvación, la cual

se opera en el sufrir las mismas aflicciones que nosotros también padecemos.

Y nuestra esperanza respecto de vosotros es firme, pues sabemos que así como sois compañeros en las aflicciones, también lo sois en la consolación".

2 Corintios 1:3-7, (RV, 60).

¡Qué hermoso contenido de consolación existe en este texto! El teólogo William Barclay, del cual ya te he comentado, dice que detrás de este pasaje se esconde todo un sumario de lo que es la vida cristiana; pruebas que como hombre de Dios, Pablo las sufrió. Su respuesta a este tipo de sufrimientos, en la versión de Pablo es la resistencia; una resistencia que se enfoca en la victoria no en las derrotas ni en aceptar las dificultades. Esta clase de victoria no es nuestra por sí mismos, sino que viene en nuestra ayuda la consolación o como dice Barcaly: "la confortación de Dios". En una consolación – así lo traduce la Nueva Versión Internacional - o confortación siguiendo el pensamiento de Barclay, tan grande que entre los versículos del 3 al 7, el término consolación parece nueve veces. En el Nuevo Testamento, este término quiere decir mucho más que lástima; su raíz latina es *fortis* que significa valeroso. Es decir, entonces que: "La confortación cristiana es la que infunde valor, y le permite a una persona resistir o asumir lo que sea".[99]

Raquel, ¿te das cuenta? No solamente tenemos personas a nuestro alrededor que nos consuelan, tú eres una de ellas, sino que también tenemos un Dios que es experto en consolar.

> La pasión para ayudar a otros, empapada del amor de Jesucristo; Entra en acción aun en los momentos más apestosos.

---

[99] William Barclay. *Comentario al Nuevo Testamento: 1 y 2 Corintios. Volumen 9*. (Terrassa (Barcelona), España. Editorial Clie. 1995), 208-209.

Ahora bien, si Dios es el experto en consolar y si él es tu creador, entonces, pues, es él el que te ha dado esta virtud, por eso tú, Raquel, eres...

La Mujer Amable;
La mujer que sabe consolar.

3.- Consoló también a los animales.

Y, aunque te parezca de mal gusto, mi adorada suegra, la señorita de Mesopotamia, ¡también consoló a los camellos! ¿¡A quiénes!? ¡A los camellos! Bueno, seguramente te preguntarás, ¿y cómo consoló Rebeca a los animales de carga? Te ayudo con la respuesta con estas preguntas. ¿Quiénes eran los más cansados en aquella travesía? ¡Claro que sí! Los camellos. ¿Quiénes tomaron más agua de aquel pozo de la ciudad de Nacor o Carra como la llama Josefo en Mesopotamia? ¡Por supuesto que los camellos! Y, ¿quién les dio toda esa agua que bebieron? ¿Quién les ayudó a tener un buen descanso allí junto al pozo en esa ciudad mesopotámica? ¿Quién más? Nada más y nada menos que... ¡Rebeca! Nota lo que dice la Biblia: "Cuando ya el criado (Eliezer) había bebido, ella dijo: – Voy también a sacar agua para que sus camellos beban todo lo que quieran. De inmediato vació su cántaro en el bebedero, y volvió al pozo para buscar más agua, repitiendo la acción hasta que hubo suficiente agua para todos los camellos" (Génesis 24:19-20, NVI).

¡Wau! La Biblia no dice cuántos camellos eran. Lo que sí dice es que Rebeca les dio toda el agua que quisieron beber.

> Regularmente pensamos que beber la Copa del Señor Jesucristo es categóricamente el sendero al éxito sin esfuerzo; Rebeca, muestra que es el esfuerzo en los propósitos de Dios que proporciona el éxito personal.

Raquel, ¿te has puesto a pensar si tan sólo hubieran tres camellos? Si fuera así, entonces Rebeca sacó unos trecientos litros de agua, además de la que sacó para los hombres. Porque un camello toma aproximadamente unos cien litros de agua cada vez que se para o inclina para beber. Lo cierto es que, con su sudor y sus fuerzas, Rebeca, consoló a los camellos.

¿Cuántos días tú, Raquel, con el sudor empapándote todo tu cuerpo nos brindaste frescura y de esa manera nos consolaste? ¡Muchos días! No te importó estar sudando con el fin de que cada uno de los que estábamos a tu alrededor durante todos esos meses y años, ¡fuéramos consolados! Y no te importó porque la prioridad en tu vida era la de una....

Mujer dedicada a consolar.

4.- Extendió su consolación.

Era tan desarrollado el don de consolación en Rebeca que ese mismo don alcanzó también para sus familiares. Un claro ejemplo de alguien que usó al cien por ciento el don de consolar fue la Madre Teresa. Una mujer que fue más allá de sus fuerzas físicas para ayudar a los enfermos de la India. Cierto día: "Teresa sintió lo que llamó un llamado dentro del llamado' a 'dejar el convento para ayudar a los pobres y vivir entre ellos'.... Roma le dio el permiso para trabajar con los pobres en los barrios bajos e iniciar su propia orden". [100] No era un trabajo agradable y menos una obra con un trasfondo económico; era una misión de amor. Una misión que literalmente apestaba, tal y como la Madre Teresa lo cuenta: "Levanté a un hombre en la calle, que estaba siendo comido vivo por los gusanos. Nadie lo soportaba, porque tenía un

---

[100]   Puedes cambiar el mundo: cien historias de personas que cambiaron el mundo ¡Tú también puedes hacerlo!: *Amó gozosamente a los que nadie ama.* (Colombia. Editorial Peniel. 2004), 180-181.

olor espantoso. Me acerqué a él para curarlo, y me dijo: '¿por qué hace esto?' Yo le respondí: porque lo amo'".[101]

La Orden de Caridad o de Amor que la Madre Teresa fundó en 1950, rápidamente se expandió. Cuarenta años después, es decir, en 1990, existían cuatrocientas *Casas de Caridad* distribuidas en noventa y cinco naciones. Con ese amor a los pobres que siempre emanó de su pequeña persona, la Madre

> **El Cristianismo no son meras palabras; ¡Es un Gran Campo de Acción!**

Teresa, haciendo referencia a los enfermos, les dijo a los miembros de la Orden: "Háblales dulcemente. Que tu rostro, tus ojos, tu sonrisa, la calidez de tu saludo transmitan amor. [...] No des sólo atención, entrega también tu corazón".[102]

Raquel, ¿y qué fue lo que tú diste en todos estos más de ochenta años que Dios te ha permitido vivir? ¡Eso! ¡Precisamente eso! ¡Tú también entregaste el corazón! Como decimos vulgarmente, te desviviste para que tus hijos, hijas y todos aquellos que estábamos cerca de ti, fuésemos consolados con lo que tenías a la mano. También Rebeca entregó su corazón a una causa muy noble. La Sagrada Escritura dice que, al día siguiente de su llegada a Nacor, Eliezer y los hombres que lo acompañaban estaban listos para partir de regreso a la casa de Abraham, es decir que solamente habían estado una noche en Nacor, Aram. Así que, al amanecer, Labán y la madre de Rebeca, siguiendo la costumbre oriental, le dijeron a Eliezer: "Espere la doncella con nosotros a lo menos diez días y después se irá." Eliezer tenía prisa y quería salir de inmediato, les suplicó, por tanto, que no lo detuvieron más tiempo. Así que: "Ellos respondieron - a su súplica, diciendo

---

[101] Puedes cambiar el mundo. *Amó gozosamente a los que nadie ama*, 181.
[102] Puedes cambiar el mundo. *Amó gozosamente a los que nadie ama*, 181.

-, entonces: Llamemos a la doncella y preguntémosle. Y llamaron a Rebeca, y le dijeron: ¿Irás tú con este varón? Y ella respondió: Sí, iré." (Génesis 24:57-58, RV).

Raquel, ¿lo notaste? Creo que no habían pasado ni veinticuatro horas desde que Rebeca y su familia conocieron a Eliezer y compañía y ahora esos hombres y la misma Rebeca ya están listos para el regreso a la casa de Abraham. A decir verdad, según la costumbre de sacar el agua o de ir por agua al pozo, era antes del mediodía. La Escritura dice que "al amanecer" el siervo de Abraham ya estaba listo para regresar a la casa de su amo, entonces, sí fueron como veinticuatro horas – o menos - que Eliezer y sus acompañantes permanecieron en la casa de Rebeca.

> **El verdadero cristianismo no es para cobardes e indecisos; ¡Es de valientes y atrevidos!**

¡Solamente menos de veinticuatro horas! Raquel, ¿lo notas? Eliezer y sus ayudantes están regresando a Palestina y se están llevando a la muchacha más amable que encontraron en la ciudad de Nacor y, - lo sorprendente de todo ello es que -, los padres de ella juntamente con su hermano Labán están de acuerdo. ¡En tan sólo menos de veinticuatro horas fueron convencidos de que todo era obra de Dios! De alguna manera el don de la consolación que había en Rebeca consoló a sus familiares durante esas pocas horas. Fue tan notable el ejercicio de este don que la Biblia dice que: "Entonces dejaron ir a Rebeca y a la mujer que la había cuidado siempre, y también al siervo de Abraham y a sus compañeros. Y bendijeron a Rebeca de esta manera:

"Oh, hermana nuestra ¡Que seas madre de muchos millones! ¡Que tus descendientes conquisten las ciudades de sus enemigos!"

Génesis 24:59-60, (VP).

5.- Una mujer consoladora digna de ser amada.

Un quinto aspecto en cuanto a esta característica de Rebeca lo encontramos en las siguientes palabras: "Isaac amó mucho a Rebeca y así se consoló de la muerte de su madre." (Génesis 24:66). Más o menos habían pasado como tres años desde que Sara, la madre de Isaac, había muerto. Durante esos años, Isaac, al parecer, no había encontrado consuelo en nada ni en nadie, quizá es por eso que, tratando de encontrar alivio a la separación de su madre, es que la Biblia nos dice que: "había salido Isaac a meditar al campo, a la hora de la tarde. . ." (Génesis 24:63, RV). El campo no es sólo para caminar, correr o disfrutar de su frescura, también es un buen lugar para meditar. En años anteriores cuando sentía que el estrés me estaba dominado, me encaminaba a una de las montañas que se encuentra muy cerca de la ciudad de Pasadena, California. Allí, casi al pie del *Observatorio Griffith*, después de caminar un rato sobre el verde pasto o los caminos hechos por el hombre, me sentaba debajo de un árbol y meditaba sobre la grandeza de Dios. Horas después bajaba de la montaña dejando mi estrés en aquel lugar.

Volviendo con nuestra historia, ¿lo puedes ver en tu imaginación? Raquel, ¿puedes ver a Isaac en su desconsuelo? Cuando Eliezer, Rebeca y todos lo que formaban parte de la caravana se acercaban a la casa de Abraham, Isaac estaba meditando en el campo y de repente, "alzando sus ojos miró, y he aquí los camellos que venían. Rebeca también alzó sus ojos, y vio a Isaac" (Génesis 24:63-64, RV).

> La comunicación entre dos seres humanos que se aman rompe toda barrera; El amor de Jesucristo derriba las barreras del pecado y la infidelidad.

¡Amor a primera vista! ¡Sí!, tan solamente con una mirada de profundo amor *Cupido* los flechó, y después de estar en la carpa de su madre con Rebeca, le llegó el consuelo a Isaac, pues Isaac "la tomó por esposa. Isaac amó a Rebeca, y así se consoló de la muerte de su madre" (Génesis 24:67, NVI).

¿Sabes una cosa, Raquel? Lo que creo y veo en el relato que presenta la Biblia es que Rebeca era necesaria para Isaac. Así como Eva fue necesaria para Adán y Sara para Abraham, así mismo Rebeca lo fue para Isaac. Esa necesidad de ambos, fue tan especial para Isaac, pues fue lo que motivó que Isaac llevara a Rebeca a la casa (tienda/carpa) de su madre, se casara con ella y que la amara como su única mujer hasta la muerte, pues, la Biblia no menciona más esposas para Isaac ni más hijos del hombre cuyo nombre significa risa con otras mujeres, a pesar de que como ya te he explicado, la poligamia era parte de aquella cultura. Este sí que fue un matrimonio ejemplar – o mejor dicho, contradictorio para su tiempo -, pero cuando digo ejemplar es porque se apegó a las normas de la institución del primer matrimonio: una sola mujer (Eva), para un solo hombre (Adán). En el principio Dios hizo una sola mujer para un solo hombre. No hizo hombres para una mujer ni mujeres para un hombre (Génesis 1:26-27).

En un mundo como el nuestro; un mundo en el que el matrimonio es algo relativo, no un compromiso de por vida, el matrimonio Isaac/Rebeca no es muy normal. Pero, dentro de los parámetros bíblicos es un buen ejemplo de una vida matrimonial. Con justa razón, algunos comentaristas e intérpretes bíblicos creen que el matrimonio Isaac/Rebeca, es un tipo del matrimonio Jesucristo/Iglesia, pues el apóstol Pablo dijo que "Cristo amó a la iglesia, y se entregó así mismo por ella, para santificarla, habiéndola purificado con el lavamiento del agua por la palabra, a fin de presentársela así mismo, una iglesia gloriosa, que no tuviese mancha ni arruga ni cosa semejante, sino que fuese santa y sin mancha". (Efesios 5:25-27, RV). ¡Qué maravilloso ejemplo de una vida matrimonial! Es

en base a este ejemplo de Jesucristo que yo, como Ministro de
Jesucristo, les digo a las parejas mientras están en el altar: Lo
que Dios unió, que no lo separe el hombre.

> **Una vida saturada por la presencia de Jesucristo; ¡Es una vida que se derrama para el bien y consuelo de otros!**

En fin, volviendo con Rebeca, tengo que expresarme de esta manera:

¡Bendito sea el don de consolación que vemos en la vida de Rebeca!

Un don que la favoreció y la hizo mucho más atractiva;
fue una añadidura a su belleza física que con justa razón fue
amada hasta el final de sus días por su inseparable esposo; Isaac.

¿Y qué ha pasado contigo? tú, mi estimada cumpleañera,
no te quedas atrás en este aspecto. ¡Claro que no! No estoy
diciendo que tú eres la Rebeca del siglo XXI, pero... ¡sí que
tienes mucho del mismo carácter y personalidad de aquella
muchacha mesopotámica! La joven que después llegó a ser
la esposa de uno de los hombres más ricos de las tierras de
Palestina. ¿Por qué digo y afirmo que tú no te quedas atrás en
este aspecto? Porque tú también has sido un gran consuelo
para tu esposo, para tus hijos e hijas y también para los
adoptados a tu gran familia; como lo soy yo, y aun a aquellos
otros que conocías y que estaban a tu alcance. Mi abuela
María Pardo, decía que hay gente que se saca el bocado de
la boca para saciar el hambre de su vecino. Si mi abuela te
hubiera conocido, yo diría que ese dicho lo decía por ti.

Aun en estos primeros quince años de este siglo XXI
me pregunto: ¿Existe alguien a quien no le extiendes o
extendiste tu mano para ayudarlo (a)?, ¿existió alguien
cerca de ti que está o estuviera hambriento y no le saciaras

su apetito?, ¿hay alguien aun hoy día que no reciba algo de ti?, ¿existe alguna persona a quien no le diste una palabra de aliento? Y las respuestas a estas interrogantes es un rotundo… ¡nooo! ¡Claro que no la hay! Yo no conozco a nadie quien haya estado junto a ti y no haya sido consolado de alguna manera. No conozco a nadie que se haya quedado con hambre o desconsolado estando cerca de ti. Probablemente alguien no esté de acuerdo conmigo en lo que te estoy diciendo – y sé que existe ese "alguien" –. ¿Y sabes por qué no está de acuerdo conmigo? Sencillamente porque no apreció tus esfuerzos o, tal vez, porque no convivio a tu lado viendo, disfrutando y escuchando todo aquello que hacías y decías. Las personas que rodeaban y seguían a Jesucristo, un día fueron testigos del poder de Dios cuando Jesús sanó a un hombre paralítico que fue bajado por el techo de la casa en donde Jesús estaba enseñando las verdades divinas, en un instante, al mandato de Jesús, el hombre "se levantó a la vista de todos, tomó la camilla en que había estado acostado, y se fue a su casa alabando a Dios" (Marcos 2:1-12).

Raquel Herrera

Séptima hija de Raquel García

La reacción de la gente no se hizo esperar, pues: "Todos quedaron asombrados y ellos también alababan a Dios. Estaban llenos de temor y decían: 'Hoy hemos visto maravillas'." (Lucas 5:25-26). ¡Yo también me quedé algunos días asombrado! Asombrado del maravilloso don de consolación que había en tu persona. Porque a decir verdad, tú, Raquel, siempre y a cada hora extendiste tus manos en ayuda, y siempre tenías una o más palabras de aliento. Nunca fuiste rica económicamente pero siempre tenías algo para el que estaba junto a ti, aunque fuera una taza de café. No tenías el don de sanidad para levantar paralíticos, pero sí que nos "sanabas" con tus consoladoras acciones, oraciones y sabios consejos.

¿Y sabes qué? Raquel, ese don de consolación que ha manado de tu persona,...
¡Aún se puede ver y sentir en tu vejez!

Cuarta: **Rebeca aunque era muy hermosa no era perfecta.**

> Actuar en equipo es un principio divino; Jesucristo envió a predicar de dos en dos a sus discípulos, y Dios es UNO en tres personas.

Una cuarta cosa que quiero mencionarte acerca de Rebeca es la presencia de una mujer muy humana y por ende, no perfecta. En esta cuarta observación de la vida de la hermosa mesopotámica si estoy de acuerdo contigo; es decir, si estoy de acuerdo con tus palabras de la noche del servicio con motivo de tu cumpleaños.

Pues, me doy cuenta que Rebeca, en su vejez cometió tres errores; tres garrafales actos que la Biblia, al igual que lo hace con todos los hombres y mujeres que componen su historia y teología, no los pasa por alto; es decir, la Biblia no esconde los pecados de sus héroes, no es un libro de hipócritas, sino de personas con la misma naturaleza humana como tú y yo.

Así que, ¿qué hizo Dios con los errores que cometió Rebeca? ¡Los juzgó como pecados! Entonces, pues, en el relato bíblico que estamos tratando, estos fueron los tres errores que yo veo que cometió Rebeca.

1.- Escuchó lo que no tenía que oír.

La Biblia dice "que cuando Isaac envejeció, y sus ojos se oscurecieron quedando sin vista, llamó a Esaú su hijo mayor, y le dijo: Hijo mío. Y él respondió: Heme aquí. Y él le dijo: He aquí ya soy viejo, no sé el día de mi muerte. Toma, pues, ahora tus armas, tu aljaba y tu arco, y sal al campo y tráeme caza; y hazme un guisado como a mí me gusta, y tráemelo, y comeré, para que yo te bendiga antes de que muera. Rebeca estaba oyendo, cuando hablaba Isaac a Esaú su hijo; y se fue Esaú al campo para buscar la caza que había de traer." (Génesis 27:1-5). ¿Hay algo de malo en que la esposa escuche lo que el padre de sus hijos tiene que decirles? ¡Por supuesto que no! Y sin embargo, insisto en que este fue un error de parte de Rebeca. ¿Por qué error? Lo es porque no aclara nada con su esposo en cuanto a su deseo, ni pide dar su opinión sino que, de inmediato comienza a hacer planes en contra del deseo de aquel que había sido consolado por ella durante muchos años. Al parecer, en el matrimonio Isaac/Rebeca, la comunicación se había desvanecido.

Creo que Rebeca bien podría haberle dicho a Isaac que Esaú no había seguido las reglas divinas; pues se había casado con mujeres extranjeras y eso, podría ser un obstáculo para

ser bendecido. ¿Por qué? ¡Porque Esaú estaba fuera de la
línea divina! Una de las razones por las cuales Dios prohibió
que los israelitas se casaran con mujeres extranjeras era
porque ellas los conducirían a
alejarse del Dios Todopoderoso
que los había sacado de Egipto y,
en ese alejamiento seguir la
idolatría como medio de
adoración. En los tiempos del
Antiguo Testamento se les
llamaban Baales a los dioses o

> **La comunicación es tan efectiva que se puede ganar la guerra con ella; En el matrimonio, lo mantiene unido.**

ídolos. El término Baal fue muy común entre los pueblos
cananeos, Baal era el "señor de la religión cananea,
considerado como el dios de las tormentas". [103]

Recuerda, el nombre o término *Baal* era común en el
Antiguo Testamento. Casi siempre este término aparece
unido con otro para darle su significado geográfico o de
persona. Algunos de estos términos, son:

1.- "**Baala**. Nombre geográfico que significa 'esposa,
    señora' o 'residencia de Baal'.

2.- **Baala de Judá**. Nombre geográfico que significa
    'Baales de Judá' o 'señores de Judá'. En 2 Samuel
    como 'de los señores de Judá' o 'patio de Baala de
    Judá'.

3.- **Baalat**. Nombre geográfico que significa 'Baal
    femenino'.

4.-**Baala-beer**. Nombre geográfico que significa 'el baal
    del pozo' o la 'señora del pozo'.

5.- **Baal-berit**. Deidad cananea que aparece en Jueces
    8:33 que los israelitas comenzaron a adorar después

103   Leticia Calcada: Edición General. *Baal*. Diccionario Bíblico Ilustrado
      Holman, 186.

de la muerte de Gedeón. El nombre significa 'señor del pacto' y el templo del dios estaba en Siquem.

6.- *Baal-gad*. Nombre geográfico que significa 'Baal de Gad' o 'señor de Gad'.

7.- *Baal-hamón*. Nombre geográfico que significa 'señor de la abundancia'. Lugar donde estaba ubicada la viña de Salomón, según Cantares 8:11.

8.- *Baal-hanán*. Nombre de persona que significa 'la gracia de Baal'.

9.- *Baal-hazor*. Nombre geográfico que significa 'Ball de hazor'.

10.- **Baal-zebub**. Nombre de una ciudad que significa 'señor de las moscas'."[104]

Como el Dios de la Biblia nunca se equivoca – si lo hiciera dejaría de ser Dios (con mayúscula) –, prohibió la idolatría porque sabía que es una de las trampas de Satanás para desviar la adoración hacia el "Dios Todopoderoso" (Génesis 17:1). Satanás no desea que adoremos y respetemos al Gran Dios que comisionó a Moisés para ser el medio por el cual el pueblo de Israel fue liberado; ese Dios que se hizo llamar el "YO SOY" (Exodo 3:14).

> La ley de Dios, escrita en las páginas de la Biblia; Es como un muro que nos protege de las decisiones pecaminosas.

Bueno, en el caso de Rebeca y su acto de oír lo que no debería de haber oído pero que al hacerlo no solucionó su deseo de la manera correcta, creo yo que, Rebeca, le podría haber dicho a su esposo Isaac que Esaú, además de haberse casado con mujeres que adoraban a Baal, también

---

[104] Leticia Calcada: Edición General. *Baal*. Diccionario Bíblico Ilustrado Holman, 186-188.

había despreciado la primogenitura al venderla por un plato de lentejas a su hermano Jacob y eso, también podría ser un obstáculo para que él fuese bendecido como el primogénito (Génesis 25:27-34). Pues, Esaú, ni adoró a Dios ni respeto su decisión de haberle concedido la bendición de ser el primogénito y, como tal, merecedor de la bendición divina. En su egocentrismo y liberalismo humano, Esaú, despreció el plan o propósito de Dios para su vida a cambió de una satisfacción muy humana; comer lentejas: es decir, disfrutar de algo pasajero. Aunque Rebeca sabía la decisión que su hijo Esaú había tomado antes de escuchar la conversación entre Isaac y Esaú, ¡no aclaró nada con su esposo! Ella actuó sin consultar ni a Dios, ni a su esposo, ni a su hijo, ni a nadie. No la quiero justificar, pero Rebeca no tenía la advertencia del sabio proverbista, cuando dijo:

"Confía en el Señor de todo tu corazón, y no en tu propia Inteligencia.
Reconócelo en todos tus caminos, y él allanará tus sendas.
No seas sabio en tu propia opinión;
Más bien, teme al Señor y huye del mal.
Esto infundirá temor a tu cuerpo y fortalecerá tu fe".

Proverbios 3:5-8, (NVI).

En nuestra historia, la esposa de Isaac y madre de Esaú y Jacob, con ese espíritu maternal quería lo mejor para su amado hijo Jacob, tal vez su consentido, y allí, encerrada en sí misma; en esa pasión maternal, cometió el primer error que la Biblia menciona acerca de esta

> La maldición, cualquiera que esta sea, solamente tiene su efecto fuera de la comunión con Jesucristo; ¡Dios es refugio seguro!

esposa fiel y de gran corazón maternal. ¿Cuál fue su error? Escuchar lo que no tenía que escuchar y no darle una aclaración: no dialogó con su esposo acerca de la conducta de sus hijos y de su deseo como madre para su hijo Jacob.

¡Ah, los sentimientos maternales! ¡Nada como ellos! Para algunos hombres – y también para algunas damas -, son sentimientos sin sentido. Como yo no experimento este tipo de sentimientos, no te puedo decir mucho acerca de esta conducta, pero lo que he notado en mi *Ministerio Pastoral* es que, una madre hace aun aquello que va en contra de la familia y en algunas ocasiones aun contra la razón; una madre no entiende razones – y si las entiende no les hace caso-, ¡su hijo es primero! ¿Actuaste tú alguna vez en tu vida de esta manera? Yo sé que lo hiciste. Y es que,…

¡Eres una madre muy humana!

2.- Decir lo que no tenía que decir.

Este es el segundo error de Rebeca. Sin consultar con nadie, pensando solamente en que su hijo consentido sería dejado fuera del plan de Dios, de inmediato, Rebeca fue a ver a su hijo Jacob y le dijo lo que Isaac estaba pensando hacer con Esaú su hermano, así que le ordenó – nota que esta fue una orden de su mamá; de una madre que amaba a su hijo, pero no fue un consejo -, Rebeca le ordenó que le trajera "dos buenos cabritos de las cabras". Le dijo a su hijo que con esos cabritos ella misma le prepararía a su padre Isaac un sabroso guisado. Creo que le dijo: "lo guisaré 'como a él le gusta'." (Génesis 27:8-9).

El temor de Jacob se hizo notar en cuanto escuchó la orden de su madre, estoy seguro que no era la primera vez que su madre le ordenaba que hiciera algo, pero esta vez era diferente, y Jacob lo sabía. El respeto que tenía a su padre, al

> **La insatisfacción es un: Sentimiento de malestar o disgusto que se tiene cuando no se colma un deseo o no se cubre una necesidad; Su cura: El fruto del Espíritu Santo en la vida de la persona (Gálatas 5:22).**

oír el mandato de su madre, le provocó algunas dudas y entonces le dijo a su madre: "Esaú mi hermano es hombre velloso, y yo lampiño," si acaso mi padre me llega a tocar, seguramente que descubrirá el engaño y entonces la bendición que me tenga que dar se convertirá una maldición. ¡Jacob tenía mucha razón! ¿No lo crees así?

Ahora, mi estimada cumpleañera escucha y nota el garrafal error de Rebeca: "Y su madre le respondió: Hijo mío, sea sobre mi tu maldición; solamente obedece a mi voz y ve y tráemelos." (Génesis 27:13, RV). ¿Qué no hace una madre por el bien de su hijo? ¿Hasta dónde está una madre dispuesta a sufrir las consecuencias, cualquiera que estas sean, con tal de ver a sus hijos triunfando?

¡Waw! ¡Rebeca no tenía que haber dicho semejantes palabras! Yo no lo entiendo ni tengo la respuesta. Sólo tú, mi estimada cumpleañera, juntamente con todas aquellas madres que realmente aman a sus hijos; son ustedes las que se entienden y las que tienen las respuestas a estas preguntas.

Sofía Perdomo de Salgado.
Segunda hija de Raquel García.

Esas terribles palabras que salieron de la boca de Rebeca producidas en un corazón lleno de amor, aunque equivocado y de una mente centrada en el egocentrismo le costaron muy caro a Rebeca. Al pronunciar esas palabras, Rebeca, ¡destruyó su hogar! ¡Qué terrible situación! Hasta ese evento, la Biblia no dice nada de algún problema hogareño, seguramente que lo hubo, pues era un matrimonio normal y en los matrimonios normales surgen problemas; problemas que, como son dentro de un matrimonio normal, se solucionan con la comunicación y la práctica del amor al estilo de I Corintios 13, texto que dice:

> "El amor es paciente, es bondadoso. El amor no es envidioso ni jactancioso ni orgulloso. No se comporta con rudeza, no es egoísta, no se enoja fácilmente, no guarda rencor. El amor no se delita en la maldad sino que se regocija con la verdad. Todo lo disculpa, todo lo cree, todo lo espera, todo lo soporta" (I Corintios 13:4-7, NVI).

¡Hermoso caminar, practicar, meditar y aplaudir este estilo de vida! ¿No lo crees así Raquel? Pero, ¿qué pasó en el matrimonio de Isaac/Rebeca? Al parecer se había convertido en un hogar anormal; el amor estaba mal enfocado, la comunicación deteriorada y, entonces..., el desconsuelo que tenía cuando murió su madre, le volvió a Isaac. Además, la falta de la práctica de estos principios y

> "Nada hay mejor para el hombre que comer y beber, y llegar a disfrutar de sus afanes. He visto que también esto proviene de Dios".
> Eclesiastés 2:24, (NVI).

declaraciones bíblicas que nos presenta el apóstol Pablo en I Corintios 13:4-7, producen otras serias consecuencias; algunas de ellas son:

a.- Jacob sí recibió la bendición y con ella, también recibió el odio de su hermano.

La Escritura dice: "Y Jacob se acercó, y le besó; y olió Isaac el olor de sus vestidos, y le bendijo,..." (Génesis 27:27, RV). Con esa bendición acarreo el odio de su hermano Esaú. Fue un fuerte odio; ¡odio de muerte! La Biblia lo llama aborrecimiento, el escritor sagrado dice que: "... aborreció Esaú a Jacob por la bendición con que su padre le había bendecido, y dijo en su corazón: Llegarán los días de luto de mi padre, y yo mataré a mi hermano Jacob" (Génesis 27:41, RV). ¡Qué terrible son las consecuencias cuando alguien se aferra a su egocentrismo y vive violando los principios divinos!

b.- Jacob recibió separación familiar.

Jacob también recibió la separación de su padre y de amada madre. Jacob tuvo que salir del hogar no porque sus padres lo despreciaron por ser un engañador y al mismo tiempo ladrón; pues le robó a su hermano Esaú su primogenitura. La separación de sus podres fue porque su

> **Patrones injustos siempre los habrá; ¡El que está amparado por Dios prosperará!**

hermano Esaú estaba esperando el día en que muriera su padre para matarlo tal y como lo había prometido (Génesis 27:41).

Así que, como medida de protección, Rebeca le sugirió a Isaac, ahora sí lo consulta, aunque con alevosía y ventaja, pero lo consulta. Ahora Rebeca tiene una buena excusa para seguir protegiendo a su hijo; a su consentido hijo Jacob. Así que le sugiere, aunque me parece que más que sugerencia es una orden. La sugerencia/orden es que en vista de la enemistad entre los hermanos – la cual, al parecer, ya era muy notoria en la zona donde vivían -, era mejor que Jacob fuera a Padam- aram para buscar una esposa que fuera de la misma familia de ellos. En fin, Jacob salió del hogar y. . . Rebeca, ¡Ay de ti Rebeca! ¡Nunca más vio a su amado hijo! ¡Rebeca desaparece de la historia bíblica! El relato bíblico cuenta que los hermanos Esaú y Jacob sepultaron a su padre Isaac, pero no menciona absolutamente nada de Rebeca (Génesis 35:27-29). Las palabras que pronunció se materializaron.

c.- Jacob tuvo que trabajar como nunca lo hizo en su casa.

Una tercera consecuencia fue que Jacob tuvo que trabajar por veinte años para conseguir a sus esposas y su capital. Bueno, esto no fue una novedad, yo tengo más de cuarenta años trabajando en diferentes compañías, obras evangélicas, en la educación teológica y hasta sirviendo el café durante las actividades de la iglesia y, sí he conseguido una esposa, dos hijos y una gran familia, y aunque vivo más o menos satisfecho, ¡todavía no soy rico económicamente!

No estoy hablando de conformismo ni de materialismo, hablo de que espero ver el fruto de mi trabajo en una ascendencia positiva y de una posición económica solvente en los postreros días. ¡Qué Dios me libre de vivir del trabajo y esfuerzo de otros! Jacob no tuvo de donde escoger.

Pues bien, en el caso de la vida de Jacob, fueron veinte años en los cuales Jacob trabajó fuertemente y sin vacaciones y al parecer sin tiempo libre para disfrutar a sus esposas e hijos y también de la naturaleza que le rodeaba. Sí logró riqueza, pero, Jacob vivía entre y con las ovejas. Su trabajo como pastor de ovejas le absorbió todo el tiempo de su vida. Sin embargo, el mayor problema en su actividad pastoril es que no encontró satisfacción ni paz en su vida ni en su hogar ni en la casa de su suegro. Sus cuñados; es decir, los hijos de Labán, estaba celosos de la prosperidad económica de Jacob: se decían entre sí que Jacob había tomado las riquezas de su padre, "y de todo lo que era de nuestro padre – decían sus cuñados -, ha adquirido toda esta riqueza". El trato de Labán hacia Jacob ya no era igual como en los primeros años. Las circunstancias obligaron a Jacob a mencionarles a sus esposas su insatisfacción, las llamó al campo y allí les dijo:

"- Me he dado cuenta de que su padre ya no me trata como antes. ¡Pero el Dios de mi padre ha estado conmigo! Ustedes saben muy bien que yo he trabajado para su padre Labán con todas mis

> **Los frutos de la carne no son nada agradables; todo lo contrario, son destructores de la conducta.**

fuerzas. No obstante me ha engañado y me ha cambiado el salario muchas veces. Pero Dios no le ha permitido causarme ningún daño".

Génesis 31:5-7, NVI.

El relato bíblico cuenta que al fin, Jacob tomó a sus esposas, hijos y rebaños y se escapó de la autoridad de su suegro; se encaminó a la casa de sus padres, hacia Palestina (Génesis 31:17-21). "Y al tercer día fue dicho a Labán que Jacob había huido. Entonces Labán tomó a sus parientes consigo, y fue tras Jacob camino de siete días y le alcanzó en el monte de Galaad" (Génesis 31:22-23). Las palabras de Jacob dirigidas a su suegro Labán, después de que fue descubierto huyendo del territorio de su suegro, son un fuerte testimonio de esa insatisfacción.

"Estos veinte años he estado contigo; tus ovejas y tus cabras nunca abortaron, ni yo comí carnero de tus ovejas.

Nunca te traje lo arrebatado por las fieras: yo pagaba el daño; lo hurtado así de día como de noche, a mí me lo cobrabas. De día me consumía el calor, y de noche la helada, y el sueño huía de mis ojos.

Así he estado veinte años en tu casa; catorce años te serví por tus dos hijas, y seis años por tu ganado, y has cambiado mi salario diez veces".

Génesis 31:38-41, RV).

> **Engañar y fingir: dos terribles actitudes humanas que acarrean dolores, decepciones, odios, separaciones, rencores y hasta pueden causar las muertes espiritual y física.**

¡Ah, mí estimada suegra! Hablar sin pensar y aun pensando, en algunas ocasiones las palabras, con el tiempo, se materializan. Especialmente cuando se trata en los asuntos de Dios. En estos casos, es decir, cuando se trata de los asuntos de Dios, no es "en algunas ocasiones", sino siempre. Porque las promesas de Dios son siempre "Sí" y "Amén" (2

Corintios 1:20). Lo mismo que su santo juicio y al mismo tiempo el terrible juicio de nuestros pecados.

Veinte años antes de que Jacob saliera huyendo de la casa de su suegro, había tenido un sueño en un lugar llamado Betel. Fue aquel tiempo en que Jacob, "partió de Berseba y se encaminó hacia Jarán" (Génesis 28:5). Al llegar a Betel, Jacob durmió en ese lugar y allí soñó. "En el sueño, el Señor estaba de pie junto a él y le decía: 'Yo soy el Señor el Dios de tu abuelo Abraham y de tu padre Isaac. A ti y a tu descendencia daré esta tierra en la que estás acostado'..." (Génesis 28:10-13, NVI). Allí el Señor le prometió también su presencia y su protección; le aseguró que lo traería de regreso a la tierra en donde estaba durmiendo. En la mañana, Jacob hizo una promesa en la cual le pidió a Dios no solamente su protección, sino también alimento, ropa y la ayuda para regresar. Cerró esta promesa, diciendo: "Y de todo lo que Dios me dé, le daré la décima parte" (Génesis 28:18-22).

¿Y sabes que, Raquel? ¡Dios cumplió su palabra! ¿Recuerdas? "Las promesas de Dios son sí y amén" (2 Corintios 1:20). Así que cuando tú te apropias de las promesa de Dios y las mencionas haciéndolas para ti, ¡tus palabras se materializan!

Y,... ¡Dios cumple sus promesas!

3.- Hacer lo que no tenía que hacer.

Ahora pensemos en el tercer error de esta amorosa y preocupada madre. Raquel, recuerda que estoy diciéndote estas cosas no para que te sientas mal, como te lo he dicho antes, sino para que notes que tú no eres la única que ha cometido errores ni tampoco serás la última;

desafortunadamente otras y otros también cometeremos errores. ¡Y muy seguido! Nadie es perfecto, sólo Dios lo es. Es por eso que EL PERFECTO se ha acercado a los imperfectos en la persona de Jesucristo para "contaminarnos" con su perfección; para hacernos santos por medio de Su sacrificio vicario y de esa manera, estar, aun con nuestros errores, imperfecciones y pecados delante de Él. Su gracia no tiene límite, es la gracia de Dios que te ha cubierto; te ha justificado ante Dios mismo y por eso, Raquel, ante el Padre Dios, ante el TODO Santo, tú eres una Dama santa, una señora que ha llegado a recibir el perdón de sus errores y pecados por la Gracia de Dios, por medio de la fe en Cristo Jesús.

Ese perdón en la Gracia de Dios te ha hecho una nueva criatura, pues todo aquel que está en Cristo es una nueva creación ante el Padre Dios. Tú, Raquel, eres una de *"todo aquel"* que es perfecto ante Dios porque ya has sido justificada y hecha una nueva criatura (Efesios 2:8-9; 2 Corintios 5:17).

> El ser humano que es bendecido por Dios; Puede, con el poder y la gracia divina: ¡Romper toda barrera que le impida disfrutar el gozo en Jesucristo!

Pues bien, regresemos a la historia de Rebeca. La preocupada madre de Jacob había escuchado que Isaac le dijo a su hijo Esaú que le prepara un guisado como a él le gustaba. Pero Rebeca le dijo a Jacob que ella lo haría y, dicho y hecho; ella lo preparó. Repito, ¡qué madre no hace lo que es mejor para su hijo aunque tenga que romper barreras culturales y matrimoniales! Sin embargo, ese no es mi énfasis en este error, sino que, Rebeca hizo todo lo posible para engañar a Isaac - ¿Qué fue lo que dije? Exactamente eso: ¡Rebeca hizo todo lo posible para engañar a su esposo! Sí, así como lo acabas de leer. Con eso en mente: "tomó Rebeca los vestidos de Esaú su hijo mayor, [posiblemente los más preciosos], que ella tenía en casa [y que aún tenían el olor de Esaú y del campo, con ellos] vistió a Jacob su hijo menor; y cubrió sus manos y la parte de su cuello donde no tenía vello, con las pieles de los cabritos; y entregó los guisados y el pan que había preparado, en manos de Jacob su hijo." (Génesis 27:15-17, RV). ¡Qué astucia de Rebeca! ¡Qué astucia de una madre que está dispuesta a todo con tal de ayudar y salvar a un hijo que está en serios problemas! Y no la estoy justificando.

Todo lo hizo muy bien. Ningún detalle pasó por alto. Los vestidos de Esaú tenían el olor de él y del campo; las pieles de los cabritos tenían la textura de la piel rústica de un hombre que es fuerte y que vive en el campo; el guisado fue de cabras; animales del monte. Creo entender que aún las palabras que Jacob le dijo a su padre Isaac fueron puestas en la boca de él por su madre Rebeca aunque, no logró hacerle fingir la voz, pues, Isaac le dijo: "La voz es la voz de Jacob, pero la manos, las manos de Esaú." (Génesis 27:22, RV). ¡Un plan de engaño perfecto! ¡Ah!, recuerda, no estoy justificando sus actos engañosos, solamente estoy contándote lo que Rebeca hizo con tal de ayudar a su hijo consentido.

> La Biblia tiene más de una manera para lograr el éxito, sin engañar. La Biblia tiene más de una manera para caminar en el sendero correcto, sin engañar. La Biblia tiene más de una manera para vivir en comunión, ¡sin engañar!

¡Y Rebeca, logró su propósito! Pues:

"Cuando Jacob se acercó para besarlo, Isaac le olió la ropa. Entonces lo bendijo con estas palabras: 'Sí, este olor es de mi hijo. Es como el olor de un campo bendecido por el Señor. Que Dios te dé la lluvia del cielo, las mejores cosechas de la tierra, mucho trigo y mucho vino. Que mucha gente te sirva; que las naciones se arrodillen delante de ti.

Gobierna a tus propios hermanos; ¡Que se arrodillen delante de ti! Los que te maldigan serán malditos, y los que te bendigan serán benditos".

Génesis 27:27-29, Versión Popular.

¡Qué Gran Bendición Recibió Jacob!

1.- Isaac lo bendijo con abundancia. "Que el Dios te dé mucho rocío del cielo, campos fértiles y abundancia de cosechas y vinos."

2.- Isaac le dio poder. "Que pueblos te sirvan, y naciones se inclinen ante ti. Que tú gobiernes sobre tus hermanos, y los hijos de tu mamá se arrodillen ante ti."

3.- Además, Isaac también le dio predomino ante Dios e influencia en el cielo. "Que quienes te maldigan, sean malditos, y quienes te bendigan, sean benditos."

¿Lo notaste? Solamente fueron tres bendiciones las que salieron de la boca – y sin duda también de lo más profundo del ser de Isaac –. Fueron tres bendición que desde el momento en que las recibió, Jacob llegó a ser un hombre diferente. ¡Sí! solamente tres bendiciones. Pero que poderosas cada una de ellas. Estas tres

La sonrisa de un niño recibiendo el mensaje de Jesús en su pequeño corazón, un helado y un sencillo regalo; ¡Quita todo cansancio!

bendiciones contrastan con lo que Isaac le dijo o le dio a Esaú. El relato bíblico, dice que:

"En cuanto Isaac terminó de bendecir a Jacob y casi antes de que Jacob saliera de la presencia de su padre, Esaú regresó de cazar. Preparó una comida deliciosa y se la llevó a su padre. Entonces dijo:

—Levántate, padre mío, y come de lo que he cazado, para que puedas darme tu bendición.

Pero Isaac le preguntó:

— ¿Quién eres tú?

—Soy tu hijo, tu hijo mayor, Esaú —contestó.

Isaac comenzó a temblar de manera incontrolable y dijo:

— ¿Entonces quién me acaba de servir lo que cazó? Ya he comido, y lo bendije a él poco antes de que llegaras, ¡y esa bendición quedará en pie!

Cuando Esaú oyó las palabras de su padre, lanzó un grito fuerte y lleno de amargura.

—Oh padre mío, ¿y yo? ¡Bendíceme también a mí! —le suplicó.

Pero Isaac le dijo:

—Tu hermano estuvo aquí y me engañó. Él se ha llevado tu bendición.

—Con razón su nombre es Jacob —exclamó Esaú—, porque ahora ya me ha engañado dos veces. Primero tomó mis derechos del hijo mayor, y ahora me robó la bendición. ¿No has guardado ni una bendición para mí?

—He puesto a Jacob como tu amo —dijo Isaac a Esaú—, y he declarado que todos sus hermanos serán sus siervos. Le he garantizado abundancia de grano y de vino; ¿qué me queda para darte a ti, hijo mío?

— ¿Pero acaso tienes una sola bendición? Oh padre mío, ¡bendíceme también a mí! —le rogó Esaú.

Entonces Esaú perdió el control y se echó a llorar.

Finalmente su padre Isaac le dijo:

'Tú vivirás lejos de las riquezas de la tierra y lejos del rocío que desciende de los cielos.

Vivirás de la espada y servirás a tu hermano.

Sin embargo, cuando decidas liberarte, te sacudirás su yugo del cuello'." (Génesis 27:30-40, (NTV).

> **La decepción es como un balde de agua fría vaciada sobre la cabeza de uno, en un día helado; Oh, como una Coca Cola caliente en un día caluroso.**

¿Alcanzas a ver la gran diferencia? Con justa razón Esaú se enojó a tal grado de querer matar a su hermano. Fueron, pues, tres grandes errores que Rebeca cometió. Tres errores que la Biblia los juzga como pecados. Y, aunque lo hizo por el bien de su hijo Jacob, eso no quita el que sean pecados y como tales, trajeron sus consecuencias, pues, esos errores/pecados engendraron, por lo menos, "*cinco hijos*" dentro de la vida patriarcal de Isaac. Sus nombres los podemos llamar como:

1.- *La mentira.* "Entonces éste fue a su padre y le dijo: Padre mío. E Isaac respondió: Heme aquí; ¿quién eres, hijo mío? Y Jacob dijo a su padre: Yo soy Esaú tu primogénito; he hecho como me dijiste; levántate ahora, y siéntate, y come de mi caza, para que me bendigas." (Génesis 27:18-19).

2.- *El engaño.* "Y no le reconoció, porque sus manos eran vellosas como las manos de Esaú; y le bendijo. Y él dijo: ¿Eres tú mi hijo Esaú? Y Jacob le respondió yo soy." (Génesis 27:23-24).

3.- *El Robo.* "Y él le dijo: Vino tu hermano con engaño, y tomó tu bendición." (Génesis 27:35).

4.- *El odio.* "Y aborreció Esaú a Jacob por la bendición con que su padre le había bendecido,..." (Génesis 27:41).

5.- *La disensión.* Este pecado no sólo provocó el odio de Esaú y probablemente el rencor de Isaac al verse engañado, sino que llegó al grado de romper con los lazos del hogar patriarcal. Cuando Jacob se marchó para Padam-aram, hoy Turquía, Esaú, en represalia, salió para "Ismael, y tomó para sí por mujer a Mahalat, hija de Ismael hijo de Abraham, hermana de Nebaiot, además de sus otras mujeres." (Génesis 28:9). Fíjate, mi estimada suegra, en la triste y desesperante expresión de Rebeca: "Por qué seré privada de vosotros ambos en un día" (Génesis 27:45).

> Ver y sentir la necesidad y no poder ayudar por no saber o poder ayudar, es un quebranto del corazón; Pero saber hacer el cómo ayudar y negarse a hacerlo es una gran tristeza e injusticia.

No siempre salen las cosas como uno las planea o desea que sean. Pero una cosa que he aprendido y creo que te lo he comunicado una y otra vez es que, Dios es especialista en hacer aún de las cosas malas o negativas algo bueno y positivo para los que le amamos y creemos que él tiene el control y que él sabe mejor que nosotros cuales son y serán los resultados. Por si acaso te preguntas: ¿Cómo lo sabe? Bueno, lo sabe porque él es Omnisciente. Es por eso que desde el Antiguo Testamento ha dicho: "Yo sé los planes que tengo para ustedes, planes para su bienestar y no para mal, a fin de darles un futuro lleno de esperanza. Yo, el Señor, lo afirmo" (Jeremías 29:11,VP).

Sí, Raquel, en ocasiones las cosas no salen como uno quiere. Pero Dios tiene buenos planes para nosotros aunque de momento no los veamos. Por ejemplo. Mientras estaba preparando este borrador para la imprenta, como de costumbre, aunque era domingo, me le levanté temprano, era un domingo diferente que los otros. ¿Por qué? Porque era Domingo 17 de agosto del 2014. ¿Sabes que significa esta fecha? ¡Sí lo sabes! Y, por si acaso ya te olvidaste de esta fecha, te la recuerdo: ¡Es el Aniversario de Bodas de la Familia Barajas! En esta fecha: 17 de agosto del 2014, mi esposa y yo llegamos a los ¡Cuarenta años de casados!

¡Wau! *¡Cuarenta años de casados!* Y,… allí estaba, como en las mayorías de las mañanas, sentado frente a mi computadora escribiendo mientras esperaba que llegase la hora para ir a la iglesia. ¿Por qué allí en casa escribiendo? ¿Por qué no en algún otro lugar festejando nuestro aniversario? ¿Qué había sucedido? Bueno, las cosas no salieron como las había planeado. Tú ya sabes que estoy sirviendo en la iglesia como Pastor Asistente. También en ese tiempo y hasta la fecha estoy estudiando una Maestría en Divinidades en el Seminario Fuller (*Fuller Theological Seminary*) de la ciudad de Pasadena, California.

> **La salvación en Cristo Jesús cambia toda la vida; ¡La hace mucho mejor! Aun cuando tus planes no sean realizados.**

Ahora bien, del veintiuno al veintisiete de julio celebramos las Escuelas Bíblicas de Vacaciones – así, en plural –, pero, de una manera diferente de la que habíamos hecho en los años anteriores. Las celebramos en tres diferentes lugares: Un equipo compuesto de un líder y tres maestros estaban todos los días; de lunes a viernes, en el oeste de la ciudad de Anaheim, California, otro equipo similar estaban en el norte de la ciudad de Tustin del mismo estado y el tercero estaba en las instalaciones de la iglesia.

El domingo veintisiete de julio nos reunimos en las instalaciones de la iglesia para la Clausura: ¡Fue una hermosa Clausura! Las sillas del Santuario no fueron suficientes para sentar a todos los asistentes. ¡Yo estaba feliz! Comenzaba a ver el crecimiento numérico de la iglesia de una manera muy rápido. Estaba tan emocionado por los resultados que hasta se me olvido tomarme mis pastillas para controlar el dolor del pecho y las que me controlan la presión arterial. ¡Estaba satisfecho de mi esfuerzo puesto a la disposición del Ministerio infantil!

Una semana antes de iniciar esta actividad, la familia pastoral tomó sus vacaciones. La responsabilidad total cayó sobre mí. Durante la semana antes de comenzar la *Escuela Bíblica de Vacaciones o mejor dicho, del Proyecto: Tierra de la Aventura,* estaba estudiando Hebreo Bíblico en el Seminario dos días a la semana y otra materia el día sábado desde las 8:00 am hasta las 4:50 pm. Así que, para poder

> No hay mejor satisfacción que aquel tiempo en el que uno puede ver sus propósitos cumplidos y perdonados sus pecados por Cristo Jesús.

cumplir con las actividades de la iglesia, los dos jueves de esas dos semanas, me salí de clases antes de que terminaran para llegar a la iglesia y enseñar una clase de Discipulado. Viajaba desde la ciudad de La Habrá hasta la ciudad de Pasadena; 54 kilómetros, y desde Pasadena hasta la iglesia; 65 kilómetros. Después de mi clase me reunía con los encargados de las preparaciones del Proyecto en puerta. A la media noche ya estaba en casa para hacer los arreglos que hacían falta en los preparativos de trabajo infantil: ¡El Proyecto: *Tierra de la Aventura*[105] debería de cumplirse! ¡Y cumplirse bien!

Los lunes, miércoles y viernes me levantaba a las 3:15 de la mañana para llevar a mi esposa a la Clínica de Diálisis. Los otros días: domingo, martes, jueves y sábados me levantaba a las 5:00 am, Después de mi tiempo devocional, continuaba con las actividades de preparación del Proyecto: *Tierra de la Aventura* y cumplía con las tareas del Seminario. Durante la semana de la prática del Proyecto, junto con otros hermanos viajábamos a los Centros donde se estaba realizando las actividades. Veía y anotaba cada detalle o cosas que se necesitaban; suplía los pedidos de los maestros y regresaba a la iglesia para darle gracias a Dios por el trabajo que se estaba haciendo al mismo tiempo que le pedía ayuda y salud para poder llegar a una feliz clausura. ¡Y por fin llegó! ¡Y fue de gran bendición! Me sentía agotado pero muy feliz de haber cumplido con la tarea del *"Proyecto: La tierra de la Aventura"*.

El trabajo no termino con la Clausura, pues, durante la semana después de dicha actividad, hice los Certificados de Agradecimiento para todos los que colaboraron en el *Proyecto*. El día jueves de esa semana nos reunimos los líderes para hacer la evaluación del trabajo realizado. Todos los presentes (once líderes) estuvimos de acuerdo en que fue: ¡Una buena experiencia! Y un, ¡buen trabajo! Tan bueno fue que de ese Proyecto ha nacido otro que ya lo hemos puesto en práctica y que le llamamos: *"Iglesias de Barrio"*.

---

[105]   Este fue el nombre que le pusimos a esta Aventura. Nos salimos de lo tradicional de la Escuela Bíblica de Vacaciones llevando el mensaje del evangelio a los niños de los barrios vecinos. Preparamos este proyecto que le pusimos por nombre: *"Tierra de la Aventura"*.

En fin, la satisfacción era comunal; cada uno se sentía satisfecho por la obra realizada. Llegó el domingo tres de agosto. La música fue excelente; nos llevó hasta la misma presencia de Dios: le adoramos de todo corazón. La gente de "los barrios" comenzó a llegar en autobuses que se habían alquilado para llevar a gente a la iglesia y después del culto regresarlos a sus casas. El pastor, quien había regresado de sus vacaciones el viernes veinticinco de julio y había estado muy emocionado durante la clausura, se paró para exponer el mensaje de ese domingo. Inesperadamente dio un giro a su mensaje y con un espíritu muy diferente, dijo que todos nosotros éramos unos zánganos; haciendo énfasis en los líderes y pastores dijo que éramos un montón de zánganos.

> La música, cuando es inspirada por Dios es sanadora, confortable, motivadora y hasta liberadora de los espíritus malignos.
> (I Samuel 16:14-23).

¿Zánganos? Ya te imaginas como nos cayeron esas palabras. Personalmente, me pregunté: ¿de qué sirvió todo el esfuerzo de evangelismo de las casi tres semanas pasadas? ¿De qué sirvió tantos viajes y material escrito y distribuido? ¿De qué sirvió el esfuerzo de los maestros y ayudantes para compartir el mensaje de Jesús a más de cien niños? Durante los siguientes días fueron de oración en el baño de mi apartamento, en el coche y en cualquier lugar en donde podría orar; fueron días de seria meditación y de una dependencia absoluta de Dios.

A raíz, pues, de ese incidente, ya no tuve el valor de pedir tres días de vacaciones para festejar nuestro aniversario: no quería seguir siendo un "zángano". Así que, ese domingo diecisiete de agosto, comenzó como cualquier otro domingo. En el camino hacia la iglesia le dije a mi esposa que saliendo del servicio regresaríamos a nuestro departamento para comer arroz con huevos revueltos, salsa picante y algo de beber que fuera diferente al agua pura, y así, celebrar nuestro *Aniversario Cuarenta*. ¡No siempre salen las cosas como uno las piensa! ¡Ah, pero Dios puede cambiar las situaciones tristes en alegres!

Sorpresa con tristeza.

Raquel, ¿sabes qué? ¡No sucedió como había planteado nuestra Celebración del *Cuarenta Aniversario*! Nuestra hija, Elizabeth, se acordó del evento. Así que me llevé una gran sorpresa cuando vi a mis dos hijos llegar a la iglesia para estar con nosotros en el culto; por cierto, como no era un culto para festejar nuestro Aniversario,

> **Dios es especialista en cambiar la tristeza en gozo; ¡y la alegría en alabanza!**

el mensaje; en esta ocasión, muy buen mensaje, pero nada que ver con nuestra fiesta. ¡Nada que ver con Cuarenta Años de Vida Matrimonial! Bueno, Raquel, alguien dijo: *"así pasa cuando sucede"*.

¡Ah, pero, la sorpresa también se convirtió en tristeza! Tristeza porque mi hijo llegó a la iglesia con el pelo muy largo, con lentes oscuros y con sus argollas colgándole de sus orejas. Mi hijo sabe que eso es un terrible testimonio y una vergüenza para mí; pero, casi siempre siento que de alguna manera se propone estar contra mis principios morales y, al hacerlo, me quita toda autoridad en la iglesia. Tú, lo sabes, tengo un doctorado en Consejería Bíblica (*Pneumátris*), pero no lo estoy ejerciendo; el respaldo familiar me ha quitado autoridad; ¡no me atrevo a aconsejar cuando yo tengo un mal testimonio! Así que, cuando me piden consejos familiares, y especialmente sobre los hijos, a los solicitantes los mando con el pastor principal o con el otro pastor que nos ayuda en el Discipulado o con el Psicólogo que también nos ayuda en este ministerio. ¿Y, yo?, busco un lugar para llorar y orar por no poder ayudar en lo que sé y puedo hacer. Así que, aquel domingo diecisiete de agosto de 2014, después de saludar a mis hijos fui al baño de la iglesia para orar; le pedí a Dios fuerza y consuelo para que ese día, en el Santuario de Betesda NOOC, pudiera adorar a Dios aun con mi dolor, tristeza y vergüenza.

¡Y la sorpresa continuó! Nuestros hijos junto con las otras familias que viven cerca de nosotros: Es decir, *la familia Gordillo, la familia Herrera, la familia Sowell y tu hija Silvia*, nos sorprendieron con una rica, pero muy rica comida en un famoso restaurante en la ciudad de Cerritos, California.

De que hay dolores y tristezas, los hay. Y lo más sorprendente es que llegan en momentos cuando menos uno lo piensa. Pero, Raquel, en esos momentos es cuando Dios toma todo el control y también nos sorprende con sus alegrías, sus triunfos y sus bendiciones. Aunque sigo siendo un zángano, Dios ha tenido misericordia de este zángano y su esposa.

Volviendo a tu caso, no dejo de expresarme de esta manera: ¡Ah, que dolor de madre! Ese dolor que se te podía

> Existen Dolores inebitables; Pero pueden ser suabizados con la Unción del Espíritu Santo.

ver esa noche en la *Iglesia del Nazareno* cuando decías: "Tal vez he cometido errores". Sí, ese mismo dolor de una madre, como lo fue Rebeca. Un dolor no tanto físico como emocional y espiritual en el cual y a pesar de él, Raquel, siempre buscaste lo mejor para tus hijos e hijas aunque eso te costara los constantes dolores físicos y espirituales que ahora son notorios en tu persona. Y pese a

todo, tanto Rebeca como tú, mi estimada suegra, pueden decir
con el compositor Horatio G. Spafford: "¡*Alcancé Salvación!*".[106]

Sí, mi estimada cumpleañera, tú, la Mujer Amable,
¡alcanzaste la gloriosa salvación de Cristo Jesús! Y aunque
parezca sonsonete – a veces lo hago porque se me acaban las
ideas y las palabras se tienen que repetir con ideas anteriores
–, así es que, al juzgar por tus palabras de testimonio, tu vida
tuvo sus momentos de paz pero también aquellos tiempos
en que parecían que "*un mar de aflicción*" estaba sobre tu
persona – de eso ya lo hemos discutido –, pero te lo repito
porque precisamente el canto al que he hecho referencia es
uno de aquellos que nos recuerdan que aunque lleguen los
momentos de crisis; de turbación; de quejas y de angustia,
¡Dios no nos abandona en tales circunstancias. Por eso
es que, al escuchar tus palabras y verte parada al frente de
nosotros con mucho trabajo físico a causa de los años y
dolores corporales que te acompañan, volví a pensar en
lo que habíamos cantado y me dije para mis adentros ¡MI
SUEGRA ALCANZÓ SALVACIÓN!

A propósito, suegra, ya que estamos recordando aquella
interesante noche; la noche del 23 de noviembre del 2002,
aquella noche cuando se hizo más notoria en la ciudad de
Ensenada, Baja California porque estábamos celebrando tus
setenta y cuatro años de vida, ¿por qué no volvemos a cantar
éste hermoso canto que nos habla o recuerda de la salvación
que tenemos en Cristo Jesús? ¡Salé! ¿Lo cantamos? Creo que
no te agradará el que te acompañe en este canto. ¿Verdad?
Mejor cántalo tú, pues ya sabes que yo no tengo el don del
canto y este himno es tan hermoso que no quiero ni que
tú te sientas mal por mi melodiosa voz ni tampoco quiero

[106] Horatio G. Spafford. *Alcance Salvación*. Título del Himno # 330, del
Himnario Bautista. (El Paso, Texas. Casa Bautista de Publicaciones. 1991).

echarlo a perder con mi voz que nunca encuentra los tonos correctos. Aquí está la letra, cántala. Si a tu lado está alguna de tus hijas pídele que te acompañe, cualquiera de ellas lo puede hacer, pues todas tienen el maravilloso don de la entonación correcta y, cuando lo hagan, en espíritu, estaré escuchando cuando la canten:

Alcancé Salvación

"De paz inundada mi senda ya esté.
Oh cúbrala mar de aflicción.
Mi suerte cualquiera que sea, diré:
Alcancé, alcancé salvación.

Coro:

Alcance salvación.
Alcancé, alcancé salvación.
Ya venga la prueba oh me tiente Satán.
No amenguan mi fe ni mi amor;
Pues Cristo comprende mis luchas, mi afán
Y su sangre vertió en mi favor.

Feliz yo me siento al saber que Jesús,
Libróme del yugo opresor;
Quitó mi pecado clavólo en la cruz:
Gloria demos al buen salvador.

La fe tornaráse en gran realidad
Al irse la niebla veloz;
Desciende Jesús con su gran majestad
¡Aleluya! Estoy bien con mi Dios". [107]

---

[107] Horatio G. Spafford. *Alcance Salvación*. Trd. Pedro Grado. (El Paso, Texas. Casa Bautista de Publicaciones. 1991), Himno # 330.

¡Hermoso himno, ¿verdad que sí, suegra?! Creo que si Rebeca en su vejez y sin sus hijos en casa, cantara este himno, sin duda, nunca lo terminaría de cantar sin derramar lágrimas de los que creo, fueron unos lindos ojos mesopotámicos. Pero, tú mi adorada cumpleañera ¡le ganaste a Rebeca! Pues hasta la fecha, en aquella noche inolvidable del 23 de noviembre del 2002, lograste ver a casi todos tus hijos e hijas, a casi todos los nietos, a casi todos los bisnietos y casi a todos los adoptados en tu genealogía. Todos los "*casi*" que he mencionado y que en esa noche estábamos rodeándote con mucho amor.

Para muestra, basta un botón. Ese botón del que te hablo algunos de nosotros lo vimos la tarde del día 23 de noviembre del 2002 antes del *Culto de Acción de Gracias.* Lo vimos allí, en la casa de tú hija Sofía, al oír y ver tu expresión y lágrimas en tus ojos mientras abrazabas a *Juanita Miguel Lara*; ahora mujer, esposa y madre que por unos doce años te ayudó en las tareas domésticas allá en la ciudad de Puebla. Al ver el emocionante encuentro, me dije para mis adentros: ¡Gloria a Dios por esa bendita consolación que Dios te ha permitido ver, sentir y disfrutar! Lloré y ahora que escribo este borrador vuelvo a llorar de felicidad al ver el amor que existe entre ustedes dos.

> Una de las grandes bendiciones de los seres humanos es:
> ¡Volver a ver a sus seres amados!

Alabé al Señor mi Dios por darte un poco; porque realmente fue muy poco tiempo y esfuerzo lo que puse en tu celebración – mejor dicho, yo no puse nada de tiempo y esfuerzo. No lo hice porque mi nombre no estaba en el *Programa*; buena excusa, ¿no lo crees así? –. ¡Pero celebramos tu cumpleaños! Esto es que, alguien tuvo que poner todo ese empeño, tiempo, y esfuerzo para que aquel día fuese un día diferente en la historia de la gran familia Perdomo/García. Es muy tarde para decirlo pero, Suegra, tú te mereces mucho más que lo que se hizo en tu cumpleaños; lo digo, porque, a mi parecer, Tú, con tus acciones, con tus palabra y con tu ejemplo, ha sido mucho lo que tú nos has dado. Sin embargo, lo que se hizo fue hecho con mucho amor, con mucho esfuerzo y con una esperanza de que tú nunca olvidaras de que tu familia te ama y que por ende, desea lo mejor para ti. ¡Y no lo has olvidado, ¿verdad?! Sé que aun conservas en tu memoria aquel 23 de noviembre de 2002.

Así que, Raquel, una vez más - aunque parezca disco rayado -, ¡Gloria a Dios por tú vida! ¡Gloria a Dios por tú persona! ¡Gloria a Dios porque todavía estás entre nosotros! Tú, Raquel, la Mujer Amable, la Madre, la Suegra, la Abuela y la Bisabuela, siempre, aún con

> Cualquier rol que desempeñes; ¡Siempre sé amable!

tus errores y perdonada de tus pecados, seguirás siendo un ejemplo de amabilidad; por lo menos para mí, y si eso es para mí, ¡qué importa lo que digan los demás! Tú, Raquel, para mí, Siempre serás:

¡La Mujer Amable!

Capítulo Siete

Una Abeja Muy Ocupada

Dios le dijo a Jacob: "Levántate y vete a vivir a
Betel. En ese lugar harás un altar al Dios que te
apareció cuando huías de tu hermano Esaú."
Entonces Jacob dijo a su familia y a todos los que
lo acompañaban:

-Saquen todos los dioses extraños que hay
entre ustedes, báñense y cámbiense de ropa.
Vámonos pronto a Betel, pues allá voy a construir
un altar en honor del Dios que me ayudó cuando
yo estaba afligido, y que me ha acompañado por
donde quiera que he andado.

Ellos le entregaron a Jacob todos los dioses
extraños que tenían y los aretes que llevaban
en las orejas, y Jacob los enterró debajo de una
encina que estaba cerca de Siquem. Cuando
ellos salieron, Dios hizo que todos los pueblos
vecinos tuvieran mucho miedo, y por eso no
persiguieron a los hijos de Jacob. Jacob y toda la
gente que iba con él llegaron a Luz, ciudad que
también se llama Betel y que está en Canaán. Y
allí construyó un altar, y llamó al lugar El-Betel,

porque cuando huía de su hermano, Dios le había aparecido allí.

También allí murió Débora, la mujer que había cuidado a Rebeca, y la enterraron debajo de una encina, cerca de Betel. Jacob llamó a ese lugar "La encina del llanto."

Génesis. 35:1-8 (Versión Popular).

● **No**! ¡Claro que No! En esta sección no te hablaré
de la *"encina del llanto"*, quizás en otro carta lo haga,
hoy es un tiempo para recordar tu cumpleaños; ¡día de fiesta no de llanto! Y como estamos recordando tu cumpleaños número setenta y cuatro, entonces, Raquel, aquí voy nuevamente con las preguntas, y lo hago, porque muy bien recuerdo que a ti te gustaba y creo que te sigue gustando que te pregunten, pues bien, ¿te acuerdas que cuando estaba viviendo en Córdoba aprendí algo de la ciencia de la Apicultura? ¿Lo sabías? Bueno, si acaso no lo sabías, ahora ya lo sabes. ¿Por casualidad conociste a *Beto*, ese muchacho originario del Valle de Loma Bonita, Oaxaca, y que fue mi alumno en el Centro Educativo Indígena en la ciudad de Córdoba, Veracruz? Fue con él que aprendí la cría, cuidado y explotación del arte que hace, según algunos historiadores, unos 10,000 a 5,000 años antes de Cristo, los egipcios ya habían descubierto, me refiero al arte de la Apicultura.[108]

Otros historiadores dicen que: "La apicultura nace cuando el hombre intenta conocer el mundo de las abejas. Para ello tomó un tronco hueco e intentó mantener una colonia. Se data del año 2500 a. C. la evidencia del

---

[108]   Apicultura. *Historia de la Apicultura*. (La Habrá, California. Wikipedia, la Enciclopedia libre. Internet. Consultado el 26 de mayo de 2014), 2http://es.wikipedia.org/wiki/Apicultura

aprovechamiento de abejas por parte de los egipcios en sus jeroglíficos. Es en el año 1500 a. C. cuando se escribe sobre las abejas, siendo ésta la primera evidencia escrita (HITITA)". [109]

> Aunque ciertamente los animales actúan por instinto, ¡qué lecciones tan grandes dan a los seres humanos! ¿No sería mejor, en algunos casos, actuar por instinto que conducirnos por nuestra limitada y corrupta libertad?

En fin, Raquel, para que cansarte con tantos datos y palabras de otras personas, lo que quiero es que recuerdes que en la ciudad de Córdoba, ¡también teníamos miel de primera mano! ¡Ah, qué estudio/trabajo tan interesante! El ver a las abejitas; unas ir al campo y en poco tiempo venir a la colmena con su preciado cargamento, esas que se llaman abejas recolectoras; obreras recolectoras les llaman algunos. Mientras tanto otras estaban allí dentro de la colmena alimentando a las crías, otras más amasando y almacenando el polen. Otras más, allí en la colmena, se dedicaban a hacer el trabajo de ventilación moviendo con rapidez sus pequeñas alas, mientras otras más estaban de guardia en las piqueras o puertas de entrada.

El ver todo esa actividad, mi estimada cumpleañera ¡uno se olvida de que está trabajando! Más bien es una diversión en la que no se puede descuidar nada, pues, un sólo descuido y más de una abeja enterrará su aguijón en alguna parte de nuestro cuerpo. El aguijón de la abeja es muy pequeño, algunos llegan a medir hasta unos cinco milímetros. ¡Ah!,

---

[109] Apicultura: *DEFINICIÓN, HISTORIA E IMPORTANCIA DE LA APICULTURA.* (La Habrá, California. Internet. Información patrocinada por PRODUCTOS AGRI-NOVA Science Productos para Agricultura. ¡Por una vida más saludable!), 2. www.agri-nova. com

pero el dolor que causa en cualquier parte del cuerpo en donde la abeja lo ensarta es, para algunos, ¡algo terrible! Algunos de los estudiantes del Centro Educativo Indígena que eran picados por *"mis abejas"*, se enfermaban con fiebre. Ahora bien, por si acaso no lo sabías, mi estimada suegra y cumpleañera, en la casta social de las abejas existe un asombroso orden "social" y laboral. Es un orden en el que se puede notar los siguientes pasos:

Primero: Primeramente está *la Reina*; esa *ama de casa* de la cual depende en gran parte el crecimiento numérico de la colmena. Es, al igual que en la sociedad de los emperadores y

> **Uno de los grandes parásitos de la sociedad humana es el holgazán; ¡El zángano!**

reyes, *una ama del reino* que es atendida en todas sus necesidades.

Segundo: En segundo lugar, están las abejas *obreras*; ellas no ponen huevos para aumentar el número de abejas en la colmena, pero si se encargan de todo el mantenimiento de ella. Las obreras tienen, por lo menos, ocho funciones o trabajos específicos:

1.- Unas se encargan de alimentar a las crías de la reina.
2.- Otras de limpiar las celdas.
3.- Son las obreras las que construyen los panales y las celdas para los zánganos.
4.- Ellas son las que almacenan el polen.
5.- Están entre ellas las obreras policías; es decir, aquellas que defienden la colmena de cualquier intruso.
6.- Otro grupo de abejas regulan la temperatura de la colmena. Eso lo hacen batiendo sus alas o metiendo agua en los panales.
7.- Las abejas recogedoras son las que se encargan de recoger el polen y el néctar.

8.- Por último están aquellas abejas que se llaman *"exploradoras"* que, como su nombre lo indica, son las que van en busca de fuentes de alimento; cuando descubren alguno de ellos, vuelven de inmediato a la colmena para dar el aviso de su hallazgo. Dicho aviso lo hacen dando vueltas alrededor de la colmena o haciendo giros en forma de ocho y, de inmediato, cientos de las que captan el mensaje, emprenden el vuelo en la dirección que les marca la exploradora; vuelan hacia el nuevo centro de alimentos.

En pocos minutos, uno puede verlas llegar a las colmenas cargadas de polen y ser inspeccionadas por las policías que se encuentran en las piqueras.

Tercero: Luego, en tercer lugar, están los zánganos, es decir, los machos, que, como su nombre lo indica, su única función es fecundar a la reina; que, por cierto, algunos son tan zánganos que, ¡ni eso logran hacer!

> **En este mundo de tanta amargura; Jesucristo es el único que endulza la vida.**

¡Qué hermoso trabajo, ¿verdad, Raquel?! Me refiero al de las abejas, porque, en realidad, para mí no era un trabajo, era una gran satisfacción, máxime cuando usaba el *desoperculador*, ese cuchillo especial para cortar las capas de las celdas donde estaba almacenada la miel. Cuando se usa este instrumento, la miel se destila hacia la cubeta o balde que previamente se prepara para recibir la deliciosa miel. Las abejas, al estar trabajando entre ellas, nos rodean, se paran sobre su producto, sobre el panal, sobre nosotros y sobre todo aquello que encuentran a su lado, como diciéndonos que la miel es producto de su trabajo y que se la estamos robando. ¿Y sabes que, Raquel? ¡Era cierto! Beto y yo, cada vez que llegábamos a donde se encontraban las cajas de las abejas les robábamos el producto de su arduo trabajo. ¡Pobres abejitas! Para este proceder, mi abuelita María también tenía otro dicho: *"Nadie sabe para quién trabaja"*. [110]

Mientras las abejas sufrían por su imposibilidad de retirar a los ladrones de su panal – en aquel caso de su caja/casa-, nosotros, veíamos y saboreamos la miel de cada caja, y al probarla, entonces, Raquel, ¡wauuu! ¡Qué delicia el saborear la miel de primavera! Tener, pues, ante mis ojos, toda esa actividad, me dejaba pasmado. ¡Qué maravilla! Con excepción de los zánganos, nadie en aquella sociedad; en aquellas cajas de abejas, estaba desocupado.

Silvia Montelongo García
Primera hija de Raquel García

---

[110] Antes de que tuviéramos un radio o una televisión, nos sentábamos por las tardes en las gradas de la entrada a la casona en donde vivíamos mi abuelita María Pardo, mi Madre, Guadalupe Hernández, mi hermana Socoro Barajas y su esposo Jesús, mis hermanos Jesús e Israel y yo. Allí, sentados en aquellas gradas, mi abuelita nos contaba los antiguos cuentos y decía sus dichos, como el que he escrito en esta página.

Raquel, ¿sabías que en la Biblia se mencionan dos tipos de abejas? Yo sé que lo sabes. Pero, por si acaso te has olvidado de alguna de ellas, hoy quiero recodártelas. La primera de ellas la encontramos en Génesis 35:8, con estas palabras: "Entonces murió DEBORA, ama de Rebeca, y fue sepultada al pie de Betel, debajo de una encina, la cual fue llamada *Alón-bacut.*" Me llama mucho la atención la definición de *"Alón-bacut"*, aunque te dije que no hablaría del llanto, y no lo voy hacer, solo lo mencionaré, porque: "En hebreo, *Elón Bacut* significa *encina del llanto*" [111]

¿Por qué este nombre? Más adelante te doy la posible respuesta. Antes te explico que también la definición hebrea

> En algunas ocasiones decir "NO" es una bendición;
> En otras es una tontería o un abuso psicológico.

para el nombre o término *"Débora"*, que significa *Abeja*, es muy interesante, y lo es porque hace referencia a ¡una abeja obrera! Esta primera abeja fue una de aquellas obreras que estaba encargada de cuidar a los recién nacidos; a los bebés de la casa/colmena. Hoy les llamamos las *nanas* o *niñeras*. ¿Y sabes qué? Interesantemente esta abejita de la cual hago referencia, fue la *nana* de aquella mujer de la que he hecho mención en el capítulo anterior; de Rebeca.

¿Sería, Rebeca, amable y bondadosa porque su *nana* así la educó? Muy probablemente que sí. ¿Tú que piensas, Raquel? Lo interesante de esta abeja mesopotámica o siriaca (porque allá vivía), es que, al igual que las abejas siguen a la reina; la protegen y la alimentan, así mismo, esta abeja siguió a su bebita, ahora ya toda una señorita que poco a poco se

---

[111] Nueva Vida, Santa Biblia: Nueva Versión Internacional. Nota de pie de página: *Elón Bacut.* (Miami, Florida. Editorial Vida. 1999), 36.

convirtió en su reina; la siguió, pues, hasta Betel, en la tierra de Palestina en donde hizo su reino. Y en todo ese tiempo, ella continuó cuidando y alimentando a su nena reina. Cuando Rebeca se casó con Isaac, los padres de Rebeca le dieron a Débora para que le siguiera sirviendo en su nueva vida (Génesis 24:59).

De esta manera, pues, Débora no sólo fue la *nana* de Rebeca, sino también de Jacob y de Esaú. Y cuando Jacob se casó en Padam-aram, tal parece que, su madre Rebeca, que aún vivía, le envió a Débora para que le sirviera. Así que, aunque Jacob no era un zángano, ella fue su nana/sirvienta. Tal vez hasta fue su ama de llaves y con toda seguridad, fue la *nana* de todos sus hijos o por lo menos de los hijos de Raquel; José y Benjamín. Ella era parte integrante de la familia.

Ahora bien, sí Débora fue la *nana* de todos los hijos de Jacob (esa es una posibilidad), entonces, ¡sí que tuvo mucho trabajo! El trabajo no sólo consistía en cuidar a los niños que llegaron a ser doce más las hijas como Dina y las otras que la Biblia no menciona. Siendo la más anciana entre las mujeres que servían a Jacob, también, posiblemente, llegó a ser reconciliadora entre las esposas; Lea y Raquel y, muy probablemente también entre las sirvientas de ellas; Bilha y Zilpa. Creo que tuvo mucho trabajo.

Está incansable abeja llamada Débora, probablemente era una anciana de unos ochenta a noventa años de edad cuando llegaron a Betel. A esa edad, Débora era una anciana muy querida por toda la casa de Jacob. Tan querida era que

> **Si las mujeres aplicaran al cien por ciento sus capacidades bajo la autoridad del Señor Jesucristo, ¡otro gallo nos cantaría!**

cuando murió recibió un sepelio muy especial. Es aquí en donde te aclaro o te doy la respuesta acerca de la "*encina del llanto*". Y es que, Débora fue sepultada y su sepulcro fue hecho bajo la sombra de una encina o, al tiempo que la sepultaron, como en algunos casos lo hacían, sembraron una encina para memoria de ella.

Raquel, nota la siguiente expresión bíblica en la versión popular: "*La encina del llanto.*" Es decir que, cuando ésta anciana abejita murió, todo mundo sintió la gran pérdida; dejaba un hueco en la colmena/casa de Jacob. Y allí estaba, en aquel sepulcro, que se encontraba bajo la sombra de "*la encina del llanto*", el relato de una abeja *nana* que me hace sentir una similitud entre lo que tú eres y ella. Sí, Raquel, tú también, aún en estas fechas eres aquella mujer/abejita, que aunque no tienes una reina que seguir, tú, en alguna manera sigues siendo muy útil a los que te rodean. Aun eres aquella *nana* que recibiste y sigues recibiendo, porque, recuerda: "*aún hay más*"- a cada uno de los nietos y nietas en tu regazo; velaste por ellos; los alimentaste y cuidaste con el amor de una madre que lo da todo por el bienestar de los hijos. En especial, yo recuerdo aquellos días en que tú, juntamente con Juanita, cuidaban de mis hijos René y Elizabeth mientras yo, como un vil zángano dormía, veía la televisión, estaba en la escuela, comía tranquilamente o, simplemente me salía a caminar por las calles de la ciudad de Puebla. ¡Gracias, suegra, por aquel hermoso trabajo! Al mismo tiempo, mil disculpas por ser tan encajoso y pasar más de un mes cada año y por varios años en tu "colmena" saboreando *la rica miel, la cera, el polen y la jalea real* que tú producías, y al mismo tiempo disfrutando del lugar que tú, *abejita obrera*, preparabas, para éste zángano. Y por cierto que lo preparabas con mucho amor.

La segunda abeja

LA SEGUNDA ABEJA que menciona la Biblia la encontramos en el libro de los Jueces en sus capítulos cuarto y quinto. En esta abeja puedo ver, por lo menos, seis características; son seis actividades de esta abeja que me hacen volver, en mi pensamiento, a los colmenares que teníamos en Córdoba, Veracruz y sus alrededores, y también de aquellas que habíamos puesto en algunas partes de las sierras del estado de Oaxaca.

> Cuando Dios ha decidido dar la Victoria, aun con los temores de perder la vida por el fuerte enemigo, la seguridad es que; ¡Dios siempre ganará!

Primeramente, esta abeja: Era una GOBERNADORA.

El escritor del Libro de los Jueces, dice que: "Gobernaba en aquel tiempo a Israel una mujer" (Jueces 4:4), esto es lo que dice la Biblia. El historiador judío Flavio Josefo cuando presenta el trasfondo de la gubernatura de esta valerosa abejita, comenta que el pueblo de Israel no había aprendido nada de los problemas por los que habían pasado al correr de su historia en la Tierra Prometida; su conducta no mejoró con dichas experiencias y lo más triste es que abandonaron a Dios; no adoraron al que los había librado y corregido más de una vez, ni mucho menos obedecieron los reglamentos de Dios y por lo tanto, los invadió el rey de los amorreos, que en ese entonces era el rey Jabin. Esta invasión sucedió casi inmediatamente después de que habían salido de la esclavitud de los moabitas; es decir, que el pueblo de Israel vivió en esclavitud una tras otra con pocos meses y pocos años de libertad. Con un gran ejército de parte del rey Jabin; hombres a pie, hombres a caballo y con carros de guerra, todos ellos conducidos por el capitán Sísara, Jabín se lanzó a la conquista del territorio de los israelitas, ¡y lo logró! Puso a los conquistados bajo el poder de Javin por veinte años (Jueces 4:1-4).

Los israelitas fueron, pues, esclavos de Jabin por veinte años. Cuando finalmente el pueblo se arrepintió y se volvió a Dios, pidieron a Débora, quien era una profetiza y "cuyo nombre en hebreo significa abeja",[112] para que, en su función de profeta, le suplicara a Dios que tuviera misericordia de ellos; que se acordara de ellos; que le pidiera a Dios que no los dejara abandonados en las manos de los cananeos para que los exterminara. Dios escuchó los ruegos de Débora y por medio de Barac, el "Hijo de Abinoam a quien la profetisa Débora llamó para que asumiera el liderazgo militar de los Israelitas en… la campaña contra las fuerzas cananeas que se hallaban bajo las ordenes de Sísara (Jue. 4:6)",[113] y a quien ella misma lo nombró capitán del ejército israelí, las tropas israelitas se lanzaron al campo de batalla.

Barac insistió en que Débora lo acompañara a la batalla, ella se enojó porque consideró que Barac estaba delegando la autoridad que Dios le había dado, pero al fin lo acompañó. Con diez mil soldados reunidos en el monte Tabor, a insistencia de Débora, Barac le hizo frente al ejército enemigo, porque era

> El vaso débil, bajo la dirección y gracia de Dios; ¡Se vuelve irrompible!

su deber y Dios le había prometido su apoyo. De acuerdo a Josefo, el apoyo divino llegó por medio de una gran tormenta con abundante lluvia y granizo. El viento que les

---

[112] S. Leticia calcada: Edición General. *Débora*. Diccionario Bíblico Ilustrado Holman, 440.

[113] S. Leticia calcada: Edición General. *Barac*. Diccionario Bíblico Ilustrado Holman, 199.

sopló de frente a los enemigos era tan fuerte que oscurecida
su vista no pudieron hacer uso correcto de sus armas, como
las hondas y sus flechas y el frio les paralizo como para que
no pudieran usar sus espadas. Fue todo lo contrario en el
ejército de Israel.

Al no poder vencer al ejército israelita, Sísara, al
verse derrotado huyo del campamento de batalla y llegó
corriendo a esconderse en la casa de una mujer israelita
llamada Jael. Cansado, con temor y sediento, le pidió a Jael
que lo escondiera y que le diera algo de beber. Ella cumplió
sus órdenes, lo escondió, le dio un lugar para descansar y le
dio a beber leche agria, posiblemente jocoque. Sísara tomó
de aquella leche hasta que se quedó dormido. "Estando
dormido, Jael tomó una estaca de hierro y con un martillo se
la clavó en la sien hasta el suelo".[114]

¿Sabes que, Raquel? Esta historia bíblica nos presenta
algo completamente diferente de lo que era la cultura entre
los israelitas; es decir que, en esta historia se nota que esta es
la primera vez y, por cierto, no será la última, en que la
Biblia menciona la autoridad de la mujer sobre el hombre.
¿Lo leíste bien? La Biblia presenta a una mujer que le ordena
a un capitán de los ejércitos de Israel que tiene que pelear
contra el enemigo y, otra mujer, llamada Jael,[115] pone fin de
una manera muy estratégica a la guerra israelita/cananea al
matar al gran capitán Sísara, al hombre que Javin, el rey de

---

[114]   Flavio Josefo. Antigüedades de los Judíos: Tomo I, 239.
[115]   Jael. Nombre de persona que significa "Cabra montés". Esposa de
        un ceneo (Jue. 4:17). Recibió al líder cananeo Sísara cuando este
        huía luego de ser derrotado por los israelitas que estaban al mando
        de Débora y Barac. Jael asesinó a Sísara, acción que se celebra en
        el cántico de Débora (Jue. 5:24-27). (S. Leticia Calcada. *Jael*.
        Diccionario Bíblico Ilustrado Holman), 857.

los cananeos le había entregado su numeroso ejército con el fin de expandir sus dominios en el territorio de Palestina.

Dos mujeres. Una, llamada Débora, siendo la Gobernadora de la nación de Israel y con una autoridad que todos, incluyendo el mismo capitán Barac, respetaban. La otra, llamada Jael, que con una astucia y una calma que sorprende a todos: ¡Estaba frente a frente con el enemigo número dos! —el número uno era el rey Javin-. Y sin embargo, Jael mostró una calma que le produjo una seguridad al gran señor de los enemigos de tal manera que, por decirlo de esta manera, puso su vida en sus manos. ¡Benditas calma y astucia de Jael! Pues, bien, ¡estas dos mujeres le pusieron fin a una esclavitud de veinte años! ¡Wauuu!, cuando ustedes, como mujeres, se proponen hacer algo,… ¡hasta del cielo les viene la ayuda! Y lo digo también, por ti, Raquel; una y otra vez tú recibiste la ayuda del cielo para lograr los deseos de tu corazón. Claro que en ocasiones no fue con mucha calma, sino con algo de gritos, algo de chantajes, algo de…

> "Las mujeres israelitas administraban la casa y llevaban a cabo las tareas de esposas y madres (Prob. 31:10-31). Poseían un grado de anonimato en la vida y estaban subordinadas a sus esposos".
> **Diccionario Bíblico Ilustrado Holman, 1126.**

¿Qué cosa? Pues sí, así es. ¿Quién dijo que Dios; el Dios de la Biblia era machista o discriminatorio? ¿Quién se ha atrevido a decir que la mujer en el Antiguo Testamento no contaba para Dios? Está claro en la Historia Universal que para los egipcios, la mujer era objeto de belleza y de procreación; para los babilonios era un símbolo de lujuria; en tanto que para los romanos era, al igual que los animales, un instrumento de carga y trabajo. ¿Y qué era la mujer para los judíos? Era el medio por el cual el pecado llegaba a los hombres, por ello, los judíos tenían a las mujeres en completa sujeción y separación; aún en el templo y en las sinagogas, las mujeres, con los rostros cubiertos, tenían sus lugares aparte de los hombres y, por cierto, ellas deberían de estar en completo silencio en las reuniones; ya fuesen estas religiosas o sociales. Esta práctica judía no ha cambiado mucho en ciertos lugares del Oriente.

"La actitud judía fuera del canon de las Escrituras era en ocasiones discriminatoria y degradante. Muchos rabinos no les hablaban a las mujeres ni les enseñaban. En los escritos rabínicos tal desprecio se demuestra en su comentario sobre las Escrituras, y se puede atribuir al legalismo rabínico".[116] Por ejemplo, la mujer judía era considerada inmunda cuando daba a luz a un bebé y, si era una niña, al parecer, era aún más pecadora.[117] Mi profesor de Antiguo Testamento, el doctor Samuel Pagán, comenta que parte de esta actitud hacia la mujer era porque en los procesos de parto está incluidos la pérdida de fluidos, así como de sangre. En especial, se hacía énfasis en la pérdida de la sangre, porque, de acuerdo al rabinismo judío eso hacía a la mujer completamente impura.

> Mientras que algunos hombres desacreditan y maltratan a las mujeres; Dios las ama, las bendice y las usa para el bien de los hombres.

Su condición de impura dependía de si había dado a luz un niño o niña; si fue niño, su impureza duraba solamente siete días, pero si nació una niña eran catorce días de impureza. Para quitarse la impureza la recién aliviada

---

[116] Leticia Calcada. Dirección General. *Mujer*. Diccionario Bíblico ilustrado Holman, 1127

[117] Levítico 12:1-8

tenía que llevar una ofrenda al Templo de un cordero y una paloma (o tórtola); pero si la persona era pobre, podía ofrecer a Dios dos tórtolas o dos palominos (Lc. 2:24).[118]

El erudito en asuntos judíos, *Alfred Edersheim,* dice que debemos de recordar que la madre de Jesús, cuando ella llevó su ofrenda de purificación al Templo, debió de haber entrado por la puerta de los primogénitos y una vez que entró, se quedó de pie junto a la puerta de Nicanor. A sus espaldas, en el Atrio de las Mujeres, se encontraban los adoradores mientras que ella misma, mientras permanecía de pie en los escalones de los levitas, observaba toda la actividad que se hacía en el santuario. Casi al final del culto, uno de los sacerdotes oficiantes debió acercarse a ella mientras aún seguía junto a la puerta de Nicanor, tomaría su ofrenda de sus manos, la que seguramente fue la ofrenda de los pobres. El sacrificio de la mañana había concluido así que muy poca gente debería de haberse quedado para ver el sacrificio de purificación de María. El sacerdote oficiante se volvería a ella y la rociaría con la sangre sacrificial al tiempo que la declararía purificada. Con este acto de purificación su primogénito sería redimido en las manos del sacerdote mediante cinco siclos de plata, es decir, aproximadamente como 65 gramos de plata. El sacerdote pronunciaría las dos bendiciones; una era para darle gracias a Dios por el feliz acontecimiento del nacimiento de un varón y la segunda era por el cumplimiento con la ley de la redención.[119]

¿Lo notaste? María presentó, de acuerdo a la ley judía a su primogénito, y tuvo que someterse a la ley judía; tuvo que

[118] Samuel Pagán. *Introducción a la Biblia Hebrea.* (USA. Editorial CLIE. 2012), 213.
[119] Alfred Edersheim. *El Templo: su ministerio y servicios en el tiempo de Cristo.* Trd. Santiago Escuain. (Terrassa (Barcelona), España. Editorial CLIE. 1990), 366-367.

presentar su ofrenda, por cierto, presentó la ofrenda requerida para los pobres. María, pues, considerada como inmunda tuvo que hacer un ritual para ser redimida de su inmundicia; es decir, para quitarse cierto problema moral que le impedía ser aceptada por Dios en su presencia, pues, el término "inmundicia", que en el idioma griego es *Akatharsia*, "está

> **El liderazgo es estar entre la gente pero un paso más adelante que ella.**

usado en un sentido moral: la impureza de vivir lasciva, lujuriosa, libertina – Según Thayer. Originalmente tiene referencia a impureza o suciedad en el sentido físico. En el griego del Antiguo Testamento es usado para denotar impureza ritual y ceremonial que hacía imposible a los adoradores acercarse a Dios – Lev. 22:3-9".[120]

En sí, lo que trato de mostrarte, es que, de acuerdo a la ley judía y sus tradiciones tanto sociales como religiosas, era muy difícil que una persona estuviera en la presencia de Dios, en especial una mujer, entendiendo que el estar en la presencia del Ser divino, para el judío, era estar en el Templo de Jerusalén. Si para los hombres era algo muy difícil, para las mujeres judías, ¡era algo casi imposible! En el contexto general de la Biblia, ayer, hoy y siempre, para Dios, mi estimada Raquel, la mujer, tiene las mismas garantías que los hombres, por supuesto, cada uno respetando su posición. Y aún, el mismo Dios, a las mujeres las puede poner como jefas de hogares o gobernadoras de una nación. Allí está el caso de *Margarita de Borgoña*, reina de Navarra y de Francia en los años 1290 a 1315. *Margarita de Austria* fue otra reina, sólo que ésta lo fue de España entre los años de 1584 a 1611.

---

[120] Instituto Interglobal. *Fornicación, Inmundicia y Lujuria.* (La Habrá, California. Internet. Consultado el 25 de junio de 2014), 5. http://institutointerglobal.org/aprendizaje-en-linea/temas/275-etica-y-cuestiones-morales/2390-fornicacion-inmundicia-y-lujuria

María Antonieta fue reina de Francia durante los años 1755 a 1793, mientras que la reina *Isabel II* de Inglaterra gobernó su país comenzando en el año de 1953. Tenemos también a la llamada mujer de hierro; *Margaret Thatcher* quien llegó a ser la Primera Ministra británica en 1979.

Ahora bien, si creemos en la Soberanía de Dios y en lo que el apóstol Pablo nos dice en la Biblia – y claro que yo lo creo-, *Margarita de Borboña, Margarita de Autria, Isabel II* y *Margaret Thatcher*, al igual que otras mujeres que han sido Jefas de Estado, han sido puestas por Dios. "Porque no hay autoridad sino de parte de Dios, y las que hay, por Dios han sido establecidas" (Rom. 13:1). Este, también, fue el caso con *Débora*; ésta abeja cuya historia se ha

> "𝕰𝖘 el colmo de la arrogancia intelectual pensar que uno tiene sabiduría sin la revelación de 𝕯ios. 'Profesando ser sabios se hicieron necios' (Romanos 1:22)".
> Neil T. Anderson

relatado en el libro de los Jueces, en sus capítulos cuatro y cinco, Débora fue puesta por la Soberanía de Dios como una jefa en el centro de Palestina.

Y creo que éste fue también el caso tuyo. Tú, mi estimada cumpleañera, fuiste más que la madre de tu hogar. Allí en la ciudad de Puebla, llegaste a ser, en cierta forma, una *gobernadora* para todos aquellos que te rodeábamos. Y no me digas que no es cierto, porque, en cierta forma, yo también respeté esa autoridad que emanaba de tu persona. [121]

En segundo lugar, Débora era Una PROFETISA.

---

[121] El pensamiento en el Recuadro fue copiado de: Neil T. Anderson. *Rompiendo las cadenas: Venciendo: *Pensamientos negativos. *Sentimientos irracionales. * Costumbres pecaminosas.* Trd. Manuel y Ruth López. (Puebla, México. Impreso en los talleres de AVAL. 1996), 145.

Dios le había concedido a Débora este don para que lo desempeñara en el cargo de gobernadora. Así que, en ella tenemos una doble ayuda por el momento; es una mujer que con el don profético estaba al día de lo que Dios deseaba para su pueblo Israel, y con el cargo político, gobernaba a toda una nación; es decir que, con la sabiduría divina y la autoridad política, se puso de pie al frente; mejor dicho, se sentaba delante de toda una nación, para decirle al pueblo y a sus líderes lo que era la voluntad de Dios y el cómo deberían de vivir políticamente como nación escogida por Dios. ¡Qué tremenda responsabilidad! Sin embargo, Raquel, ésta segunda característica de Débora, para mí es más apreciada que la actividad anterior – y no es que la primera sea sin importancia, ¡sí que tiene mucha importancia!, pues de allí depende la segunda–, y es que, ¿cómo lograr tener un buen gobierno sin el consejo de Dios? En nuestros países latinos tenemos suficientes ejemplos de tratar de gobernar – digo *tratar* porque en muchos casos no se gobierna sino se anarquiza–. El doctor argentino, Alejandro F. Botta, dice que:

Dios es experto en ayudar a gobernar; Lo ha hecho desde la presencia del ser humano en esta tierra.

"La historia de la iglesia muestra demasiados ejemplos de alianzas y contubernios con los opresores. Hemos sido testigos en América Latina de cómo los Sumos Pontífices celebraban y bendecían a asesinos como los generales Augusto Pinochet (dictador de Chile, 1973-1990) o Jorge Rafael Vadela (dictador de Argentina, 1976-1981)."[122]

[122] Alejandro F. Botta. *Los profetas menores: Serie: Conozca su Biblia.* (Minneapolis. MN. Augsburg Fortress. 1995), 57-58.

Religión y política unidas de la misma manera como lo era en los tiempos de Débora, con la diferencia de que Débora dependía y acataba el consejo divino para sus declaraciones gubernamentales. En sí, Raquel, ¿te das cuenta? Para gobernar correctamente, al estilo, por ejemplo, del rey Josías (2 Reyes 22:1-2; 23:25; 2 Crónicas 34:33), ¡se necesita el consejo y la sabiduría de Dios!, pero del Dios de la Biblia, no del inventado por los seres humanos, o como dijera Juan A. Mackay en *"El Otro Cristo Español"*,[123] cuando escribió acerca de la teología en América Latina. Mackay, dijo que con este invento religioso se han cometido múltiples atrocidades por ambos caminos: el político y el religioso.

Miguel Angel Perdomo García. Quinto hijo de Raquel García

---

[123]   Título del libro de Juan A. Mackay. *El Otro Cristo Español: Un estudio de la historia espiritual de España e Hispanoámerica.* Trd. Gonzalo Báez-Camargo. (Lima, Perú. Colegio de San Andrés (antes Anglo Peruano). 1991).

Raquel, ¿recuerdas estas palabras del salmista?

"Los hijos son una herencia del Señor, los frutos del vientre son una recompensa. Como flechas en las manos del guerrero son los hijos de la juventud."
(Salmo 127:3-4, NVI).

Bueno, dejemos esos caminos y volvamos a lo tuyo; a tu labor entre nosotros. En cuanto a tu ministerio de abejita al estilo de Débora, tú, Raquel, nos dabas consejos. Consejos que algunos los hemos seguido, mientras que otros, al igual que Pedro, al salir del hogar, han llorado amargamente por no hacer caso a tu consejo por el hecho de ser una mujer (Luc. 22:62). Es decir que, ese llanto es por haberse hecho los valientes o testarudos a la hora de escuchar tus palabras e ignorarlas. En este sentido, pues, tú, mi estimada cumpleañera, te convertiste; mejor dicho, Dios te puso como una profetisa de tu hogar. Ministerio que con la gracia Soberana y el poder del Señor lo desempeñaste. Ministerio que pese a tus errores, lo hiciste. ¡Y lo hiciste bien! Tal vez no como tú lo pensabas y deseabas pero, Raquel, ¡lo hiciste bien!

Johann Sebastian Bach, quien fue un gran compositor musical y un hombre reconocido a nivel mundial por sus obras no era lo que el mundo esperaba de un hombre con semejante talento. ¡Y sí que había sido muy talentoso! Uno de los biógrafos de *Johann Sebastian Bach*, ha escrito, diciendo que: "Después de su muerte, les llevó cuarenta y seis años a los bibliotecarios organizar y publicar todas sus obras; el resultado fue una colección que llenaba sesenta grandes volúmenes. Un copista actual estima que se necesitarían setenta años de duro trabajo para copiar toda su obra a mano, que es como él la escribió". [124]

Raquel, escucha esto. Bach fue grande en la música pero no muy apreciado económicamente; sus entradas monetarias fueron muy pocas. Se dice que tenía un salario tan bajo que tenía que vivir en condiciones paupérrimas; lugares oscuros, restringidos, fríos y con pocas ayudas sanitarias: "Seis de sus primeros ocho hijos murieron antes de llegar a la edad adulta, y el párroco lo humillaba en público con frecuencia. Pero Bach no vivía para las recompensas. Como dijo un músico: vivió sólo para adorar a Dios y escribir música". [125]

> Tus acciones dicen más que las palabras; Booz le dijo a la moabita Rut: "Todo mi pueblo sabe que eres una mujer ejemplar" (Rut 3:11).

¿Para eso? ¡Sí!, para eso vivió Bach, ¡para adorar a Dios! Y, tú, Raquel, ¿para qué has estado viviendo?, ¡para adorar a Dios!, ¡para eso es que tú has vivido todos estos años! En medio de tus luchas y desprecios por la creencia que profesas en el Dios de la Biblia, y, sin embargo, como buena profetiza de Dios, vives para adorar a Dios y para aconsejar a tus hijos y a los agregados. Profetizas en el sentido de que el mensaje bíblico aún se escucha desde tus labios.

El profesor y conferencista *Neil T. Anderson*, dice que: "Nunca debemos usar nuestra lengua para humillar a otros. Más bien, nos debemos edificar el uno al otro con lo que decimos, y así impartir gracia a los que nos escuchan". [126]

---

[124] Puedes cambiar el mundo, 20-21.
[125] Puedes cambiar el mundo, 21.
[126] Neil T. Anderson. *Rompiendo las cadenas: Venciendo: *Pensamientos negativos. *Sentimientos irracionales. * Costumbres pecaminosas.* Trd.

Y eso es precisamente lo que tú has estado haciendo; hasta el último día que he estado junto a ti, escuchándote hablar de los demás, has tenido una palabra de alabanza; una que ha edificado mi vida y seguramente la vida de otros y otras. Claro, han salido algunas palabras de tu boca que prefiero no mencionarlas ni gastar energías y papel en ellas. ¡Esa ha sido tú Raquel! Este es uno de los hermosos lados de tu personalidad que he conocido y por los cuales, hasta la fecha, le doy gracias a Dios; no importa quien haya sido o sea que esté a tu lado, tú, con tus palabras los has *edificado*, porque has cumplido con tu papel de profetiza.

En tercer lugar, Débora era Una MUJER DE BUENAS COSTUMBRES O Hábitos.

Creo que en alguna parte de mis escritos he mencionado y escrito el siguiente pensamiento que hace mucho tiempo recibí por medio del internet; es un mensaje que la hermana en Cristo, Celia Hernández – miembro de mi iglesia- me lo mandó y que ahora, quiero compartirlo contigo, dice:

> *"El poder del conocimiento, es el enemigo de la pobreza, enemigo del sufrimiento y enemigo de las limitaciones".*

Débora no solamente tenía el conocimiento político; era gobernadora entre los israelitas, sino que aun más, tenía el conocimiento divino; Dios le revelaba su propósito y voluntad para el pueblo de Israel. Era, pues una mujer favorecida con el conocimiento pero, además era una mujer de buenos hábitos, pues: "Débora acostumbrada sentarse bajo una palmera

---

Manuel y Ruth López. (Puebla, México. Impreso en los talleres de AVAL. 1996), 145.

(conocida como la palmera de Débora), que había en los montes de Efraín, entre Ramá y Betel, y los israelitas acudían a ella para resolver sus pleitos." (Jue. 4:5). ¡Qué hermosos hábitos tenía esta abejita! Míralos bien, Raquel.

Allí estaba, día con día, sentada bajo una palmera. La palmera tiene la característica de ser un árbol que aguanta tanto el frío como el calor; el tiempo quieto como las tempestades y, puede vivir entre los árboles como en la soledad; en el bosque como en los desiertos. Esté donde esté, la palmera da su fruto en su tiempo. Sus raíces son fuertes y van hasta donde encuentran algo seguro para *agarrarse* y los nutrientes que se encuentran en el agua y la tierra donde se *agarran*, son suficientes para alimentar todo lo que ellas están sosteniendo. De esta manera, la palmera se eleva hacia el cielo sobre el desierto, sobre los valles y los bosques con sus hojas de un color verde que simbolizan la esperanza de la vida en circunstancias difíciles, como por ejemplo, en los desiertos, en donde la vida parece perder toda oportunidad de continuar su carrera. Si llega la tempestad, la palmera se dobla, algunas de sus hojas son maltratadas y parte de su fruto es arrancado pero, Raquel, ¡la palmera sigue en su lugar! Pasada la tempestad, allí está otra vez levantada hacia el cielo con sus hojas verdes y lista para continuar dando su fruto. ¡Qué lección tan admirable!

Además, la palmera de Débora estaba "*entre Ramá y Betel*"; es decir, entre las *alturas* y la *Casa de Dios*. En otras palabras, Débora tenía la costumbre de sentarse, para gobernar a los israelitas, en medio del pueblo y la morada de Dios; estaba, por decirlo de esta manera, a la mitad del camino hacia Dios. Era allí en donde "*los israelitas acudían a ella*." Creo yo que no sólo "*acudían a ella*" para "*resolver sus pleitos*" sino que también para recibir el consejo de Dios por medio de ella, pues, recuerda, Raquel, que Débora era también profetisa.

A.hora bien, Raquel, a pesar de lo que tú llamas "*muchos errores*", yo bien recuerdo que tenías la costumbre o el hábito que te heredaron tus padres de asistir a la iglesia.

> "**La rebeldía es tan grave como la adivinación, y la arrogancia como el pecado de la idolatría.**"
> Samuel, el profeta judío.
> I Samuel 15:23

A pesar de todas las circunstancias negativas y positivas que te rodeaban, tú, Raquel, tenías el hábito de ir a sentarte bajo la palmera/iglesia y de allí tomar los sabios consejos que compartías con aquellos que te rodeábamos. Sin embargo, Raquel, tengo que ser sincero contigo, y si mi sinceridad te molesta, te pido perdón por ello. Pero, Raquel, yo nunca te vi leer tu Biblia en tu hogar ni orar de una manera consecutiva por tus hijos/hijas. Si lo hiciste en secreto; si te sentaste bajo la palmera en las madrugadas o cuando estabas a solas, Raquel, muy bien hecho.

Y creo, porque algo en mi interior me dice y también porque fui testigo presencial, que cada ocho días te sentaste bajo la *palmera divina* – la iglesia local –, y fue así que *agarraste* las virtudes que he hecho notar en la palmera física, pues hasta la fecha, cuando han llegado las tempestades y también cuando cometiste los *errores* a los cuales, creo, has hecho referencia en la noche de tu cumpleaños, ciertamente te doblaste, perdiste parte del fruto espiritual que Dios te había dado y tus hojas, también espirituales, fueron maltratadas pero, aun así, Raquel,

> "**Cuando David fue ungido rey, aun debía pasar por un largo proceso de aprendizaje. Pudo ver ejemplificados en Saúl los resultados desastrosos de menospreciar la voluntad divina, y de actuar sin consultar a Dios**".
> W. T. Purkiser

por la gracia de Dios, te levantaste, te volviste hacia las alturas, una y otra vez, te levantaste sobre los terrenos áridos hacia Dios. Y, Dios vio ese esfuerzo que realizabas y mandó la energía solar, la gracia de Dios y el Espíritu Santo para fortalecer tu sabia (esa energía espiritual), para darte más fuerza, desde las raíces hasta fortalecer el tronco para que, cuando las hojas y el fruto llegasen a la abundancia, pudiese sostenerlos. Dios, en su infinita misericordia, después de las tempestades – en plural, porque fueron varias -, te volvió a dar el verdor de la esperanza; el verdor de que, el sentarse bajo la *sombra del Omnipotente* ¡vale la pena! (Sal. 91:1). [127]

Desde allí, Dios, te ha hecho Madre, Suegra, Abuela, Bisabuela y Gobernadora con excelentes consejos. ¿Te das cuenta? Son cuatro generaciones primarias en las cuales tú, mí estimada suegra aun tienes mucha influencia de parte de Dios para gobernar y aconsejar. Ya que, según así lo creo, tú sigues estando entre Dios y nosotros. No como una diosa sino como un ser humano a quien Dios ha capacitado con los dones de sabiduría y profecía.

¡Te imaginas si tus cuatro generaciones primarias siguiéramos tu ejemplo! Si todos, como un solo hombre; es decir que, si todos tus hijos e hijas y los agregados a tu genealogía buscáramos *"primeramente el reino de Dios y su justicia"* (Mar. 6:33) y después la sabiduría de este mundo y las cosas materiales, ¡qué mucho más hermosa sería tu genealogía! Te imaginas si a tu genealogía "todos los días" le siguieran "la bondad y el amor,… y que en la casa del Señor habitare para siempre", ¡te imaginas que familia sería! (Salmo 23:6, NVI). Si todos tus hijos, hijas, yernos, nueras y nietos

---

[127] Las palabras del recuadro fueron copiadas de W. T. Purkiser, Redactor. C. E. Demaray, D. S. Metz y M. A. Stuneck. *Explorando el Antiguo Testamento*. Trd. Dardo Bruchez. (Kansas City, Missouri. Casa Nazarena de Publicaciones. 1994), 167.

sintiéramos la necesidad de sentarnos ante Dios y seguir sus consejos, así como nos sentamos en los salones de clases o en los lugares de nuestros trabajos para escuchar a los humanos y seguir sus filosofías. Si todos tus nietos en lugar de correr tras el televisor, la loca música de nuestro tiempo, la ciencia y la tecnología de los celulares, iPhones, tabletas y demás instrumentos de hoy corrieran, primeramente, para buscar un lugar en la Iglesia del Dios viviente y, si todos tus bisnietos comenzaran a darse cuenta que lo mejor de todas las actividades humanas es sentarse bajo la protección del Ser divino; del Dios de la Biblia, y sentir su calor y protección como el de sus padres mientras están en la iglesia, tal y como las crías de las abejas lo sienten en la colmena, entonces, Raquel, tu *colmena,* !SERIA UN HERMOSO ENJAMBRE! ¿Verdad que eso sería muy hermoso, mi estimada cumpleañera? ¡Claro que sí! Ver a cada uno de los miembros de tus cuatro generaciones primarias, como a las lindas abejitas, ocupados en sus diferentes actividades pero sin descuidar el vivir bajo la sombra protectora del Altísimo y Todopoderoso Dios, ¡eso sería hermoso! (Sal. 91:1).

Esto, pues que he comentado, creo yo que sería una hermosa utopía que alegraría el resto de tus días en esta tierra. Sería una utopía en donde el fruto del Espíritu Santo se multiplicaría y maduraría de una manera natural en un ambiente regido por lo espiritual – se vale soñar; pero dentro de ese sueño, también se vale y se debe orar por la realización de esta utopía –. Pero, pero. . . Pero mejor

> Tus acciones dicen más que las palabras. Booz le dijo a la moabita Rut: "Todo mi pueblo sabe que eres una mujer ejemplar" (Rut 3:11).

pasamos a la cuarta característica de, valga la re-abundancia: *La Abeja Débora.*

En cuarto lugar, Débora era una mujer que Tenía la capacidad de una ESTRATEGA militar.

La sabiduría de la que te he mencionado en la tercera característica de Débora se ve claramente en esta cuarta actividad de la *Abeja* que estamos estudiando. Ya te he comentado que Jabín, quien era rey de los cananeos, con sus novecientos carros herrados y un ejército cuyo capitán se llamaba Sísara, había estado oprimiendo "con crueldad a los hijos de Israel por veinte años" (Jueces. 4:3). Entonces, Débora, usando su capacidad de estratega:

> "Un día,. . . mandó llamar a un hombre llamado Barac, hijo de Abinoam, que vivía en Cedes, un pueblo de la tribu de Neftalí, y le dijo: -El Señor, el Dios de Israel, te ordena lo siguiente: 'Ve al monte Tabor, y reúne allí a diez mil hombres de las tribus de Neftalí y de Zabulón. Yo voy a hacer que Sísara, jefe del ejército de Jabín, venga al arroyo de Cisón para atacarte son sus carros y su ejército, pero yo voy a entregarlos en tus manos'."
> (Jue. 4:6-7).

¡Bendito Dios que sabe a quién escoger para pelear sus batallas! ¡Sea, también bendito por poner a personas sabias que apoyen a los capitanes de su ejército! Digo esto porque, Barac, quien da la impresión de ser un hombre cobarde, tiene la ligereza que su nombre lo indica, recuerda que el término *Barac* significa relámpago. Y así fue,

> La obediencia es un fuerte material en el puente de Dios para cruzar al éxito de una Vida con Propósito.

pues Barac, como un relámpago cayó sobre el ejército de Sísara espantando a todo mundo de tal manera que, en lugar de pelear contra el ejército de Barac, los cananeos corrieron en busca de refugio; corrieron buscando un lugar en donde salvar sus vida.

¿Fue la ligereza y sabiduría de Barac las razones de su rápida victoria? ¡Nooo!!Fue la dependencia que Débora tenía en Dios la que hizo posible la victoria! Sí, ¡claro que sí! Ella se sentaba bajo la palmera para recibir el consejo y la sabiduría de Dios; es decir que, ella tenía la sabiduría divina y por ende, Dios le había revela su propósito, su objetivo y por supuesto una buena estrategia para que sus amados hijos pudieran vivir en paz al derrotar al enemigo; a los moabitas.

Mira, Raquel, mira bien la estrategia de ésta abeja llamada Débora: Primeramente llama a un hombre que tiene por lo menos cuatro características que serían muy necesarias para una rápida victoria; no llamó a un zángano – es decir que, en esta estrategia yo no califico-. En segundo lugar, Débora resaltó las virtudes de Barac. ¡Un aplauso, por favor!, ¡aunque sea solo uno! Esto es lo que espera cualquier ser humano cuando lleva acabo una obra, cualquiera que esta sea. Es una falacia, por no decir una gran mentira, que cuando uno hace las cosas bien; cuando se empeña en hacerlo bien, aunque no resulte positivo al cien por ciento el objetivo propuesto, decir: *Yo no lo hice para que aplaudieran*, siendo honestos, en nuestro ego, esperamos, por lo menos, ¡un aplauso! Débora sabía este principio psicológico, así que, por lo menos resaltó tres de las virtudes, de las otras que tenía Barac:

1.- Llamó a un hombre ligero; Hábil.

Alguien que podía moverse con rapidez - ¡era un relámpago! -, ya fuese en la montaña como en el valle; ya fuese en lo seco o en terreno lodoso; en el frío o en el calor,

Barac se movía con rapidez. Barac fue pues un hombre que, por sus características físicas, podía vencer serios obstáculos. Aunque, necesitaba la motivación para lograrlos, y allí estaba a su lado la experta en las motivaciones, Débora, para motivar al gran capitán de los ejércitos de Israel.[128]

> "El lema de la Nueva Era es la mentira más antigua de Satanás: "Seréis como Dios' (Génesis 3:5).
>
> Neil T. Anderson

La rapidez es una de las virtudes que no todos poseemos. Algunos somos tan lentos para caminar que las tortugas se ríen de nosotros. Otros somos tan lentos para pensar que la noche llega sin tomar una resolución. Otros somos tan lentos para actuar que el Koala llega primero a su madriguera que nosotros al final de una tarea. Otros somos tan lentos para voltear hacia atrás para ver de dónde Dios nos ha sacado que un elefante se asombra de nuestra incapacidad. Ahora bien, la Biblia dice que hay por lo menos una parte de la vida en la que sí debemos ser lentos. El medio hermano de Jesús, Santiago, dijo: "Mis queridos hermanos, tengan presente esto: Todos deben estar listos para escuchar, y ser lentos para hablar y para enojarse" (Santiago 1:19, NVI). Esta recomendación es una de las que tú, Raquel, practicabas. Te he dicho que admiraba aquellos días en que te sentabas alrededor de la mesa del comedor de tu apartamento allá en la ciudad de Puebla, nos escuchabas con mucha atención; luego dabas tu opinión o hacías preguntas: ¡estabas lista para escuchar! ¿Te enojabas fácilmente? Yo no lo noté, lo que yo recuerdo es verte siempre con una cara

---

[128] Las palabras dentro del rectángulo fueron copiadas de: Neil T. Anderson *Rompiendo las cadenas: Venciendo: *Pensamientos negativos. *Sentimientos irracionales. * Costumbres pecaminosas.* Trd. Manuel y Ruth López. (Puebla, México. Impreso en los talleres de AVAL. 1996).

alegre (☺), no alcanzaba a ver tu interior excepto cuando me lo comentabas. En dado caso, tú, Raquel, eras muy *lenta para hablar y para enojarte*. Pero muy rápida y ligera para ayudar, para consolar y para hacer de inmediato una estrategia que nos ayudara en nuestras tareas diarias.

2.- Llamó a un hombre obediente.

Por experiencia sé que cuando uno es líder, el que otra persona le llame y le indique lo que tiene que hacer, en ocasiones es como darme una cachetada, especialmente si tal consejo viene de una mujer; la tradición familiar es muy difícil de abolir. Sin embargo, algo del relato que se encuentra en el capítulo cuatro de Jueces me dice que Barac era un líder entre su pueblo y que al parecer no le molestaba en nada el que una mujer fuera la que dictara

> **El rey David usaba el efod para consultar a Dios y Dios le respondía; En la obediencia al Todopoderoso encontramos las respuestas a nuestras necesidades básicas.**

las ordenes. Al contrario, leemos que, Débora, le dijo cuatro cosas muy importantes y él estuvo dispuesto a obedecerle. ¡Barac no tenía complejos! Más bien, era un hombre obediente. Esto fue lo que Débora le dijo:

a.- Barac, *"Dios te ordena"*.

Aunque Débora lo estaba llamando en su calidad de gobernadora y profetisa, la verdad es que era un llamamiento divino; era una orden de parte de Dios que Barac tenía que obedecer. Una orden que para Barac no fue muy difícil de cumplir, pues en su ADN había la virtud de la obediencia. Ciertamente que Barac puso una sola condición. ¡Y qué condición, señores! "Barac le respondió [a Débora]: Si tú

fueres conmigo, yo iré; pero si no fueres conmigo, no iré"
(Jueces 4:8.RV).

¡Qué cosa! ¡Un General del ejército pidiéndole a una
mujer que lo acompañe a la guerra! Sí, así fue. Leyendo bien
el texto que relata esta historia, se nota – o por lo menos yo
lo noto -, cierto temor o cobardía o inseguridad en Barac
y no es que sea desobediente, Barac era hombre obediente.
Entonces, pues, no es una petición a la gobernadora de un
desobediente, sino que más bien quiere estar seguro de que
el llamamiento es de parte de Dios y, ¡qué mejor manera de
asegurarse de la presencia de Dios que teniendo a su lado a
su mensajera! Barac no fue nada tonto: supo por medo de
quien podría venir la victoria.

Raquel, ¿sabías que en algunas ocasiones Dios usa a las mujeres para animar a los hombres?

¡Sí, así es! En ocasiones Dios usa a las mujeres para
animar a los hombres; para motivarlos al éxito personal,
pero,… ¡en otras ocasiones para arruinarlos! Así es en la vida
matrimonial; algunos varones triunfan gracias al apoyo de sus
esposas; otros fracasan por no hacer caso a sus esposas y, otros
más, por el mal consejo de su cónyuge.

> La moralidad en
> nuestro tiempo es
> relativa;
> Cada uno cree que está
> haciendo lo correcto.
> Y sin embargo se
> critican las acciones de
> los otros.

De alguna manera, Barac
reconoció que la orden de
Débora era una ordenanza de
parte de Dios, las palabras de ella
son categóricas e imperativas:
Dios te ordena, y si era una orden
de Dios, aunque con temor y
un poco de cobardía, ¡obedeció!
Creo que Barac lo reconoció de
inmediato y por eso, cumplió

la orden dada por la profetiza; juntó a los diez mil jóvenes y otros más y los preparó para cumplir con el mandato del Señor: Liberar al pueblo de Israel de la esclavitud impuesta por los cananeos. Y, por supuesto que Débora lo apoyó en su obediencia, la Escritura dice que Barac: "...subió con diez mil hombres a su mando; y Débora subió con él" (Jueces 4:10, RV).

La práctica de la obediencia aun con dudas y temores acarrea buenos resultados. De esto tú, Raquel, eres testigo. Tú, con tus dudas, temores y demás aspectos o elementos o cosas negativas, ¡obedeciste a Dios! ¡Confiaste en que el Señor haría su parte! Y ahora, después de este montón de años que Dios te está permitiendo vivir, podemos ver las consecuencias de tu obediencia a Dios aun y con lo que tú llamas "*errores*".

¡Wau, Raquel! ¡Qué guapa te vez en medio de tus hijas Rosalinda y Sofía!

-Fotografía tomada en el año 2014-

b.- Barac, "ve al monte Tabor".

Esta fue la segunda cosa u orden de Débora para Barac. ¿Por qué necesariamente al monte Tabor? ¿Qué no había otros montes en Israel a los cuales acudir? Sí los había, allí está, por ejemplo, el monte Líbano y el monte Hermón. Pero, la orden era: *Ve al monte Tabor.* Probablemente Barac no entendió el por qué ir al monte Tabor pero, obedeció. Estando allí, seguramente que se dio cuenta de la importancia de la obediencia. El término Tabor significa alto. Así pues, cuando Barac vio venir a Sisara con sus novecientos carros herrados y su gran ejército, desde las alturas, él, junto con Débora, pudieron medir, por decirlo de esa manera, las distancias de su ataque.

Existen, desde mi punto de vista, otras maneras de obedecer, pero, como en ocasiones pensamos que somos más sabios que Dios, entonces, tomamos nuestras decisiones y nos vamos a adorar a Dios en otros *montes*, que a nuestro juicio son mejores y más altos. Lo que tú has llamado *errores* es el fruto de la mentira más antigua de Satanás que, en nuestro contexto la podemos traducir de esta manera: *"Dios puede esperar, él es paciente; hay cosas mucho mejores por hacer que hacerle caso a los mandatos de Dios".* ¿Y qué pasó?

> En las tardes veraniegas, cuando el sol se está ocultado en el horizonte, junto a la playa del gran océano, se siente una gran alegría;
> Junto al Señor de esta naturaleza, también en el invierno el corazón se goza.

¡Satanás nos atrapó en sus artimañas! ¡Nos atrapó en su red de las *mejores soluciones*! Nos cambió el *Tabor* por los supuestos mejores *montes*. ¡Y cometimos los errores! Errores que como ya te lo he explicado, en algunas ocasiones son pecados, como en este caso; escoger otro monte no es un error, ¡es un pecado! Un pecado que es fácil de solucionar, solamente es seguir el ejemplo de Barac, obedecer, aunque nos parezca absurdo tal mandato y aunque tengamos nuestros temores, dudas y nuestra sabiduría.

Raquel, nota que me estoy incluyendo en los *errores*. ¿Por qué lo hago? Pues, porque yo también los he cometido; yo también he elegido otros *montes* que a mi juicio son mejores que el *Tabor*. Cuando me he dado cuenta de mi insensatez, me vuelvo a Dios, le pido perdón por mi pecado de desobediencia y me encamino al *Tabor*. ¿Y tú? Tú, Raquel, hiciste lo mismo. Me recuerdo aquellos días en que arrepentida de haber procedido de una manera equivocada le pedías a Dios no solamente el perdón sino que también le pedías sabiduría para no cometer el mismo *error*.

c.- Barac, *"toma a tu gente"*.

¿Por qué Débora le da este mandato con tanta seguridad? ¿Acaso Barac era un líder entre su gente? Y si lo era, ¿Débora lo sabía? Lo cierto es que con este mandato, es como si Débora le hubiera dicho a Barac: tú tienes por allí a tu gente, gente que te ve como su líder, así que, toma de esa gente, no tomes gente extraña. Aunque yo sé que algunos de ellos no es gente guerrera pero, tú obedece lo que te digo y Dios estará contigo. Y Barac así lo hizo.

> La obediencia y la disciplina son virtudes que al momento nos disgustan;
> Pero el éxito personal depende de ellas.

Me parece que sí era un líder entre su gente, pues la Escritura dice que: "…juntó Barac a Zabulón y a Neftalí (dos de las tribus de Israel) en Cedes, y subió con diez mil hombres…" (Jueces 4:10, RV). Además, como Dios lo había llamado, él mismo lo llenó de gracia ante la gente. Creo que esa fue la razón por la cual la gente de muy buena gana lo siguió a la guerra. ¡Y la guerra la ganó! Ya te he dicho que tú, Raquel, eras un líder en tu hogar; de eso nadie lo dudaba. Tu liderazgo nos llevó a la guerra contra nuestros enemigos cualquiera que ellos fueran y con tu apoyo, ¡ganamos muchas de esas guerras!

d.- Barac, "*Toma contigo diez mil hombres de la tribu de Neftalí y de la tribu de Zabulón*".

Vuelvo otra vez con las preguntas lógicas: ¿Por qué sólo "diez mil hombres"? ¿Por qué sólo hombres de dos de las doce tribus de Israel? ¿No era todo Israel el que estaba siendo oprimido por Jabín? ¿Pensaría Barac eso mismo que yo estoy pensando? Recuerda que Barac, al parecer era un líder entre su gente y esa era gente. La Escritura dice que Débora: "...envió a llamar a Barac, hijo de Abinoam, de Cedes de Neftalí,..." (Jueces 4:6, RV). ¿Tú, mi respetada ancianita, qué crees? . . . Está bien, te agradezco tu opinión, de cualquier manera, aún en esto, Barac fue obediente.

3.- Débora llamó a un hombre relacionado con la gracia.

La tercera virtud que le caracterizaba a Barac es esta que Débora resalta: un hombre con la gracia de Dios. Barac era hijo de Abinoam. El término "*Abinoam*" significa *Padre de Gracia*. Así que, Barac propiamente es un hijo de la gracia. ¿De la gracia de Dios? Bueno esto lo veremos. Es decir que, ya con esto, uno puede decir que Barac ya casi tenía la victoria en sus manos, pues la gracia de Dios estaba con él. Y, sí la gracia de Dios estaba de su lado, entonces, Débora sabía que con Barac, como capitán del ejército de Dios, no había porqué temer a una desgracia.

Leyendo el libro de los jueces, uno se da cuenta que los años de esclavitud por los cuales pasó el pueblo de Israel; siendo oprimido y esclavizado por las diferentes tribus y pueblos que se encontraban en su territorio o en sus linderos o más allá de ellos, como los caldeos, fue, primero porque no obedecieron el mandato de Dios de exterminar a todas las tribus de la tierra que él les había prometido. Y, en segundo lugar, porque su moralidad; su santidad ante Dios, se contaminó con la de sus vecinos y, entonces: "Los Israelitas hicieron lo que ofende al Señor; se olvidaron del Señor su Dios, y adoraron a las imágenes de Baal y de Asera" (Jueces 3:7, NVI).

> "El que es paciente muestra gran discernimiento; El que es agresivo mucha insensatez".
> Proverbios 14:29 (NVI).

Su pecado de desobediencia a los mandatos de Dios, al parecer, no les causaba problemas espirituales hasta que, como decía mi abuelita María: *"Hasta que la cuña les apretaba"*. Es decir, hasta que ya no tenían ni las fuerzas, ni las semillas para sembrar, ni las herramientas para cultivar la tierra, ni fruta para comer, ni animales para celebrar las fiestas del Señor, entonces, se acordaban de Dios.

¡Ah, la desobediencia! ¡Un serio paso a la ruina espiritual! En nuestros días los cristianos somos como los peces, viviendo en un ambiente líquido que se llama sociedad; un ambiente que ha llegado a ser tan turbio moralmente que la luz de la verdad parece anormal. Es cierto que hemos nacido en aguas sucias; en un mundo depravado pero el problema es que nos hemos acostumbrado a ello. El lodo y la suciedad son normales; lo limpio y la luz nos parecen una amenaza. En nuestro ambiente líquido vemos cosas podridas en el fondo, pero nos decimos que no quedaremos atrapados en la suciedad si permanecemos activos; y en esto fallamos. Además, generalmente nadamos en círculos cuando estamos más arriba en el estanque: nos atrevemos a salir de él. Lo cierto es que hemos aprendido a vivir cómodamente con la impiedad, la mala moralidad, la injusticia, la desobediencia a los mandatos de Dios. Con justa razón, Pablo dijo que el pecado entristece al Espíritu Santo que vive en nosotros (Efe. 4:30). Pero lo más asombroso y sorprendente es que, entre nosotros los llamados cristianos, el pecado, en ocasiones, nos entristece muy poco; entre los cristianos les alegra momentáneamente. ¡Así está nuestro mundo!

Tú, Raquel, estuviste viviendo en este *estanque*, tú, fuiste testigo del cómo la sociedad, y entre ellos algunos cristianos y yo, nadamos en sus turbias aguas y en algunas ocasiones nos batimos en su lodo, pero por la gracia de Dios hoy, nos mantenemos fuera de ese estado líquido y turbulento, Dios nos ha llamado a ser santos y a santificarnos cada día y eso solamente lo logramos estando fuera de los deseos de la sociedad en la que nos movemos (I Corintios 1:1-2).

4.- Llamó a un hombre que tenía una estrecha relación con Dios.

Este cuarto hábito de Barac es uno que todos los seres humanos debemos tener: una constante comunicación con Dios. Barac vivía en la pequeña ciudad llamada Cedes de Neftalí. El término *Cedes* significa *santuario*. Probablemente allí, que era su lugar de origen, había un altar que les servía a los neftalinitas para ofrecer sus sacrificios y adoración a Dios, de

> No esperes Buenos tiempos y salud estupenda para comenzar a lograr tus metas; Si espera, ¡quizás nunca las logres!

allí su nombre de *Cedes/Santuario*. Entonces, pues, al parecer, lo que notamos en el relato bíblico es que Barac, posiblemente, era un hombre temeroso de Dios; un hombre que vivía en el santuario de Dios. Y, con ello, tenía cierta semejanza con Débora, la cual, hacía de la palmera su santuario.

Pero la estrategia de Débora no paró allí. Le dijo a Barac que Dios traería a Sisara *"al arroyo de Cisón."* Es decir que, Barac no tenía que salir al encuentro de Barac, sino esperarlo en el lugar específico. Ese lugar se llamaba *"arroyo de Cisón"* o el arroyo tortuoso. Y allí, con el apoyo divino, porque lo hubo, pues notamos que la Escritura, dice que: "Desde el cielo, desde sus órbitas, las estrellas lucharon contra Sisara; el arroyo, el arroyo antiguo, el arroyo de Cisón los barrió a todos ellos." (Jueces 5:20-21). Con ese apoyo incondicional de parte de Dios, Débora y Barac ganaron una más de la muchas batallas de los israelitas.

Esa estupenda victoria se ganó gracias a la buena estrategia de Débora. Ella sabía que contando con el apoyo y la fuerza de un Dios como Su Dios, con un hombre como Barac, y con un terreno húmedo y lodoso en donde los carros herrados no pudieran correr, la victoria sería segura. ¡Qué gran sabiduría la que tenía esa mujer llamada Débora! ¿Te acuerdas de dónde la obtenía? ¡Exacto! Allí bajo aquella presencia de Dios – bajo la palmera –, Dios le concedía los deseos de su corazón. Años después del tiempo de Débora, el salmista David, dijo: "Confía en el Señor y haz el bien; establécete en la tierra y mantente fiel. Deléitate en el Señor, y él te concederá los deseos de tu corazón." (Salmo 37:3-4, NVI). ¿Te das cuenta? Débora fue una mujer que dependía del Señor. ¿Y tú, Raquel? ¡Por supuesto que sí! Tú, al igual que Débora, aprendiste a depender del poder y la gracia de Dios. Esta experiencia espiritual es la que te ha ayudado y fortalecido para esperar con mucha paciencia que la voluntad del Señor se realizara en las vidas de tus hijos y en las vidas de los que te rodeábamos.

¿Con qué contabas tú, Raquel, cuando las batallas demoníacas, mundanales, opresoras y desconsoladoras llegaron a tu vida? ¿A quién y por qué agarraste como tu líder? En otras palabras, Raquel, ¿qué estrategias usaste en todos estos años que Dios te ha concedido para poder llegar a ser lo que hoy eres; una mujer que ha trabajado intensamente y luchando contra viento y marea con el único fin de ver a tus hijos completamente libres? Raquel, por favor, comparte tus secretos.

> **Los Buenos tiempos, al parecer humano, son cuando Dios abre la puerta; Pero aun con la puerta cerrada, bajo el amparo de Dios, ¡ay éxito!**

Quizá uno o más de tus generaciones use esas mismas estrategias cuando este(n) siendo oprimido(s) por algún *Jabín*. ¿Lo harás? ¡Sí! Gracias. Oh, como dice uno de los comediantes mexicanos: "*Muchas gracias*".

UNA QUINTA característica de Débora es que ella fue Una MUJER VALIENTE Y DEDICADA.

> "Pocas personas podrían discutir que la persona más popular en los Juegos Olímpicos de 1960 en Roma fue Wilma Rudolph, una tímida veinteañera que se sentía abrumada por las multitudes que formaban hilera por las calles para saludarla con el grito: '¡Wil-ma! ¡Wil-ma! Con el solo hecho de que hubiera llegado a Roma era extraordinario".[129]

[129] *Puedes cambiar el mundo: cien historias de personas que cambiaron el mundo ¡Tú también puedes hacerlo!* Trd. Virginia López Grandjean. (Buenos Aíres, Argentina. Editorial Peniel. 2004), 160.

Yo le agregaría ¡admirable y maravilloso! Lo digo porque Wilma fue una muchachita – una niña- enfermiza: la atacó la escarlatina, la neumonía y la poliomielitis, a causa de estas enfermedades, su pierna izquierda quedó paralizada cuando ella tenía solamente cuatro años de edad. "Años después, dijo: 'Los médicos me dijeron que nunca iba a volver a

> La correcta valentía y la dedicación son virtudes que pueden vencer los obstáculos más complicados en la vida del ser humano.

caminar, pero mi madre me dijo que sí, y yo le creí a mi madre'." [130] Con esa fe de su madre y creyendo el juicio de su madre, Wilma, soportó con paciencia las amables manos que fortalecían su pierna, pues durante dos años, madre y otros familiares se turnaban para darle masajes a la piernita de Wilma, lo hacían cuatro veces al día. ¡Qué grande fe familiar!

En este grupo familiar sobran las palabras del salmista, cuando recomendó: "Cobren ánimo y ármense de valor, todos los que en el Señor esperan" (Salmo 31:24, NVI), pero aunque *sobran* por el hecho de que lo estaban haciendo, sí refuerzan sus esfuerzos hacia Wilma.

¿La fe y las obras cariñosas de la familia de Wilma lograron su propósito? Bueno, Raquel, piensa en esto. A los seis años de edad, Wilma, pudo caminar y a los quince llegó a ser la campeona de carreras en su estado natal. Su diversión, pues correr era una diversión para Wilma. Así lo consideró ella misma, pues: "siempre consideró que correr era 'puro disfrute'. Su habilidad en las pistas – estuvo invita durante tres años de competencias – hizo que quebrara varios records de atletas de la escuelas secundarias en su

---

[130] *Puedes cambiar el mundo*, 160.

estado".[131] Y, al fin en Roma, en los *Juegos Olímpicos de 1960,* Wilma se dio a conocer como la mujer más rápida de la historia. Fue un modelo a seguir para millones de jóvenes negras.[132]

La principal razón por la cual llegó a ser un modelo fue por ser una chica Valiente y Dedicada. *Valiente* y *Dedicada,* son las virtudes que también Débora tenía y que el capitán Barac lo sabía muy bien, aunque su actitud me saca de mis casillas. Y creo que a ti también, ¿verdad? ¿Por qué me saca de mis casillas? Por lo siguiente: Barac ya sabía todo el apoyo divino que tenía y todo lo que debería de hacer para enfrentarse contra el ejército de Sisara y, sin embargo, el relámpago, el que era elevado a las alturas (*al Tabor*), el hijo de la gracia y el hombre temeroso de Dios, de repente nos sorprende al decirle a Débora: "-Sólo iré si tú vienes conmigo-,. . . Pero si tú no vienes, yo no iré" (Jueces 4:8). ¡Vaya, pues! Como dicen algunos. ¿Qué clase de capitán es éste Barac que, teniendo todo el apoyo divino y una estrategia impecable necesita a una mujer a su lado? ¡Qué bueno que no estaba Wilma en ese entonces! Creo que si lo hubiera estado aun a ella le habría pedido, como buena corredora, correr al frente del ejército.

> Una buena melodía, aquella que nace de un corazón atribulado o agradecido; Es el camino correcto por el que camina el alma hacia la gloria de Dios.

Bueno, recuerda que Débora no es una mujer como cualquier otra, es una mujer especial y Barac lo sabe; él sabe que Débora es una mujer valiente y decida a todo. ¡Ah, qué dicha del hombre que tiene a una esposa

131 *Puedes cambiar el mundo,* 160.
132 *Puedes cambiar el mundo,* 161.

como Débora! – aclaro que Débora no era esposa de Barac, ella era una profetiza y gobernadora en Israel, una mujer que la Biblia no dice que estuviese casada o soltera –. Te puedes imaginar, Raquel, ¿cuántos trabajos, desvelos y fracasos serian vencidos y librados por la sabiduría e intervención de la compañera? ¡Por supuesto que sí!, tan sólo por la intervención de una *abejita Valiente* y *Decidida* en nuestros tiempos, muchos actos heroicos se realizarían.

Y sí que ésta abejita de Jueces cuatro y cinco era una abejita valiente y decidida, pues allí la encontramos también en la cumbre del monte Tabor al lado de Barac. Y aunque está rodeada de diez mil hombres, no deja de ser un lugar peligroso; están en pleno desafío de guerra. De repente, allí está lo que Barac estaba esperando; el tiempo exacto del ataque, eso no se lo habían dicho ni él lo había preguntado. ¿Para qué preguntar si aquella mujer valiente y decida estaba a su lado? Ella, la receptora del plan divino sabría el momento oportuno del ataque, así que cuando Débora se pone de pie mirando hacia el valle y hacia el arroyo de Cisón, como buena predicadora o profetiza, grita con mucha energía, diciendo:

> –¡Adelante, que ahora es cuando el Señor va a entregar en tus manos a Sisara! ¡Ya el Señor va al frente de tus soldados!
> En ese momento, entonces: "Barac bajo del monte Tabor con sus diez mil soldados, y el Señor sembró el pánico entre los carros y los soldados de Sisara en el momento de enfrentarse con la espada de Barac; hasta el mismo Sisara se bajó de su carro y huyó a pie."
> Jueces 4:14-15 (Versión Popular).

Así que, con la valentía y la decisión de Débora: "Aquel día no quedó con vida ni un solo soldado del ejército de Sisara: todos murieron." (Jueces 4:16, VP). Pero, tú, mi popular cumpleañera, no te quedas atrás, en este sentido, con tus constantes temores y dolores físicos, aunque no tan serios como los de Wilma, aun así, tú has sido y eres una mujer *Valiente* y *Dedicada*. Y eso tú

> **Las virtudes de valentía y decisión humanas, revestidas del poder de Dios; No ven barreras imposibles.**

no me lo puedes negar, pues yo soy testigo de parte de esas acciones y las otras partes, pues, ciertos "pajaritos" me lo han contado. No estoy echando porras al aíre. Yo te vi y Yo te escuché decir palabras de aliento cuando más negativa era la situación. ¡Alégrate, pues, cumpleañera de que Dios te haya dado la bendición de ser valiente en los momentos decisivos y también de ser dedicada, por no decir aventada, cuando era necesario hacerlo!

¡Alégrate de ser parte de las batallas que han librado tus hijos e hijas, de las guerras libradas por tus yernos y nueras y aún de los conflictos que tus nietos están librando cada día! Todos ellos y ellas han tenido un ejemplo muy cerca de ellos; ¡tu presencia física!

Y la sexta característica de esta, igualmente incansable abeja, es que Débora fue una mujer CANTA AUTORA.

El hermoso poema que se encuentra en el capítulo cinco del libro de los Jueces fue compuesto por Débora y después, con toda seguridad, le pidió a Barac que le hiciera segunda para cantarlo delante y con el pueblo de Israel. Si lo notamos bien, Débora, acababa de regresar de estar en plena batalla contra uno de los ejércitos más poderosos de su tiempo; el ejército del temerario rey Jabín, capitaneado por el cruel Sisara y, sin embargo, en lugar de sentarse o tomarse unas vacaciones, tomó pluma y papel y se puso a escribir el *Canto de Victoria.*

Pero no sólo lo compuso, sino que: ¡"Aquel día cantó Débora con Barac" el *Himno de Victoria*! (Jueces 5:1).

> **Las alabanzas al Creador, no solamente alegran el corazón de Dios; También nuestros pensamientos y sentimientos lo adoran.**

Himno que, por cierto, es una composición de treinta versículos. ¡Es, pues, un Himno muy largo para ser cantado! Pero ellos lo cantaron. ¿Se les secarían las gargantas? ¿Lo cantaron de pie? ¿Lo cantarían mientras caminaban por las calles como era costumbre en ese tiempo? Si tú sabes las respuestas, ¡te felicito! Pero si no, eso no importa. Lo que sí importa es que, Débora; ésta sabia abejita, juntamente con la anterior, nos hacen saber que fueron mujeres incansables, valientes y atrevidas.

Y tú, mi ancianita cumpleañera, hasta donde yo sé, tú no eres una compositora, o, ¿sí lo eres? Lo que sí sé es que tú tienes una linda voz para cantar y no me digas que no, pues hasta en broma escuchaba que si tú cantaras con tus hermanas, serían las *"otras Jilguerillas"*.[133] ¿Y sabes qué, Raquel? ¡Cómo me gustaría hacerte segunda como posiblemente lo hizo Barac con Débora! Pero, pero, pero. . . Bueno, tú ya sabes porque no puedo hacerlo; Dios no me

---

[133] *Las Jilguerillas.* Amparo e Imelda Higuera Juárez, Las Jilguerillas, hermanas michoacanas que formaron uno de los duetos más representativos de la canción mexicana, permaneciendo en activo más de medio siglo. (La Habra, California. Internet. Consultado el 25 de diciembre de 2014), 1. http://www.mexico-canta.org/entradas/jilguerillas.htm

dio este don. Sin embargo, me encanta escuchar cantar a personas como tú; con ese don tan hermoso que nos eleva hasta la misma presencia de Dios.

Raquel, ¿sabías que a Dios le encanta la música? La primera generación de la raza humana tuvo su padre de la música, su nombre fue Jubal: "...el cual fue padre de todos los que tocan arpa y flauta" (Génesis 4:21, RV). En I Crónicas 15:16, leemos que: "David les ordenó a los jefes de los levitas que nombraran cantores de entre sus parientes para que entonaran alegres cantos al son de arpas, liras y címbalos" (NVI). En el Nuevo Testamento, en el tiempo de Jesucristo, notamos que: "Después de cantar los salmos, salieron al monte de los Olivos" (Mateo 26:30, NVI). Y en los tiempos del apóstol Pablo tenemos la siguiente recomendación: "Anímense unos a otros con salmos, himnos y canciones espirituales. Canten y alaben al Señor con el corazón" (Colosenses 5:19, NVI). ¿Te das cuenta? ¡A Dios le encanta la música! Se goza cuando sus hijos le cantan con el corazón. Si no fuera así, primero, no hubiese inspirado a David para componer los salmos. Segundo, hubiera puesto una prohibición a los primeros cristianos para que no cantaran los salmos, los himnos y lo que Pablo llama las "canciones espirituales".

Bueno, Raquel, ya que estamos, nuevamente hablando del canto – porque ya lo habíamos hecho –, canta el siguiente himno; Himno que bien podríamos llamarlo, para el caso que nos atañe: *Himno de tu cumpleaños*. ¿Te gusta la idea? Yo sé que te gusta, pues este también lo cantamos allá en la ciudad de Ensenada en la noche de tu cumpleaños. Pero cántalo tú, porque si yo te hago la segunda

> Si tu corazón esta alegre;
> ¡Alaba al Señor!
> Si tu alma está triste:
> ¡Cántale a Dios!
> La música es una gran ayuda emocional y psicológica.

y me escuchan *Elisha A. Hoffman* compositora/cantante y *Adolfo Robleto* el traductor de este himno, seguramente que hasta esta página nos rompen.

Así que, Raquel, mientras tú lo cantas, te escucho en silencio y alabo a Dios en lo más profundo de mi ser porque, en mí también volvieron a sonar *"Melodías en mi ser"* en la noche de tu cumpleaños – y eso a pesar de que mi nombre no estaba en el *Programa de Cumpleaños* -, y, no me cabe la menor duda de que volverán a sonar esas *"melodías en mi ser"* mientras escucho tu melodiosa voz. Así que ¡adelante, Raquel, que en espíritu te estoy escuchando!

Suenas Melodías

> Si le cantas a Jesucristo; Aún los demonios huirán de tu presencia.

Mi Dios me envió del cielo un canto
Melodioso, arrobador;
Lo cantaré con gozo y gratitud,
Con muy dulce y tierno amor.

Coro:

Suenan melodías en mi ser,
De un canto celestial, sonoro, angelical;
Suenan melodías en mi ser
De un dulce canto celestial.[134]

¡Gracias! ¡Muchas gracias, por dejarme escuchar tu linda voz! Esa linda voz que sale de una garganta que, a pesar del tiempo, aún es una voz que puede alabar a Aquel Ser divino quién con su sangre derramada en el Calvario tus *pecados ya borro.* ¡Aleluya! ¡Él lo hizo! Por lo tanto, Raquel, fuera de tu

---

[134] Elisa A. Hoffman. Himnario Bautista: *Suenan melodías en mi ser.* Trd. Adolfo Robleto. El Paso, Texas. Casa Bautista de Publicaciones. 1978. Himno No. 455.

mente y de tu corazón aquello que tú llamas *errores* y que en algunos casos yo les llamo pecados pero, ahora, tanto los unos como los otros, por la misericordia de Dios, ¡ya están perdonados! ¡Gloria a Dios por su infinito perdón! Lo que resta es ser honesto en la confesión de los pecados.

Para afirmar lo que te estoy diciendo en estas páginas, te comparto algunos de los siguientes pensamientos del Pastor Rick Warren. Son pensamientos que con lo que dice debemos enfrentar nuestro miedo con honestidad. Citando las siguientes palabras de Santiago: "Confiésense los pecados unos a otros y oren los unos por los otros, para que sean sanados." (Santiago 5:16, NTV), dice que "si deseas liberarte y aliviarte de las heridas, hábitos y obsesiones en tu vida, vas a tener que lidiar con el miedo que le tienes a ser honesto contigo mismo. Hay tres temores comunes que Satanás usa para mantenerte atrapado en su rutina y con miedo de enfrentarte a la verdad".[135] Los tres temores comunes que Satanás usa para mantenernos atrapados en nuestras rutinas y con esos temores para enfrentarnos a lo que, en muchos casos – como es el caso tuyo -, ya conocemos que es la verdad, son, desde el punto de vista del pastor Rick Warren:

1. El temor a tus propias emociones.

Rick, dice que este es un temor a lo que uno mismo se imagina y lo que uno recuerda, como los abusos, los pecados pero, por vergüenza y el dolor no los confesamos y entonces, creemos que estamos a punto

> **Señor, no me abandones;**
> **Dios mío, no te alejes de mí.**
> **Señor de mi salvación,**
> **¡ven pronto en mi ayuda!**
> Salmo 38:21-22, (NVI).

---

[135] Rick Warren. *Devocionales Esperanza. Enfrentemos tu Miedo a la Honestidad.* (La Habra, California. Internet. Consultado el 26 de agosto de 2014), 1. Facebook and Twitter.

de la locura. Pero, Raquel, ¿sabes qué?, ¡todo mundo tiene esta sensación! Por el hecho de estar heridos, todos tenemos inseguridades, miedos y hábitos que nos gustan. Pero que, debemos sobreponernos a nuestras propias emociones.

2. El temor de cómo reaccionarán los demás.

Una de las fuetes razones por las cuales tenemos miedo de ser honestos es porque creemos que podríamos ser rechazados o despedidos o abandonados En ocasiones llegamos a creen que otros pueden pensar que somos menos cristianos o espirituales que los otros. Es decir que, tenemos miedo de ser nosotros mismos. Si a la gente no le gusta lo que ve en nosotros, entonces, estamos en problemas. El otro lado de la moneda es que, ¡tenemos que superar ese miedo!

3. El temor de que ser honesto es inútil.

Este es, de acuerdo al pastor Rick, otro de los puntos cruciales en nuestros miedos o temores. Ahora bien, es aquí en donde tenemos que preguntarnos: ¿Qué vamos a hacer con lo que nos está agobiando? ¿Cuál es el punto? ¿Por qué tenemos que decirle a alguien por lo que estamos pasando? Es posible que no damos las respuestas a estas preguntas porque sentimos que ya hemos estado en este asunto más de una vez y no hemos tenido un buen resultado; es decir que, no sirvió de nada el ser honesto.

Raquel, regresemos un poco y pensemos si realmente hemos sido honestos. Cuando somos realmente totalmente honesto entonces somos sanados; somos liberados de nuestros temores. La Biblia dice: "Confiésense los pecados unos a otros y oren los unos por los otros, para que sean sanados." (Santiago 5:16 NTV). La verdad entonces, es que si dejamos a un lado los miedos o los temores y exponemos nuestras faltas a los demás, la promesa de Dios es que seremos sanados; encontraremos aquella salud espiritual y emocional que tanto hemos estado buscando.[136]

Y en ese perdón divino, Raquel, ¡lo lograste! ¡Cumpliste con tus compromisos! En cierta ocasión *Walter Cronkite*, el gran periodista, del que se dice que "su nombre se convirtió en sinónimo de confiabilidad",[137] porque siempre dijo la verdad aun a pesar de sus propias ideas, opiniones y deseos. "La única opinión que *Cronkite* emitió en un programa [de televisión] fue esta frase instando a la paz en Vietnam: 'Cumplimos nuestro compromiso de defender la democracia, y lo hicimos lo mejor que pudimos'."[138]

> **Los dolores, temores, angustias y sus parientes, son atormentadores de los humanos; ¡Pero el amor y el compromiso los superan!**

¿Y qué de ti, Raquel? No me cabe la menor duda de que tú también, dentro de tus capacidades, limitaciones, ideas y opiniones, cumpliste con tu compromiso de Esposa, Madre, Suegra, Abuela y ahora Bisabuela.

Pues bien, mi respetada suegra, tú, sí, tú, tú también fuiste, con todo y tus dolores y lo que llamamos *achaques* la *abeja* nana, la gobernadora y profetisa de tu hogar, la *abejita* de buenos hábitos y de estrategias aún desconocidas para mantener a tu hogar en libertad.

[136] Rick Warren. *Devocionales Esperanza. Enfrentemos tu Miedo a la Honestidad.* (La Habra, California. Internet. Consultado el 26 de agosto de 2014), 1. Facebook and Twitter.
[137] *Puedes cambiar el mundo*, 52
[138] *Puedes cambiar el mundo*, 53

Fuiste la *abejita* valiente y decidida en los momentos en que se te exigió tomar decisiones fuera de lo normal y, aunque no eres una compositora (oh, ¿si lo eres?). Lo que sí sé es que tú eres una persona privilegiada con la voz que Dios te ha dado y, sobre todo, mi estimada cumpleañera, fuiste:...

¡Una Abejita muy Ocupada!

Capítulo Ocho

¡Sigue disfrutando de los años que Dios te está concediendo vivir!

¡A Dios, el único y sabio Dios!
¡Sea la gloria para siempre
por medio de Jesucristo!
Amén.
Romanos 16:27, VP

Con estas palabras del texto que he citado arriba: de Romanos 16:27, el apóstol Pablo termina su Carta dirigida a los hermanos de Roma. Es todo un *Tratado de Teología Práctica* lo que ha escrito. Sin embargo, por lo que alcanzo a notar en la *Carta a Los Romanos* es que, al parecer, Pablo ya había terminado de escribir este Tratado Teológico en 15:33, pues, en la Versión Popular, dice: "Que el Dios de paz esté con todos ustedes. Amén". Usualmente cuando existe un *amén* es que se le pone fin a la oración y en este caso a un escrito. Sin embargo, después de este *Amén*, todavía. Pablo, escribe otro capítulo. Lo que trato de decirte, es que Pablo tuvo problemas para terminar de escribir Su carta; me da la impresión de que no quería terminar de decirles a los hermanos de Roma todo lo que había dentro de su ser; de su mente y corazón y que todo ello quería dejarlo plasmado en tinta y papel (en el caso de Pablo en papiro o en pieles de animales, pues aun el papel no se había usado para escribir).

Raquel, ¿Recuerdas que en páginas anteriores ya te lo había comentado? ¿Qué te había comentado? Te dije que: "A Pablo le resultaba difícil ponerle punto final a su Carta a los Romanos".[139] Pero al fin: "La Carta a los Romanos termina con una doxología que es también el sumario del evangelio que Pablo amaba y predicaba".[140]

¿Y qué de mi Carta para ti? NO LO QUIERO HACER pero, es necesario. Sí, realmente NO quiero terminar esta carta pero al mismo tiempo es necesario, pues de lo contrario te seguiría aburriendo con mis múltiples filosofías, historietas, datos biográficos, enseñanzas bíblicas y teológicas y tremendos errores (estos si son errores) gramaticales; ya sean estos ortográficos, de dicción o de estética. Y por ende, termino esta carta - no con una doxología, sino -, diciéndote las siguientes tres cosas:

> El agradecimiento no tiene precio;
> Si eres agradecido, tal vez nunca serás rico, pero vivirás satisfecho de poder ayudar.

---

139 William Barclay. *Comentario al Nuevo Testamento: Romanos: Volumen 8.* (Terrassa (Barcelona), España. Editorial CLIE. 1995), 256.
140 William Barclay. *Comentario al Nuevo Testamento: Romanos: Volumen 8.* (Terrassa (Barcelona), España. Editorial CLIE. 1995), 259.

Primera: Celebramos tu cumpleaños.

¡Ah, **qué novedad!** Toda esta Carta se trata de este tema y ahora salgo con esta tontería: *"Celebramos tu cumpleaños"*. Bueno, tontería o no, de cualquier manera, Raquel, con esta primera declaración, vuelvo al tema de las primeras páginas de esta Carta; es decir, con el asunto del servicio en la noche de tu Cumpleaños. Sinceramente espero que te haya agradado el espacio que tuvimos en el *Templo del Nazareno* en Ensenada, Baja California; lo hicimos con mucho amor, tu hija Sofía se esmeró en hacer lo mejor para ti. Y ciertamente lo he llamado un culto casi funerario porque, tú ya lo sabes, en mi iglesia tenemos más de un músico con instrumentos modernos y celebramos nuestras reuniones casi al estilo de los judíos o al estilo de una iglesia pentecostal, pues usamos casi todos los instrumentos que los judíos usaban en los tiempos de los salmistas. Es decir que, en nuestra Iglesia Betesda NOCC nos hemos acostumbrado a que en el momento de estar cantándole a Dios, todo nuestro cuerpo muestre que sí le estamos cantando a Dios. Entendemos que los antepasados cristianos, y aun antes de la presencia del Cristianismo, los adoradores del Dios de la Biblia le cantaban a Dios: "con sonido de trompeta,…con el arpa y la lita. … con pandero y danzas,…con cuerdas y flautas,…con símbolos sonoros,… y con símbolos resonantes" (Salmo 150), haciendo del culto una verdadera adoración con todo lo que es el ser humano y no solo con la boca o el pensamiento.

En nuestra Iglesia Betesda NOCC, tenemos algunos de esos instrumentos para alabar a nuestro Dios, por ello, el ir a sentarse en un servicio tan especial y de gran emoción, pues ¡ERA TU CUMPLEAÑOS!

> Un buen chiste no solamente hace reír; también puede transportar a otra dimensión.

Y, escuchar solamente el piano y cantar solamente dos de los cientos de Himnos y otros tantos de coritos, así como escuchar solamente tu testimonio habiendo entre tus generaciones quienes son especialistas en hablar y que, por cierto, son de un hablar fuerte, constante y sonante, tal y como te lo he dicho en páginas anteriores, Raquel, para mí, ¡fue un servicio muy quieto! Tú me entiendes, ¿verdad que sí?

Pero, en fin, tu hija Sofía - apoyada fuertemente por su esposo: Rogelio Salgado, por hijo Enrique, por su hermana Rosalinda y por su sobrina Denis, no sé si hubo otros más -, en medio de sus muchas y variadas ocupaciones, hicieron todo lo posible por agradarte y eso, aunque solamente hubiéramos cantado un himno sin el piano, ¡vale mucho! Entonces, mi estimada cumpleañera, permíteme ocupar un espacio de tu Carta para decirle a mi cuñada, lo siguiente:

¡Gracias, Sofía Salgado!

¡Sí, gracias, Sofía! Gracia por ese espíritu de gratitud que sientes y aun muestras a tu mamita; a esta linda ancianita que el 24 de noviembre del 2002 cumplió sus Setenta y Cuatro años de vida y que hoy día (17 de junio del 2015), Dios todavía te la conserva para que puedas seguir apapachándola.

¡Claro que sí, muchas gracias, Sofía! ¿Por qué? Porque, mientras que, algunos de nosotros, como los *zánganos* que he hecho referencia en la última parte de esta carta, no hicimos más que ir, reír, festejar, comer y dormir, mientras que tú, mi pensadora y activadora cuñada, hacías todo lo posible para que tu mamita tuviese un buen tiempo. ¡Y sí que lo tuvo!

¡Y sí que lo tuvimos! Y por ello, Sofía, nuevamente te digo: ¡Muchas gracias!

Vuelvo contigo, mi muy estimada suegra, ¿cómo miraste el rico y sabroso desayuno que te sirvieron aquella mañana de tu cumpleaños? ¡Ah, eso, para mí, estuvo delicioso! Y no lo digo porque yo haya comido de todos los platillos, ni porque sea muy tragón (¿o sí?), ni por la comida, la cual, por supuesto que estuvo deliciosa, sino por el ambiente familiar que allí se sintió. Así que, después de que termines de leer esta carta, por favor, nuevamente, dile a tu hija Sofía, de mi parte: Sofía, muchas gracias por tus esfuerzos y por darnos, no sólo a tu mamita, sino a todos los que asistimos al desayuno una grata sorpresa.

> **Los premios obtenidos muestran que; El que es premiado no es uno más del montón.**

La segunda cosa es: ¡Sigue disfrutando de tus años de vida terrenales!

¡Hay mucho más porque vivir! ¿Te acuerdas de Charlie Brown? El personaje de las caricaturas que se mantuvieron por más de 50 años en los periódicos y en algunas otras revistas, no sé si aún se sigan publicando este tipo de caricaturas, pero lo que quiero decirte es que, su autor, *Charles Schulz,* comenzó esta serie de caricaturas con esta expresión: "*Queridos amigos*"[141] y de allí, cada día por todos eso años: "Quienes lo conocieron bien recuerdan que trabajaba todos los días y 'nunca le faltaban ideas'…".[142] *Schulz* ganó el premio más importante de las historietas, el *Reuben Award,* en 1955 y 1964. En 1978 fue nombrado

---

[141] *Puedes cambiar el mundo,* 166.
[142] *Puedes cambiar el mundo,* 166.

Historietista Internacional del Año por setecientos colegas de todo el mundo. Antes de morir había sido elegido para el premio a la labor de toda una vida por la *Sociedad Nacional de Historietistas de los Estados Unidos*.

Cierta vez dijo de su trabajo: "¿Por qué los músicos componen sinfonías y los poetas escriben poesías? Lo hacen porque la vida no tendría significado para ellos si no lo hicieran. Por eso yo hago historietas. Esa es mi vida".[143] ¿Será que por eso yo también escribo cartas y otras obras de literatura? Bueno, pero esta Carta, no se trata de mi sino de ti, así que continuamos.

Raquel, trabajaste, trabajaste y día con día trabajaste; de domingo a domingo y mes tras mes, así como año tras año. A propósito, ¿cuál era tu día de descanso? Me parece que nunca lo hubo, ¿verdad? Pues bien, en este sentido, tú no fuiste diferente de *Charlie Brown*. ¡Esa fue tu vida! ¡Una vida sumamente activa! Así que, viéndolo bien, lo que en aquellos días celebramos fue una milésima parte de lo mucho que tú has trabajado haciendo con ese esfuerzo una gran diferencia en tu familia; ¡en nuestra familia! (que conchudo soy, ¿verdad?). La verdad es que, Raquel, te puliste y nadie te dio un premio a nivel público en el que anunciara, como por ejemplo:

---

[143] *Puedes cambiar el mundo: Cien historias de personas que cambiaron el mundo ¡Tú también puedes hacerlo!*, 167.

Certificado de Agradecimiento

A la señora:

Raquel García

Por su gran esfuerzo que hizo para que sus hijos
Logran sus existos.

Otorgado el 10 de Mayo del 2002 en la ciudad de

Ensenada, Baja California Norte, México.

¡Nadie te dio un premio como este! ¿Cierto? Espero no estar mintiendo, yo no tuve el conocimiento de que algún día tuviesen un premio como este. Y, aunque es solamente una idea de lo que – a mi juicio -, deberías de haber recibido. Ahora bien, pues, como no estoy enterado de un premio similar a este, entonces, suegra, toma este como una muestra de mi gratitud y admiración por tu dedicación a tu familia, a la búsqueda de una vida mejor para tus hijos y al trabajo continuo como Mujer, Esposa, Madre, Suegra, Abuela y Bisabuela del cual sí soy testigo. Aunque yo mismo nunca te he dado un presente como el ejemplo anterior.

Un premio, pues, como este, es lógico en tu persona, pues, tú, no fuiste de las personas que se quedan tirados en el suelo cuando la vida les es negativa. Se cuenta que la vida personal de *Jemes Penney* al parecer era una vida marcada por la tragedia. Una vida en la que los terribles sucesos que nadie espera se presentaron una y otra vez: Su primera esposa murió en 1910. Su segunda esposa falleció al dar a luz, en

1923. ¿Quién puede soportar tales eventos sin conmoverse emocionalmente? Te he comentado que mientras te escrito esta Carta mi esposa está muriendo en el hospital a causa de un maligno cáncer y este incidente, mi estimada Suegra, me ha cambiado mi rutina de trabajo, mi rutina de los estudios en el Seminario y por supuesto está cambiando mis sentimientos; nunca pensé ser tan sentimental. Pero ahora es mi esposa la que está sufriendo; es mi compañera por cuarenta y un años. Mi vida comienza a ser diferente.

> 𝔈scalar la cima de los sentimientos es muy doloroso;
> 𝔓ero la fe y la esperanza en 𝔇ios son dos fuerzas que te toman de las manos y te llevan hasta pararte sobre la cumbre de los sentimientos.

Penney dijo, tiempo más tarde, que al morir su primera esposa tuvo un tremendo deseo de entregarse al alcohol, fue un deseo tan fuerte y terrible que comenzó a beber por días, luego por meses y hasta años. Fue un tiempo en que *James Penney* noche tras noche salió a caminar por las calles de la ciudad luchando contra la tentación de la bebida y contra las tinieblas que sentía que lo rodeaban. ¡Fueron dos esposas, no una! Alcanzo a entender un poco sus sentimientos.

Penney, siguió adelante, se recuperó emocionalmente pero: "Algo similar le sucedió después de la caída del mercado de valores en 1929, cuando las acciones de *J.C. Penney* cayeron de ciento veinte a solo trece puntos".[144] Tres años después, es decir, en 1932 *Penney* estaba prácticamente en la bancarrota; una vez más sus emociones fueron sacudidas. Al verse en la quiebra económica, Penney se vio obligado a dejar muchas de

---

[144] *Puedes cambiar el mundo: Cien historias de personas que cambiaron el mundo ¡Tú puedes ser una de ellas!* 147.

sus obras que con profundo amor las hacía: eran obras de beneficencia. Una de las obras que sufrió a causa de la bancarrota de *Penney* fue la revista *Christian Herald*, para la cual escribía. Su cuerpo físico no aguantó más y tuvo que ser internado en un sanatorio en Battle Rock, Michigan.

> No me interesan la riqueza y la fama; De mayor valor es el servir a los demás y la fe en Dios.

En ese hospital, nuevamente, Penney: "… recobró la fe, la esperanza y su salud, y con un espíritu renovado comenzó el largo camino de regreso a la cima de los negocios, a los cincuenta y seis años".[145]

¡A los cincuenta y seis años! ¡Ah, bueno!, entonces, tengo esperanza de lograr otro título más. ¡Gracias J.C. Penney! Tu empeño me anima, pues:

"Para 1951 había una tienda de *J.C. Penney* en cada estado de los Estados Unidos. Los que cambian el mundo pueden llegar a caer… ¡pero no se quedan en el suelo!".[146] Y esta verdad, Raquel, es parte también de tu vida. Caíste más de una vez, pero te levantaste, empobreciste económicamente, pediste prestado; pagaste tus deudas y… ¡Te levantaste! Y aún de tus problemas matrimoniales lograste salir avante, Raquel, ¡no te quedaste en el suelo! ¡Te levantaste! Por esto y mucho más, Suegra, ¡sigue disfrutando de tus años de vida terrenales! Al igual que Charlie Brown, ¡hay mucho más porque vivir! Y, siempre recuerda que:

¡Esta es tu vida! ¡Disfrútala!

---

[145] *Puedes cambiar el mundo: Cien historias de personas que cambiaron el mundo ¡Tú puedes ser una de ellas!* 147.

[146] *Puedes cambiar el mundo: Cien historias de personas que cambiaron el mundo ¡Tú puedes ser una de ellas!* 147.

La tercer cosa que te digo en esta carta, es:

¡Sigue siendo agradecida con Dios!

El apóstol Pablo tiene una buena recomendación para ti y también para mí, en esta oportuna ocasión, él dice: "No nos cansemos, pues, de hacer el bien; porque a su tiempo segaremos, si no desmayamos" (Gálatas 6:9). A finales del siglo VII y principios del VI a.C., el pueblo de Judá fue llevado al cautiverio babilónico durante el reinado de Nabucodonosor. Un evento muy lamentable para los conquistados y para el profeta Jeremías; hombres, mujeres, niños y ancianos fueron asesinados; los jóvenes más apuestos y robustos fueron llevados a Babilonia como esclavos y puestos en el palacio del rey Nabucodonosor con el fin de ser educados para el servicio del mismo rey. La ciudad de Jerusalén quedó en ruinas pero habitada; los babilonios dejaron a la gente enferma y anciana, entre ellos se quedó el profeta Jeremías, el cual, en medio de ese desastre, escribe un libro que, por su contenido, lleva el título de *Lamentaciones*. Aunque tiene este lúgubre título, en ese libro, el profeta Jeremías presenta una esperanza y una gratitud cuando comenta que:

> "El gran amor del Señor nunca se acaba,
> Y su compasión jamás se agota.
> Cada mañana se renuevan sus bondades;
> ¡Muy grande es su fidelidad!
> Por tanto, digo:
> El Señor es todo lo que tengo.
> ¡En él esperaré!"
>
> Lamentaciones 3:22-24, (NVI).

¿Cómo y por qué el profeta Jeremías, en medio de tanta ruina pudo abrir su boca y pronunciar estas alentadoras palabras? Las circunstancias no habían sido nada fáciles para él y la gente de la ciudad de Jerusalén.

> **Cuando a Dios se le sirve;**
> **¿Quién, cuándo y dónde realmente sabe que vale la pena servirle?**

Todos los sobrevivientes estaban agotados; desgastados, casi muertos, las fuerzas los habían abandonado. ¿Qué recurso les quedaba? ¡Sólo la presencia de Dios! El profeta hace referencia al amor de Dios, a *sus bondades* y a *su fidelidad*, y asegura, con base en estas cualidades de Dios, que las terribles circunstancias en las que se encontraba no le impedían adorar a Dios y confirmar su esperanza él. Desde sus pocas fuerzas aun para hablar, dice: *"El Señor es todo lo que tengo. ¡En él esperaré!"* (Lamentaciones 3:24, NVI).

Raquel, entiendo que a tus años te sientas agotada. También entiendo en mi propia carne que es el agotamiento

> **El cansancio físico arruina la esperanza; El espiritual aparta la fe en Dios.**

físico en ocasiones - casi siempre -, nos hace sentir que ya no podemos más. La primera vez que visité *San Pedro la Alianza*, un pueblo situado en la cumbre de una de las montañas de la sierra chinanteca, en el estado de Oaxaca, México, lo hice acompañado de *Cristóbal Domínguez* y de *Taurino Santiago*; ambos estudiantes del Centro Educativo Indígena en la ciudad de Córdoba, Veracruz. *Taurino* era mi traductor del español al chinanteco mientras que *Cristóbal* era el músico. *San Pedro* no era un pueblo grande y el Evangelio de Jesucristo estaba alcanzado a casi todos sus habitantes.

Aquel día de verano salimos como a las 10:00 a.m., de *San Felipe Usila*. *Usila*, en el año 1970, cuando comencé a conocer este lugar, era el centro de la tribu chinanteca. Este poblado está situado en un gran valle entre las montañas de la Sierra Madre del Sur, junto al río Papaloapan, en el estado de Oaxaca. Pues bien, salimos de Usila y comenzamos la caminata hacia *San Pedro la Alianza*. En menos de media hora de camino, ya estábamos subiendo la montaña. El calor veraniego era terrible. Como a medio camino entre *Usila* y La *Alianza*, existe un pequeño plano; allí descansamos un poco, pues ya habíamos caminado como unas dos horas y media, pero con el calor que hacía, me parecieron como cinco. Desde la sombra debajo del árbol en donde estábamos descansando podíamos oír el ruido del agua de un arroyo que se encontraba al pie de la montaña y hasta podíamos sentir algo de su frescura.

Las sorpresas en la sierra oaxaqueña son frecuentes. Una de ellas llegó casi de inmediato cuando dejábamos la sombra del árbol. ¿Qué sorpresa? ¡La lluvia! Y lluvia de agua fría. Creo que sobra decirte que en pocos minutos estábamos completamente mojados. Las cosas se complicaron. El agua del arroyo junto a la montaña estaba creciendo y además era agua muy fría. Gracias a Dios que logramos cruzarlo sin problemas, pero, desde allí, desde el borde del arroyo, comienza la subida de la segunda montaña. Es un camino que va zigzagueando los casi doscientos metros de una pesada subida. Y aquí las cosas se agravaron. Ahora ya tenía frío, el camino estaba lodoso, resbaladizo y continuaba lloviendo. La gente de *San Pedro la Alianza* estaba en la cumbre de esa montaña; no estaba muy lejos de nosotros, pero ellos estaban arriba y bajo techo y nosotros abajo sin ninguna protección de la fría lluvia.

Era imposible avanzar rápidamente en ese tipo de camino. Casi una hora después, estábamos como a la mitad del camino; mojados, enlodados, raspados a causa de las caídas y, yo ya estaba renegando contra Dios. El cansancio, la fría lluvia que no paraba de caer, mis zapatos tenis casi rompiéndose, mi mochila completamente mojada y enlodada pesaba lo doble de lo que había pesado en Usila.

> **El compañerismo Cristiano y el calor espiritual que se siente en la Casa de Dios, es el antídoto por excelencia para el cansancio físico.**

En uno de los muchos resbalones, me quedé sentado en el lodo agarrado de un matorral para no seguir cayendo y, dije en voz alta: Esta es la primera y la última vez que vengo a este pueblo. ¡No vale la pena venir! Alcé un poco la vista hacia el cielo y dije: Dios si tú todavía quieres que se predique tu palabra en *La Alianza*, manda a otros, no cuentes conmigo.

Las sombras de la noche casi llegaron juntamente con nosotros al pueblo. Un rico café y unos ricos frijoles negros con chile y tortillas hechas con maíz de la zona, nos confortaron. Me senté junto al fuego de la chimenea para calentarme y secarme un poco. Nos llevaron al templo; un edificio hecho con block de cemento, techo de lámina de zinc, piso de tierra y asientos hechos con madera de jonotes; dos palos en forma de Y un palo sobre ellos eran los *confortables sillones* dentro del templo. Y el culto comenzó. Raquel, ¿sabes qué?, el gozo que se notaba en los presentes mientras cantábamos las alabanzas a Dios; el calor espiritual que la presencia de Dios emanaba en ese lugar me hizo olvidar que estaba todavía algo mojado y, mi cansancio físico había desaparecido. Prediqué como una hora: ¡un largo mensaje! ¡Pero nadie se quejó! Al tercer día, con un poco de chipi-chipi, regresamos a *San Felipe Usila* por otro camino, un poco más largo pero menos complicado.

Mi experiencia con Dios allí en *San Pedro La Alianza*, Oaxaca, cambió mi corazón y mi mentalidad. ¿Y sabes qué, Raquel? Volví a visitar a los hermanos de *La Alianza*. Tal vez te preguntas el por qué lo hice. La respuesta es porque cuando reconozco la presencia de Dios en mi cansancio me provoca una especie de valentía que no es normal en mi persona; la presencia de Dios en mi reaviva mi poca valentía y mi poca fe, y entonces puedo cumplir con mis aventuras espirituales basándome en las promesas de Dios. El salmista David, dijo en cierta ocasión:

"Sólo en Dios halla descanso mi alma;
    de él viene mi esperanza.
Sólo él es mi roca y mi salvación;
    Él es mi protector y no habré de caer.
Dios es mi salvación y mi gloria;
    Es la roca que me fortalece;
¡Mi refugio está en Dios!
Salmo 62:5-7, (NVI).

> **Aunque la vida Cristiana es anormal para el individuo común; ¡En el amparo de Jesucristo es asombrosa, y con propósito definido!**

Raquel, ¿te das cuenta?, esta no es una vida normal. Y es que, quien está en Cristo Jesús y vive Su vida, ¡no es normal! Y no lo es porque: "Una vez que sirves a Dios de esta forma, es difícil vivir la vida de forma normal".[147] Raquel tú no eres una persona que, aun a tu edad, no quieres vivir una vida

---

[147] Pam Farrel. *¡Atrévete, sé Valiente! Haz tuya la aventura de Dios para tu vida.* (El Paso, Texas. Editorial Mundo Hispano. 2013), 57.

rutinaria. Recuerdo que allí en la casa de tu hija Rosalinda me comentabas que querías ir a visitar a tu hermana *Licha*, quien vivía en Guadalajara. Con gran emoción me hablabas de visitar a tus hijos e hijas y también de participar en alguna actividad en la iglesia. Tu inquietud aún está en tu ADN.

Pam Farrel, dice: "Yo quiero ser una mujer a quien le sea difícil vivir la vida normal. ¿Por qué hacer solo lo que me hace sentir segura cuando puedo experimentar la emoción, la aventura, la alegría de la vida? Cuando salimos de nuestra zona de confort, cuando no podemos más, allí es cuando Dios se manifiesta"[148]. Y ciertamente, Raquel, allí en esa inquietud que te ha caracterizado toda tu vida, es cuando, precisamente, Dios se ha manifestaba en tu vida. Allí en tus debilidades; allí en tus temores; allí en tus angustias; allí en tu rol de Esposa, Madre, Suegra, Abuela, Bisabuela y sobretodo: una mujer amable es cuando Dios se hizo presente en tu vida y nos dejaste la firme idea de que tú eras,...

¡Una mujer que amaba a Dios!

Me resta, pues, darle las gracias a Dios por tu vida y tu ejemplo para mí y para todos aquellos que te conocemos y los que te conocerán por medio de la lectura de esta Carta. Raquel, que Dios te bendiga ricamente; mucho más de lo que te ha bendecido: ¡Sigue siendo agradecida con Dios por el montón de años que te está permitiendo vivir! y que...

¡A Dios, el único y sabio Dios, sea la gloria para siempre por medio de Jesucristo! ¡Amén!
Romanos 16:27, (VP).

---

[148]   Pam Farrel. *¡Atrévete, sé Valiente! Haz tuya la aventura de Dios para tu vida*, 57.

Conclusión

Bendigan al Señor todos ustedes sus siervos,
Que de noche permanecen en la casa del Señor.
Eleven sus manos hacia el santuario y bendigan al
Señor.
Que desde Sion los bendiga el Señor,
Creador del cielo y de la tierra.
Salmo 134. (NVI).

Seguramente que ya lo notaste, te hablo a ti que estás leyendo esta *Carta*, que el capítulo anterior en realidad fue la conclusión de este pequeño libro. Al escribir estas últimas palabras en realidad lo hago como un Apéndice, pues han pasado ya casi doce años desde que le celebramos el cumpleaños número setenta y cuatro a mi suegra.

> "Enséñanos a contar bien nuestros días, para que nuestro corazón adquiera sabiduría".
> Salmo 90:12, (NVI)

¿Casi doce años después? ¿Por qué tanto tiempo? A finales del 2013, como *Iglesia Betesda*, nos cambiamos de domicilio; estábamos en la ciudad de Anaheim y nos cambiamos a la ciudad de Orange, ambas ciudades en el Condado de Orange en el sur de California. Al empacar mis libros para tal movimiento, encontré el borrador que compone esta *Carta*. El escrito lo puse aparte y comencé la re-escritura de: *Una Carta a Raquel*. Lo hice porque, quería de alguna manera decirle a mi suegra; A *Doña Raquel García Campiño*, lo agradecido que estoy por su ejemplo tanto en sus debilidades como en sus fortalezas, con las cuales nos ha dejado un legado para considerar tanto el presente como el futuro.

Al parecer fue *Paul J. Meyer* el que dijo: "Las memorias se marchitan, los recuerdos y trofeos se pierden, son robados, o vendidos. Sólo nuestro legado permanecerá. Su legado incluye…. Todo lo que dice, piensa, y planea. … Cuando vive con el futuro en mente, está viviendo para alguien más y este es su legado". [149] Esto es precisamente lo que *Doña Raquel García Campiño* nos ha dejado como herencia: sus palabras y dichos; sus pensamientos y acciones; y sus complicados planes, algunos de ellos - la mayoría - cumplidos.

Es un legado tan grande y hermoso en medio de sus decadencias, fortalezas, anhelos y, por supuesto, temores que siempre la han atosigado[150] - como te diste cuenta- desde su juventud y probablemente desde su niñez hasta la fecha. Un legado que intenté poner parte de él en estas páginas y que espero haya logrado esa parte, aunque sea solamente una chispa de lo que es su larga trayectoria y ejemplo. Un ligero

---

[149] *Puedes cambiar el mundo: Cien historias de personas que cambiaron el mundo/ ¡Tú también puedes hacerlo!* Anuncio del libro: Las 25 llaves de un buen legado, por Paul J. Meyer, en la antepenúltima página. (Buenos Aíres, Argentina. Editorial Peniel. 2004), Sin número.

[150] *Atosigar.* Inquietar a una persona con exigencias o preocupaciones. (La Habrá, California. Internet. Consultado el 26 de mayo de 2014), 1 http://es.thefreedictionary.com/atosigar

y hermoso legado, pero que con mis imperfectas palabras y pensamientos contrariados no lo pude dibujar acertadamente en estas páginas. Sin embargo, creo que tú entiendas lo que el proverbista ha dicho, que existen "muchas mujeres que hicieron el bien pero que - *Doña Raquel García* - sobrepasó a varias de ellas" (Proverbios 31: 29). Y eso, precisamente es lo que, ¡quería que tú supieras! ¡Quería que supieras algo de mi muy estimada suegra! Espero haberlo logrado.

> **Cuando el corazón está lleno de paz, amor y sobretodo de gratitud, unas cuantas palabras y fotografías no son suficientes para expresar a plenitud lo agradecido que se está con Dios por ser el dador de la vida y sus experiencias.**

El proverbista Agur, el hijo de Jaqué, les dijo a Itiel y a Ucal, lo siguiente: "Hay generación que maldice a su padre y a su madre no bendice" (Proverbios 30:11, RV). ¡Qué terrible declaración! ¿Oh, será sentencia? Cualquiera de las dos expresiones gramaticales que sean, lo cierto es que no es este el caso en la *Familia Perdomo García,* ¡Gracias a Dios!; cada uno de los siete hijos de *Doña Raquel* y también los que nos hemos unido a esta hermosa familia, ha tomado el tiempo para bendecir a su MADRE de una u otra manera, los yernos y nueras a su SUEGRA y los retoños a su ABUELITA cumpliendo así uno de los mandamientos más grandes y con promesa que encontramos en la Biblia:

"Honra a tu padre y a tu madre, para que vivas una larga vida en la tierra que te da el Señor tu Dios."
(Exodo 20:12,VP).

¿Qué esto verdad? ¡Claro que lo es! Pablo ha dicho que: "Todas las promesas que ha hecho Dios son 'sí' en Cristo. Así que por medio de Cristo respondemos 'Amén' para la gloria de Dios" (2 Corintios 1:20, NVI). Es así que la promesa de este mandamiento se ha estado cumpliendo en la *Familia Perdomo García*; cada mes y año escucho y veo las grandes bendiciones que Dios ha estado concediendo al legado de *Doña Raquel*. Salud, buenos empleos, multiplicación familiar, estudios avanzados y variados, viviendas y una creencia en Dios son algunas de las bendiciones que en el legado de *Doña Raquel* se están dando.

Es decir que, lo que el apóstol Pablo les dijo a los cristianos de la Iglesia de Corinto, ¡no fueron meras palabras! ¡Fue una clara manifestación del carácter de Dios! ¿Qué fue lo que les dijo Pablo a los corintios? Les dijo que Dios no es mentiroso ni tampoco tarda en cumplir sus palabras. Cuando veo el resultado del cumplimiento de esta promesa en la *Familia Perdomo García*, afirmo que, ¡Dios cumple lo que promete!

> **Si no meditas en el pasado; Difícilmente edificarías el futuro.**

La nota triste es que, lamento mucho, y lo lamento fuertemente porque me tardé una *eternidad* en enviarle esta *Carta* a mi suegra. Mi lamento, pues es que al ser publicada esta *Carta* la protagonista de ella no la pueda leer: el tiempo ha pasado muy rápido de la misma manera como el salmista lo ha anunciado (lea el recuadro del Salmo 90:12). Ahora, ¡doce años después de su Cumpleaños Número Setenta y Cuatro, ya es muy tarde! Le han llegado a mi suegra los tiempos difíciles; los años se han apoderado de su persona, Las *molineras* se le han acabado, su visión se ha convertido en oscuridad, pues se le han apagado "los que miran a través de las ventanas" (Ecles. 12:3, NVI), Escribí esra Carta con letras grandes para ella la puediera leer, pero, ¡es demasiado tarde! Además su mente comienza a ser una neblina, mientras que el espíritu de la niñez ha vuelto a tomar la personalidad de la que fue la señora de un carácter compasivo, noble, respetuoso, bondadoso y apacible aun con sus *"achaques"* o en varias ocasiones con sus *chantajes*. ¡Así era mi suegra! Y así es en este 2015 como se muestra en la siguiente fotografía.

De izquierda a derecha:
Rosalinda García, Sofía Salgado, Denis Ríos, y Doña Raquel García
Campillo cargando a Liam, uno de sus bisnietos.

¡Ah, los misterios de Dios! ¡Sus planes son asombros! ¡Quién iba a pensar que una mujer tan frágil de carácter; llena de temores – algunos de ellos inciertos, pero al fin temores - pudiese sostenerse y salir avante con sus hijos e hijas! No cabe duda que Dios es muy grande y misericordioso. El salmista bíblico exclamó acerca de este

Dios: "¡Cuán imponentes son tus obras! Es tan grande tu poder que tus enemigos mismos se rinden a ti". (Salmo 66:3, NVI). Es esa ayuda divina y ese poder *imponente* hacia *Doña Raquel García* aún continúa.

No me cabe, pues, la menor duda de que Doña Raquel cabe perfectamente en las palabras del proverbista que en páginas atrás he citado:

"Muchas mujeres han realizado proezas, y tú, Raquel García, estás entre todas ellas".
Proverbios 31:29, NVI.

Eleazar Barajas
La Habrá, California, USA.
Agosto de 2015

Bibliografía

Anderson, Neil T. *Rompiendo las cadenas: Venciendo pensamientos negativos, sentimientos irracionales y costumbres pecaminosas.* Trd. Manuel y Ruth López. (Puebla, Puebla, México. Editorial UNILIT. 1996).

Barclay, William. *Comentario del Nuevo Testamento: I y II Timoteo, Tito, Filemón: Volumen 12.* Trd. Alberto Araujo. (Terrassa (Barcelona, España. Editorial CLIE. 1998),

Barclay, William. *Comentario del Nuevo Testamento: Romanos: Volumen 8.* Trd. Alberto Araujo. (Terrassa (Barcelona, España. Editorial CLIE. 1998).

Barclay, William. *Comentario al Nuevo Testamento: 1 y 2 Corintios. Volumen 9.* Trd. Alberto Araujo. (Terrassa (Barcelona), España. Editorial Clie. 1995).

Barclay, William. *Comentario del Nuevo Testamento: Santiago y Pedro: Volumen 14.* Trd. Alberto Araujo. (Terrassa (Barcelona, España. Editorial CLIE. 1994).

Botta, F. Alejandro. *Los profetas menores: Serie: Conozca su Biblia.* (Minneapolis. MN. Augsburg Fortress. 1995).

Burke, John. *NO se admiten personas perfectas: Creando una cultura en la IGLESIA que acepte a las personas "Tal como son".* (Miami, Florida. Editorial Vida. 2005).

Calcada, S. Leticia. *Adán y Eva: Nuevo Testamento. Diccionario Bíblico Ilustrado: Holman.* (Nashville, Tennessee. Impreso en China. A&W Publishing Electronic Services Inc. 2001).

Carter, H. Pat. *Disciplina Cristiana: El Problema del Pecado.* (Naucalpan, Estado de México. Seminario Teológico Bautista Mexicano: Seminario abierto en Lomas Verdes: SALVE. 1981).

Díaz, llanos Martha Elena: Directora General. *Muy Interesante: La Revista mensual para saber más de todo.* (México. Televisa Publishing Internacional. Septiembre de 2014. No. 09).

Edersheim, Alfred. *El Templo: su ministerio y servicios en tiempo de Cristo.* Trd. Santiago Escuain. (Terrassa (Barcelona), España. Editorial CLIE. 1990).

Farrel, Pam. *¡Atrévete, sé valiente!: Haz tuya la aventura de Dios para tu vida.* (El Paso, Texas. Editorial Mundo Hispano. 2012).

Frenn, Jason. *Rompiendo las barreras: Venciendo la adversidad y alcanzando tu máximo potencial.* (Buenos Aíres, Argentina. Editorial Peniel. 2006).

Gonzáles, L. Justo. *Historia del Cristianismo: Tomo I: Desde la era de los mártires hasta la era de los sueños frustrados.* (Miami, FL. Editorial Unilit. 1994).

Hendriksen, Guillermo. *Efesios: Comentario al Nuevo Testamento.* (Grand Rapids, Michigan. Subcomisión Literatura Cristiana de la Iglesia Cristiana Reformada. Distribuido por T.E.L.L. 1984).

Hendricks, Howard. *Enseñando para cambiar vidas: Los grandes principios de la buena comunicación aplicados a la enseñanza.* (Miami, FLA. Editorial UNILIT y FLET. Logoi, Inc. 1997).

Himnario Bautista. (El Paso, Texas. Casa Bautista de Publicaciones. 1991).

Hogde, Charles. Teología Sistemática I. Capítulo VIII: El Pecado. (Terrassa (Barcelona), España. Editorial CLIE. 1991).

Internet. (Todas las consultas a este medio informativo fueron consultadas en la Habrá, California y cada una se le da su fecha de consulta en las notas.

Josefo, Flavio. *Antigüedades de los judíos: Tomo I.* (Terrassa (Barcelona), España. Editorial CLIE. 2005).

Mackay, A. Juan. *El Otro Cristo Español: Un estudio de la historia espiritual de España e Hispanoámerica.* Trd. Gonzalo Báez-Camargo. (Lima, Perú. Colegio de San Andrés (antes Anglo Peruano). 1991).

Narramore, M. Clyde *Enciclopedia de Problemas sicológicos.* (Colombia, Sudamérica. Publicado por Editorial Unilit y Logoy Inc. Miami, Florida. Novena Edición 1990).

Pagán, Samuel. *Introducción a la Biblia Hebrea.* (USA. Editorial CLIE. 2012).

Plantinga, Cornelius Jr. *El Pecado: Sinopsis teológica y psicosocial.* Trd. José María Blanch. (Grand Rapids, Michigan. Publicado por Wm. B. Eerdmans Publishing Company. 2001).

Puedes cambiar el mundo: Cien historias de personas que cambiaron el mundo. Trd. Virginia López Grandjean. (Buenos Aíres, Argentina. Editorial Peniel. 2004).

Purkiser, W. T., Redactor. C. E. Demaray, D. S. Metz y M. A. Stuneck. *Explorando el Antiguo Testamento.* Trd. Dardo Bruchez. (Kansas City, Missouri. Casa Nazarena de Publicaciones. 1994).

Revista: United Network for Organ Sharing: *Lo que todo paciente necesita saber.* (Red unidad para compartir órganos). Es una organización privada 501 (c) (3) sin fines de lucro que administra la red Organ Procurement and Transplantation Network – OPTN (Red de obtención y trasplante de órganos) bajo contrato con el gobierno federal. (Los Angeles, California. 2012).

Santa Biblia: Nueva Versión Internacional. (Miami, FL. Editorial Vida. 1999).

Santa Biblia: Antiguo y Nuevo Testamento. Antigua Versión de Casiodoro de Reina (1569). Revisada por Cipriano de Valera (1602). Otras revisiones 1862, 1909 y 1960. (Nashvile. Camden. New York. Editorial Thomas Nelson, Publisher. 1960).

Santa Biblia: Holy Bible: Versión Popular/Today's English Version. (Nueva York – Plantation. Sociedad Bíblica Americana.1992).

Warren, Rick. Esperanza Diaria: *Devocionales diarios en Internet.* (Lake Forest, California. Internet. Saadleback Community Church. 2014).

Vida, Nueva. Santa Biblia: Nueva Versión Internacional. (Miami, Florida. Editorial Vida. 1999).

Villaseñor, Francisco: Director Editorial. Revista: *Muy Interesante: Galería de Excéntricos: Oliver Heaviside.* (México, DF. Editorial Televisa. Año XXXI. No.12. 2014), Muyinteresante.com.mx

Printed in the United States
By Bookmasters